本书出版得到广东省普通高校人文社会科学重点研究基地广东第二师范学院中华优秀传统文化教育研究基地（平台编号：2018WZJD004）重大项目和广东省哲学社会科学规划2021年度重点委托项目"潮州文化研究"（批号：GD21TW04-11)资助

晚清民国四书学研究

郑国岱

著

广东高等教育出版社

Guangdong Higher Education Press

·广州·

图书在版编目（CIP）数据

晚清民国四书学研究/郑国岱著. —广州：广东
高等教育出版社，2023. 2
ISBN 978 - 7 - 5361 - 7447 - 4

Ⅰ．①晚…　Ⅱ．①郑…　Ⅲ．①四书 - 研究
Ⅳ．①B222. 15

中国版本图书馆 CIP 数据核字（2023）第 028714 号

WANQING MINGUO SI SHU XUE YANJIU

出版发行	广东高等教育出版社
	地址：广州市天河区林和西横路
	邮政编码：510500　电话：（020）87554153
	http：//www. gdgjs. com. cn
印　　刷	佛山市浩文彩色印刷有限公司
开　　本	787 毫米×1 092 毫米　1/16
印　　张	16
字　　数	280 千
版　　次	2023 年 2 月第 1 版
印　　次	2023 年 2 月第 1 次印刷
定　　价	48.00 元

序　言

我对四书产生兴趣是在 1996 年一次偶遇南怀瑾先生的《论语别裁》之后，先生经史互参的治学路径和深入浅出的读解令人茅塞顿开，也激发了我从事中华经典诵读推广工作的信心和志气。随后我又陆续拜读了朱熹、王阳明、钱穆、王国维和其他大家的研究成果，启发良多。特别是梁启超先生说："六七百年来，数岁孩童入三家村塾者，莫不以'四书'为主要读本，其书遂形成一般常识之基础，且为国民心理之总关键。"（语见《读书指南》）这更让我坚信，读解四书就是读解华夏文明的一把重要的钥匙。

2009 年，我开始在中小学开展中华经典诵读协同创新工作，重点在小学，主推的经典就是四书。实践中，我发现民国政府废除读经不仅对四书的阅读、研究和传播有非常重要的影响，也对当代基础教育的基本生态有非常重要的影响。虽然当代已经不可能恢复晚清以前读经的教育生态，但是研究晚清民国的四书学无疑仍然会给我们今天大力弘扬中华优秀传统文化提供有益的启发。当然，四书学不管是作为曾经大众心目中的"显学"，还是现如今似乎距离大众越来越远的"玄学"，对它的学术史开展研究都不会是一项可以轻松胜任的工作，我需要一个契机。

2011 年，我到广西师范大学攻读古代文学博士学位，博士点浓厚的学术氛围、睿智亲和的师长，加上甲天下的桂林山水，让我在漓江边升起开始晚清民国四书学研究的念头。导师再三提醒我，做这个选题不容易毕业。我心底却暗喜：正好有个正当的理由在桂林多待些日子。最后我用了四年时间交

出这份成果。毕业论文答辩通过后，老师们鼓励我尽快出版，但我感觉此事关涉众多，怕自己一时头脑发热，所以决定先做冷处理。没想到，这一放就七年过去了。七年来，中华优秀传统文化的传承与创新已成燎原之势，四书学研究成果也蔚为大观，这本小书的出版也算生逢其时了。

诚然，七年过去，回头再看当年的这份成果，其中难免存在一些问题。

第一，关于书名。本书现名"晚清民国四书学研究"，在修改过程中曾用"以'四书'题名文献为中心"的副标题。为什么用这个副标题？因为四书学作为"显学"，其研究成果浩如烟海，如何在海量的论著中识别并提炼出有用的关键的信息，这是我在研究过程中遇到的首要挑战，最终我选择了以"四书"题名文献为突破口。凭借互联网数据库海量信息和搜索手段，我获得了大量有用信息，爬梳之后建立起有关晚清民国四书学的基本认识框架，这构成了本书的上编部分。但是，随着研究的深入，我又发现大量并非题名"四书"的文献，其重要性也毫不逊色。我还发现"中西化合"这一重大文化命题在晚清民国四书学研究中有非常浓重的印迹，于是我抓住这条线索深入研读了一批代表性成果，其心得便构成了本书下编部分。此时再用"以'四书'题名文献为中心"这个副标题就以偏概全了，所以做了删除。当然，随着材料收集整理的日益丰富，以我当时占有的材料来纵论晚清民国时期的四书学难免浅薄了些。好在"人一思考，上帝就发笑"，相对于灿若繁星的四书学成果，我的所有考量都永远只能"窥斑"，却很难说就真的"见豹"了。但倘若我贡献的这一点东西能够成为一块帮助人们认识"全豹"的有用拼图，那也就够了。

第二，关于研究时限。"民国"的时限很清晰：1911—1949年，这是没有争议的。困难在"晚清"的时限和"近代"不同。所谓的"近代"，学术界也有相对明确的起止时间，一般是指1840年到1911年民国成立之前的历史阶段。因为时间明确，所以比较适宜做一些整体性的研究。相比之下，"晚清"的时限则灵活许多，它既可以和"近代"重合，也可以指近代中的某一个时段。因为在时限划设上的弹性，"晚清"比较适合做专门研究时使用。我把"晚清"的时间划设为1898—1911年。起始时间定在戊戌变法的1898年，因为这一年八股文在科举考试中被正式取消，四书学的生态发生深刻裂变。也就是说，从1898—1949年共52年的历史中，四书学的发展演变就是本书研究的重点。而1949年以来的四书学不是本书论述的重点所在，所以就把相关内容处理在"余论"部分。这部分涉及对 1949 年以来的四书学研究的概论,目的是适当延长参照坐标,以便更好地认识晚清民国时期四书学所发生的某些现象与规律,同时也为了更好阐述晚清民国四书学研究对于当下的意义,因为以 20 世纪后半叶和 21 世纪初四书学的发展来返观晚清民国四书学的发展历程,我们可以更清晰地看到民族文化复兴的大势所趋以及四书学在其中可能发挥的积极作用,本书的意义也就不言而喻了。

第三,关于研究重点。读博期间,导师们反复提醒我:做学术研究一定要有问题意识,要发现真问题,要真解决问题。几年努力下来,我想我是发现真问题了,但要真解决问题估计尚需假以时日,甚至问题的解决远非一人一地一时之力所能及。晚清民国时期四书学的真问题是什么?我把它概括为"四书学的现代化焦虑"。四书学在明清两代稳居社会意识形态的核心阵地,以四书为核心已经构建起非常复杂绵密的思想话语系统,而且也以各种不同的形式渗透到社会生活的方方面面,成为国民心理的总关键,任何移易或者推倒肯定是天翻地覆的大事件。但没想到,在晚清民国波诡云谲、狂飙突进的时代风云中,传统的四书学真的倒了。当然,"倒"的其实是四书学的官学形态,其根本原因则是当时的四书学作为意识形态的主导话语对于中国社会近现代的激烈转型失语了。四书学如何因应、描述、阐发、引领晚清民国的社会转型成为四书学能否顺利实现现代化的关键。不必讳言,从结果来看,四书学的现代化进程异常艰难,结果也难以令人满意,于是四书学整体性陷入一种深深的"现代化焦虑"中,而且此种焦虑今天仍然未能解除。而从实践来看,四书学现代化焦虑的解决仅仅依靠自身内部的逐渐演化已经来不及了,犹如我们不能期待一个病入膏肓的人自行痊愈一样,四书学需要借助外部力量来化合开新。诚然,这股外部力量可以也应该是多元的,其中,"中西化合"就成为晚清民国时期探索四书学新生的核心命题,也就成为本书研究的重点。

过去,我们把四书学与西学化合开新的桥梁嫁接在康德身上,从王国维到牟宗三等人都做了许多探索,甚至青年毛泽东在读德国哲学家泡尔生的《伦理学原理》一书时也敏锐地察觉到"吾国宋儒之说与康德同"〔语见《毛泽东早期文稿(一九一二年六月——一九二〇年十一月)》〕。毋庸置疑,这样的探索是有价值的,因为"康德是通向马克思的桥梁"(语见俞吾金《康德是通向马克思的桥梁》),而马克思主义在中国的发展历程已经有力而

且生动地证明了马克思主义与中华优秀传统文化的融通是可为、能为、当为与必为的，四书学作为中华优秀传统文化的核心构件之一，自然包含着与马克思主义学说融通的使命。晚清民国时期，康有为等人尝试过把四书学与西方空想社会主义进行嫁接，甚至出现了《大同书》这一类相当超越的论著，然而，能在立场、观点和方法上融通马克思主义与四书学的却难得一见。时至今日，相关研究成果也仍然有待发现。因此，这是一个非常值得我们去努力研究的方向，也是我这些年来持续探索的重点。当然，马克思主义与四书学，进而马克思主义与儒学的化合开新，既是一个相当严肃的命题，也是一项相当崇高的使命，需要许多人的参与和好几代人的接续奋斗，绝非我个人努力所能达成。虽不能至，心向往之，这本小书就权当是我景行行止的铺垫吧。

郑国岱

2022 年 10 月 18 日于广州象湖书院

目　录

上　编

晚清民国四书学的演进历程——以四书题名文献为考察中心

下 编

晚清民国四书学的核心问题——以中西化合为中心的探析

绪　　论

　　晚清民国为中国近三千年来未有之大变局，经学之轰然解体则为此变局中最核心之裂变。经学的中枢是四书五经，而四书为宋以来经学之重点，其实际地位在五经之上。明清两代更是悬为功令，成为官方的法定显学。梁启超说："明清两代，以八股取士，试题悉出'四书'，于是'四书'之诵习，其盛乃驾'六经'而上之。六七百年来，数岁孩童入三家村塾者，莫不以'四书'为主要读本，其书遂形成一般常识之基础，且为国民心理之总关键。"① 正是因为四书盛驾六经之上，作为国民"一般常识之基础，且为国民心理之总关键"，所以四书修习研究绵延近千年，成果浩瀚，明清以来是当之无愧的第一"显学"。中国传统学术不管是文学、史学还是哲学，都有征圣宗经的传统。因此，四书学对明清学术和思想文化乃至整个社会生活的影响都是极其深刻的。但是，晚清民国时期，这个圣、这个经倒了，曾经的文化学术之魂之所系一下子没有了，于是各种源自西方的思潮汹涌而入，争领风骚。就在这种中西文化激烈碰撞交融的时代里，四书学遭遇了前所未有的挑战，负重而来的四书学在那个年代里面如何因应、调整、容纳与突围？考察这些问题其实关涉近现代以来中国文学、史学、哲学乃至整个思想文化激烈转型的心魂问题，对我们当下的民族文化复兴也有关键性的指引意义，是我们无法回避，而且必须持久进行的工作。可惜，当前学术界仍未有对晚清民国四书学进行整体考量者，故此，笔者不惮识力短浅，试为抛砖引玉。

---

① 梁启超：《读书指南》，北京：中华书局，2010，第 36 页。

第一节　四书学的概念及晚清民国四书学分期

我们先要明确什么是四书学。就"四书学"这个"名"而言，使用的历史已经很漫长了。据笔者所知，早在宋末，就已经有人在使用"四书学"这个"名"了。① 而《明史·艺文志》单列"四书"条，则表明四书之为"学"不仅有了名，也有了"分"。朱彝尊在《经书取士议》一文中说："梼昧之见，斟今酌古，谓试士之法宜仿洪武四年会试之例，发题先五经，而后四书。"② 显然，在朱彝尊的意识里，"四书学"已经是和五经之学并立的一种学问了。而当代学者一般认为："《四书》学，是指历代学者对《论语》《大学》《中庸》《孟子》这几部著作的解说、阐释、注疏、发挥而形成的研究成果。"③ 这样的定义简明扼要，但是对于曾经的第一"显学"，这样的定义又未免单薄。

从宏观的方面讲，"四书"成为"学"，除了对四书本身的解读之外，还应该包括对这些解读的反思研讨，如此才能成为一种学科的自觉。因此"四书学"需要一个更宏观的定义。从微观的方面讲，"四书"成为"学"是从朱熹开始的，而他所做的最基本工作就是把曾经分立的《大学》《论语》《孟子》《中庸》这几部著作组合起来构成一个神完气足、筋强骨壮的理学核心。他说："某要人先读《大学》，以定其规模；次读《论语》，以立其根本；次读《孟子》，以观其发越；次读《中庸》，以求古人之微妙处。"④ 如果仅就《大学》论《大学》，仅就《论语》论《论语》，这种著作就不能够隶属于严格意义上的四书学。例如，仅就《大学》论《大学》的话，我们就会对朱熹的改动感觉莫名其妙，但是当我们把改动后的《大学》放入四书学体系来考察，就很容易发现"格物致知"正是四书学知识体系的起点，没有它，整个体系便无由生长。在笔者看来，以四书中的任何一部作为单独

---

① 例如，熊禾《勿轩集》卷七"诗（五言）"中有一首《赠陈教谕》，其诗云："每惟斯道南，七闽小邹鲁。考亭四书学，日月行万古。我生亦何幸，私淑欣有遇。南来证文献，令人动遐虑。"熊禾为宋末进士，宋亡后隐居不仕，此诗把朱熹的四书学比喻为"日月"，评价是很高的，当时四书学仍未悬为功令，所以这样的评价也是很有远见卓识的。

② 朱彝尊：《曝书亭集》卷六十，上海：世界书局，1937，第699页。

③ 朱汉民、肖永明：《宋代〈四书〉学与理学》，北京：中华书局，2009，第21页。

④ 黎靖德编，杨绳其、周娴君校点：《朱子语类》，长沙：岳麓书社，1997，第222页。

研究对象的论著和以四书为整体研究对象的论著，其背后预设的立场和其实际考量的结果都是不一样的，由此，四书学需要一个更加严格的定义。

因此，笔者认为，所谓"四书学"，广义上讲是指历代学者对《大学》《论语》《孟子》《中庸》这几部著作的解说、阐释、注疏、发挥而形成的研究成果，以及对这些研究成果的反思、梳理、系统化而形成的学科体系。为什么说"四书学"是一个"学科体系"呢？因为当前学术界不仅已经有不少"《论语》学""《孟子》学""《中庸》学"的成果，而且四书地理学、四书名物学、四书语言学等的研究也都源远流长。因此，四书学实际上是一个涵盖哲学、史学、文学、语言学等众多学科的学科体系。此种对四书学学科性质的认识由来有自，《四库全书总目》"四书类"叙录说：

> 《论语》《孟子》旧各为帙，《大学》《中庸》，旧《礼记》之二篇，其编为《四书》自宋淳熙始，其悬为令甲则自元延祐复科举始，古来无是名也。然二戴所录《曲礼》《檀弓》诸篇非一人之书，迨立名曰"礼记"，"礼记"遂为一家。即王逸所录屈原、宋玉诸篇，汉志均谓之"赋"，迨立名曰"楚词"，"楚词"亦遂为一家。元丘葵《〈周礼〉补亡·序》称"圣朝以六经取士"，则当时固以《四书》为一经。前创后因，久则为律，是固难以一说拘矣！今从《明史·艺文志》例，别立"四书"一门，亦所谓"礼以义起"也。朱彝尊《经义考》于《四书》之前仍立《论语》《孟子》二类；黄虞稷《千顷堂书目》凡说《大学》《中庸》者皆附于"礼类"，盖欲以"不去饩羊"，略存古义。然朱子书行五百载矣，赵岐、何晏以下古籍存者寥寥，元明以来之所解则皆自《四书》分出者耳，《明史》并入《四书》盖循其实，今亦不复强析其名焉。①

四库馆臣的这段论述以"礼记""楚词"的命名为例，阐述了一种"前创后因，久则为律"的"循其实"而"立其名"的道理。这也是笔者据以从广义定义"四书学"的理由。

从狭义来讲，所谓"四书学"是指历代学者对四书进行整体性的（或者在整体性视域下对某个具体问题的）解说、阐释、注疏、发挥而形成的研究成果。就晚清民国而言，四书学整体性研究的成果代表之一则有钱基博的

① 永瑢等：《四库全书总目》，北京：中华书局，1965，第289页。

《四书解题及其读法》，而在整体性视域下对某些具体问题的研究成果代表之一则有王国维的四书学研究系列论文——《孔子之学说》《子思之学说》《孟子之学说》《孟子之伦理思想一斑》《孔子之美育主义》等。① 明确了四书学的狭义内涵，我们才能更精准地把握四书学发展流变的内在理路。

在面对这些形态各异的四书学研究成果的时候，从整体性出发，比四书学狭义定义范围更小的、最直观便捷的把握就是"四书"题名论著。所谓"四书题名论著"指的是书目题名中包含"四书"两个字的论文和专著。也有论者采用"四书总义"这样的名称，但是这个名称用来指专著则可，用来指单篇文章则会有头重脚轻的感觉，特别是涉及四书的一些文书，例如官方文告等就更不合适。所以笔者在本书中统一使用"四书题名文献"（包括题名包含"四书"的文书、论文、专著）、"四书题名文章"（包括题名包含"四书"的论文和其他文书）、"四书题名专著"、"四书题名论著"等来指代论述对象。并以这些对象为论述的中心，这样便于对晚清民国时期四书学的研究成果做一个基本数据统计和整理，并由此对四书学发展线索做一个基础性的把握。

当然，笔者同时也会引入在四书整体性视域下观照个别问题的研究成果。但是囿于此类成果数量巨大，形态繁杂，统计整理的难度极大②，在有限的撰写时间里以笔者个人之能力难以胜任，故此只能在书中延引一些代表性的成果。由这些成果与"四书"题名论著所构成的整体便是本书的重点考察对象。也就是说，本书是立足于四书学的狭义定义来展开论述的，以求执一驭万，观澜索源。这样的处理或许有以偏概全的嫌疑，但是，对于一篇论文的具体写作策略来说，如果企图全面去应对四书学历史形成的如此关涉繁复的学科体系，那是无法破题立论的。所以，笔者选择了晚清民国这一时期，以四书题名文献为考察中心，心中念想的就是寻找一个合适的支点去撬动它。

笔者把论述的起点定在 1898 年（农历戊戌年），因为这一年四书学的整

---

① 王国维的系列论文其实已经建构了一个相当全面的崭新四书学体系，这在后文将有论述。

② 例如，冯友兰、胡适等人的哲学史研究在当时很有影响，但是他们没有专门讨论四书的论著，相关认识散见在他们的论著中，对类似这样的研究成果提要钩玄绝不是朝夕之功所能成就的。好在这样的成果虽然不乏精当，但是囿于它们没有明确的四书学指向，所以对四书学的发展推动力度始终是有限的，相对阙如的处理并不影响我们对四书学发展线索的把握。

体生态环境发生了深刻的变化。第一，从宏观来讲，戊戌变法之年可谓中国步入现代性社会的开局之年。由戊戌变法触发的戊戌思潮被有些学者认为是中国三大现代性思潮——自由主义、激进主义与保守主义——的共同的思想源头。① 这些思潮在宏观上已经规范了晚清民国四书学未来的可能路向。从微观来看，作为官方法定显学，四书学的政治环境发生变化。这一年的维新变法运动取消八股取士，改用策论。而八股文是明清两代官方法定的四书诠释文体，诠释模式的变更意味着四书学新变的开始。第二，四书学内部的学术生态发生了变化。四书学向来为宋学的代表，维新变法最后失败了，八股依旧，康有为避祸槟榔屿，艰难困顿中借助西学、汉学对四书进行新的诠释，四书学内部学术生态开始发生新的变化。第三，辜鸿铭在这一年出版《〈论语〉英译》。这是中国人第一次主动向西方推介自己的四书学，并且引起了西方社会相当大的反响。凡此种种都表明，从 1898 年开始，四书学已经进入一个官学形态解体、中西化合肇端的新的生态环境。而这样的环境特征整体延续到 1949 年之后才告一个段落。所以，笔者把考察的时间段设置为 1898 年至 1949 年，亦即晚清民国时期。

在这 52 年的时间段里面，四书学根据其发展演变的轨迹可以分成三个时期。

第一，四书学作为官学的生态解体期。这其实是四书学由传统法定显学的位置上"下野"的过渡期，其表现便是服务科举的四书学研究潮流出现明显退潮迹象，时间从 1898 年至 1911 年。1898 年康有为等人发起戊戌变法，取消八股取士。康有为的理由是："惟今变法之道万千，而莫急于得人才；得才之道多端，而莫先于改科举；今学校未成，科举之法未能骤废，则莫先于废弃八股矣。"② 他甚至说："中国之割地败兵也，非他为之，而八股致之也。"③ 在康有为等人的建议下，光绪皇帝下诏，废除八股文，改试策论。从取消八股取士开始，到 1905 年取消科举考试，传统四书学随着儒学在政治上的节节败退且战且退，四书学作为官学的形态日渐解体，日渐没落。不过，四书作为仕途经济的凭借意义虽然从此消失，但中小学堂的读经课程、

① 参阅俞祖华、赵慧峰《戊戌思潮：中国三大现代性思潮的共同源头》，《学术月刊》2009 年第 11 期，第 131－137 页。当然，学术界对于戊戌思潮是否就是中国三大现代性思潮的共同源头是有争议的，但对戊戌变法在中国近现代社会转型中的关键性意义是没有异议的。

②③ 姜义华、张荣华选注：《康有为文选》，天津：百花文艺出版社，2006，第 84、87 页。

大学堂的经学科等的存在都表明四书阅读依然是官方规定的法定课程，四书的阅读仍然有国家强制力的确保，四书研究的制度性基础仍然没有消失，因此四书学的官学形态仍然存在。此时，西方文化的引入成为本期四书学的主旋律，而代表这个时期四书学研究成就的是康有为和王国维等人。

第二，四书学作为批判与解构对象的时期。时间从 1912 年至 1930 年。我们可以把这段时间理解为晚清民国四书学发展史上的低潮期。1912 年民国成立伊始，当时的教育部就下令取消读经课程。取消读经课程，四书和五经一起开始被边缘化，强制性的应试阅读已经不存在了。失去了制度的基础支撑，四书学的官学形态丧失了。四书研究本来可以进入正常的学术研究空间，但是，新文化运动"打倒孔家店"又把四书打入冷宫，四书研究在社会文化思潮上遭遇前所未见的"寒流"，曾经高大上的科举读本成了重点批判的对象。虽然北洋政府袁世凯、徐世昌等人还在不遗余力尊孔，但是整个中国的文化风潮已经转型了，解构乃至嘲讽成为本期四书学的主要面相。四书虽然仍被阅读，但相当一部分是作为反面材料来读解的。丧失了官学形态的四书学，主动走入民间，在解构与嘲讽的风潮中，借助白话文运动的兴起，以新的话语形态重新构建尊严。四书也逐渐从科举读本的负累中抽身出来，逐步向大众读本的方向演化。在这个过程中，钱基博的四书读解著作便是一个相当优秀的代表。

第三，四书学的命运急转弯时期。时间从 1931 年至 1949 年。这是四书学在内忧外患时局下急速回暖的时期。1931 年，"九一八事变"爆发，中国再次面临亡国灭种的危机，其对中国知识界的震动比之甲午战败有过之而无不及。国性自觉与民族主义思潮在中华大地迅速回暖，知识界对儒学的态度有了明显的转变。例如，曾经力主废止读经的蔡元培发表《中华民族与中庸之道——在亚洲学会演说词》一文，指出："我中华民族，凡持极端说的，一经试验，辄失败；而惟中庸之道，常为多数人所赞同，而且较为持久。这可用两种最有权威的学说来证明他：一是民元十五年以前二千余年传统的儒家，一是近年所实行的孙逸仙博士的三民主义。"[①] 此间，蔡元培把国民党的精神传统和儒家传统链接起来，他对儒学的态度和他在民国成立伊始立即下令废除读经的态度已经有了根本的变化。外在的压迫，内在的国性觉醒，加上政府的大力推崇，四书学的发展随即进入一个新的时期。这个时期四书学研究的代表性人物包括马一浮、欧阳渐等人。

---

① 蔡元培：《蔡元培文集》，北京：线装书局，2009，第 230 页。

第二节　百年来四书题名论著发表情况概述

要研究晚清民国四书学，对百年来四书学成果的梳理便是基础性的工作。虽然本书论述的重点在晚清民国，但如果我们能从一个百年的视角来观察这段学术史的话，自然会有更为宽广的视域，对其时其人其论的衡量也会更趋向公允客观。百年来四书由核心典籍变成边缘阅读文本，再由边缘正在逐步回归中心，境遇沧海桑田。四书作为传统文化的核心典籍，一百多年来的研究史正是传统文化百年际遇的一个缩影。因此，回顾四书百年研究史，梳理四书学论著的存世情况，不仅仅对本书有意义，而且在大力复兴传统文化的今天，这样的回顾也具有深广的社会价值与历史意义。

为梳理百年来公开发表的四书学专著和论文，笔者综合了几个信度较高的数据库论著目录。对论文的统计，依据台湾期刊论文索引系统、中国知网、万方数据、大成老旧刊全文数据库、全国报刊索引数据库的晚清期刊数据库的论文检索系统；对专著的统计，依据《新集四书注解群书提要附古今四书总目》、台湾"图书书目资信网"和北京的"国家图书馆藏书目录"。这种统计方式既有大陆数据也包含台湾的数据，既有网络数据也有目录学专著提供的数据，而且各种数据库的数据可以互相补充，基本上可以比较全面反映过去百年的四书学研究情况。

显然，这样的考察关涉繁杂，为此，笔者另有几点说明。第一，除了上述几个论著目录，笔者也会根据自己的阅读经历，补充一些与本题相关、影响深远但未入目录的典籍。第二，为便于论述，"百年"的时间界定以"1898—2012"为主，但也会适当地前伸后延，以照顾四书学自身发展的内在规律。第三，对于论著作者的选择，以两岸学者的著述为主，海外学者的论著除了影响重大，并且有四书学专著在国内出版以外，暂时不列入考察范围。第四，对于研究论著的选择，以"题名"包含"四书"为主，其余则适当参考。第五，本书采集网络数据库数据时间以 2013 年为主，由于网络数据库往往会不断更新，内容也会相应地日益丰富，因此书中所列统计数据和此后数据会有一定的出入。

一、 四书题名专著存目情况概述

（一）《新集四书注解群书提要附古今四书总目》

该书为台湾"国立"编译馆主编，台北华泰文化事业公司印行，2000年5月初版，分上下两册。上册是《新集四书注解群书提要》，该书叙录自宋以来的四书总义类专著（以四书题名专著占绝大部分）共557种；下册是《古今四书总目》，采录自宋以来四书总义类书目（也是以四书题名专著占绝大部分），包括仅存目录的在内，共1 451种（含年代不详的著述6种）。这两册书还包括日本、韩国四书总义类专著的叙录，以及从汉代以来《论语》类著述的叙录和存目。可以说，这两册书是迄今为止相关数据采录最完备的著作。当然，也有不尽如人意的地方。例如，对所收录的著述许多未能明确其初版时间，所以难以凭借其来对晚清民国四书学史做历时性考察；另外，该书出版于2000年，所以没有收录新世纪以来的四书研究著述，而近十几年来恰恰是当代四书学迅速发展的时期。① 根据两册书具体收录书目情况可见，自宋以来，四书学存世著作总量大概为书目总量的三分之一。另外，明清两代显然是四书学发展的高潮期。尤其是明代四书学，数量众多的存世著作如果按照平均三分之一的存世率计算的话，明代四书学著作的实际总量会更加可观。而民国以来的四书学著述情况则相形见绌了。

（二）台湾图书书目资信网

该数据库在"民国"及"台湾"方面的数据比较齐全，把台湾各图书馆的书目基本收罗进去，而且有清晰的出版年份，可以作为台湾四书学目录的采集来源。所以，笔者在该网的"进阶查询"系统里面设置了下面这些检索条件：①书名包含"四书"；②主题为"四书"；③资料类型为"印刷文字资料"；④语言为"中文"；⑤出版年份在1910年之后和2013年之前。得到的搜索结果为356项。剔除几类性质不合的目录，包括相同目录、再版目录、续修四库等几个文献整理的目录等，然后参合"中国国家图书馆藏书目录"提供的台湾地区书目，按5期分类列表如下（见表0-1）。

---

① 相关情况请参阅本书相关章节《新世纪两岸四书学研究述评（2000—2012）》。

表 0 - 1　台湾图书书目资信网采集的台湾四书学目录（单位：种）

分期	1912—1949	1950—1979	1980—1989	1990—1999	2000—2012
合计	3	11	12	9	45

　　显然，1912—1999 年总共 35 种四书学专著的统计数据和《新集四书注解群书提要附古今四书总目》所提供的数据有很大的差别。但是它提供了一个台湾地区历年四书专著发表情况的动态分析样本，让我们可以借此分析台湾地区百年四书学发展的大致规律。

　　表 0 - 1 所包含的 1912—1949 年的三部四书学著作其实都是中国大陆出版的。它们是：①张铁任注《四书白话旁训》，孔教堂易简书室 1917 年印；②林亨理作《四书解义适今》，上海广学会 1922 年印；③郑麐著《古籍新编·四书》，中国学典馆 1948 年印。

　　这些书籍在台湾地区保存下来，表明当时两岸的文化交流是很顺畅的。

　　（三）国家图书馆藏书目录

　　国家图书馆是中国图书资料收集最为完备的地方。该馆的四书学目录没有经过专门整理，资料很零散，但该馆古籍资源库有一个"民国图书"的专题资源数据库。笔者设定了书目包含"四书"的检索，得到 14 个相关结果。剔除非民国作者的著述，实有 7 种，其中以钱基博的《四书解题及其读法》影响最大。

　　笔者根据该馆网站提供的书目搜索引擎，设定了 5 个搜索条件：①题名包含"四书"；②出版时间从 1898 年到 2012 年；③专著；④汉语；⑤馆藏中文资源。得到相关结果 546 个，剔除几类性质不合的目录，包括相同目录，非写作完成于 1898 年以后的著述，儒藏、四库、续修四库等几个文献整理的目录等。最后按 1898—1911、1912—1949、1950—1979、1980—1989、1990—1999、2000—2012 等六个时期加以统计，得出结果如下表（见表 0 - 2）。

表0-2　国家图书馆藏书目录收录四书学情况①（单位：种）

地点	1898—1911	1912—1949	1950—1979	1980—1989	1990—1999	2000—2012
大陆	10	8	5	8	17	44
台湾	0	0	3	12	9	31
合计	10	8	8	20	26	75

我们把北京的国家图书馆藏书目录与台湾图书书目资信网的目录所提供的数据综合起来，便可以得到两岸藏书目录收录的百年四书学专著情况。（见表0-3）

表0-3　两岸藏书目录收录的百年四书学专著情况（单位：种）

地点	1898—1911	1912—1949	1950—1979	1980—1989	1990—1999	2000—2012	合计
大陆	10	8	5	8	17	44	92
台湾	0	3	11	12	9	45	80
合计	10	11	16	20	26	89	172

显然，由于历史的原因，国家图书馆对于1980年以前的台湾出版物收集情况不太理想，而2000年以后的数据则可能囿于数据录入等原因而有暂时的偏差。根据两个馆藏目录，1912—2012年百年时间的四书学著作共160种左右。前88年的共73种，收录情况逊于台湾的《新集四书注解群书提要附古今四书总目》。该书收录1912—1999年的四书学著作目录共127种，其中1950年以后大陆的四书学著作只收录了邱汉生的《四书集注简论》，所以根据台湾统计的最高数据126种加上国家图书馆藏书目录1950—1999年大陆四书题名专著30种，1912—1999年的四书题名专著总数大约是156种；而2000—2012年大陆、台湾四书题名专著总数为87种，也就是说1912—2012年的百年时间里，四书题名专著的总量大约为243种，另外加上晚清时期的10种，共得253种，这是晚清以来我们目前可以看到的四书题名专著的基数，相信今后随着文献收集工作的深入，相关数据仍然有继续成长的空间。

————————

① 说明：1912—1949年的检索结果在这个环节只显示有2项，皆是"民国图书"专题资料库里面的，所以合并两项检索结果为8项。

二、　四书题名论文发表情况概述

随着晚清国门的开放，中国近现代报业得到蓬勃发展，各种报刊如雨后春笋般纷纷出现，这也为四书学论文的发表提供了良好的平台，此前单篇论文只能以文集的形式流通，时效性比较差。近现代报业的兴起，不仅解决了单篇论文的交流问题，甚至还吸引了一批厚重的四书学研究成果以连载的形式在报刊上完成，这在增强了论文的时效性的同时，也大大活跃了学术交流的氛围。自1898年以来，四书学相关论文在各类期刊上发表的数量相当庞大，但晚清民国阶段的数据，由于数据库建设的原因，可供采录的资料还是比较缺乏的。如果我们把已经采录的相关数据当作一种抽样调查数据来参考的话，四书学发展的基本面还是可以呈现的。

（一）台湾期刊论文索引系统

这是台湾的"国家图书馆"期刊文献资讯网提供的论文检索系统，完整收录了台湾地区历年来的期刊论文。笔者在该检索系统上设置了四个检索条件：①篇名包含"四书"；②发表时间为1912—2012年；③资料性质属于学术性；④查询模式为精确。共得到结果314条。为说明情况，我们把台湾四书学论文发表情况分成7个时段进行统计，其中1950—1969年情况比较理想（见表0-4）。

表0-4　台湾地区四书学论文发表情况（单位：篇）

分期	1912—1949	1950—1959	1960—1969	1970—1979	1980—1989	1990—1999	2000—2012
合计	0	3	28	40	28	24	67

由统计结果，我们可以得知1950—2012年台湾地区共公开发表四书学论文192篇。这和314条的检索结果有较大出入。原因是有些论文其实是原作者专著的连载，例如王基西在《中国语文》2007年第6期开始以"四书讲义"为总题，共连载了67期文章，我们计为1篇。有些论文多处发表，只能计为1篇。有些论文具体论述内容其实与四书无关，还有些论文检索信息不完整等。

1. 1912—1949年：系统未显示有相应的搜索结果。估计该时段属于数据库建设仍未涉及的时间。

2. 1950—1959年：共3篇。第一篇论文为叶芝生《三民主义与五经四书》，发表在《建设》杂志1953年第2期，也和台湾地区当时的意识形态有

关。但是这一类文章在台湾地区四书研究领域里并不多见。

3. 1960—1969 年：共 28 篇。搜索结果有 36 篇，但邵诗谭的《四书质疑》共 8 篇，在《明伦》杂志上于 1962 年第 1 期开始连载，实为 1 篇。郑开棨的《四书相关论》共 2 篇，在《中等教育》杂志 1963 年第 2 期和第 4 期连载，实为 1 篇。故整个 20 世纪 60 年代，台湾地区四书专题论文实为 28 篇。

4. 1970—1979 年：这个十年我们共搜索到论文 54 篇。其中，陈立夫的《四书中之教育思想》先后在《东方杂志》与《学粹》杂志上发表，计为 1 篇。卢元骏的《四书整理之过去与现在》在《公教知识》1970 年第 8 期以及《综合月刊》《孔孟月刊》等处发表，计为 1 篇。闵嗣礼的《中华文化与四书五经》在《台中商专学报》1970 年第 6 期和 1971 年第 6 期发表，计为 1 篇。田永正的《四书思想研究》在《恒毅》杂志 1972 年第 9 期开始 7 期连载，计为 1 篇。魏曼特的《四书论仁》在《再生》杂志 1973 年第 6 期开始 3 期连载，计为 1 篇。再去掉 2 篇误入的文章，所以，整个 20 世纪 70 年代台湾地区的四书学论文实为 40 篇。

5. 1980—1989 年：系统显示的检索结果一共有 37 条，但有 5 条是误入的，剩下的 32 条中，王甦的《四书中的忧患意识》在《训育研究》杂志上分上下 2 篇连载，计为 1 篇。邵诗谭的《四书假借字汇》分上下两部分在《孔孟学刊》上连载，计为 1 篇。张成秋的《新制师院的四书教学》分 3 篇在《国教世纪》上发表，计为 1 篇。所以，20 世纪 80 年代台湾地区公开发表的四书学论文共有 28 篇。

6. 1990—1999 年：系统显示的检索结果共有 46 条，直接去掉 2 条误入结果，剩下 44 条中，王开府以"四书的智慧"为总题，在《国文天地》杂志上连载，共 21 篇，计为 1 篇。因此，20 世纪 90 年代，台湾地区公开发表的四书学论文为 24 篇。

7. 2000—2012 年：系统显示的检索结果共有 139 条，直接去掉 2 条误入结果，去掉 4 条目录信息不全的，剩下 133 条，其中王基西在《中国语文》2007 年第 6 期开始以"四书讲义"为总题，共连载了 67 期文章，计为 1 篇。这 13 年台湾地区四书学公开发表论文为 67 篇。其中，2000—2009 年四书学论文总数为 42 篇，2010—2012 年四书学论文总数为 25 篇，表明四书学学科发展势头非常迅猛。

（二）大陆期刊论文索引数据

1. 中国知网数据。中国知网拥有目前国内学术论文收集最为完备的数据库，但是该网站的搜索引擎设计却有明显的缺陷。笔者在该网站提供的"高级检索"设置了"篇名"、"精确"、包含"四书"的搜索条件，得到结果只有 21 条，其中期刊论文 11 条，这个结果显然不可信。笔者改设了两个检索条件：一是"主题"为"四书"，二是"发表时间"为"1912—2012"，得到 834 条结果，在来源数据库中选择了"中国学术期刊网络出版总库"，得到 473 条结果。笔者又在这个高级检索里面设置了"关键词"、"精确"、包含"四书"，发表时间为 1912—2012 年的搜索条件，得到结果 775 条，其中期刊论文 440 条。最后，笔者在中国知网首页提供的搜索里直接输入"四书"，系统默认为"主题"检索，得到的相关学术期刊类成果共 593 条，而且所提供的篇目和"高级检索"提供的结果有不少差异。由于搜索结果不理想，笔者又引入另一个大型数据库的数据加以比照。

2. 万方数据库。这是中国大陆另一个比较有影响力的论文搜索网站，虽然该系统四书相关论文的搜集主要涵盖 2000—2013 年度，但搜索结果的相关度很高。笔者在万方数据库的"高级检索"设置了"题名或关键词"为"四书"、"文献类型"为"期刊论文"的检索条件，得到检索结果234 条。

经过逐条比照两个数据库提供的四组数据，笔者整合出大陆历年四书学论文发表数量统计结果如下（见表 0-5）。①

表 0-5　大陆历年四书学论文发表数量统计结果（单位：篇）

分期	1912—1949	1950—1979	1980—1989	1990—1999	2000—2012
合计	1	3	7	12	156

上面数据显示，大陆四书学研究论文篇目在 179 篇左右，这些数据动态基本反映了百年四书学在大陆发展的大致情况，并且特别报告了 2000 年以后大陆四书学异军突起、迅猛发展的势头。

3. 大成老旧刊全文数据库。民国时期虽然受到新文化运动的冲击，但是仍然有大批坚持传统的学者，上述两个数据库显然没有办法比较真实地反映民国时期的四书题名论文发表情况，所以，笔者引入大成老旧刊全文数据库作为参考。该数据库收录了清末到 1949 年近 80 年间中国出版的 6 000 余种期刊，共 12 万余期，130 余万篇文章。笔者在该数据库设置"按篇"检索，"题名"为"四书"的检索条件，得到 48 条，剔除同类及误入数据得

_____

① 具体篇目题名、作者、发表刊物、发表时间等请参见本书"参考文献"。

到 29 条。加上中国知网数据库采录的 1 篇论文[①]，共得民国时期四书题名文章 30 篇。当然，实际数据会远在 30 篇之上。

4. 晚清期刊数据库。晚清时期的报刊数据资料目前的收集整理还处于初期阶段，前面的几个数据库数据采集虽然比较严谨，但是涉及晚清部分基本上都付诸阙如，所以全国报刊索引数据库提供的晚清期刊数据库给我们提供的数据十分宝贵。该数据库收集有 1833—1910 年间出版的 300 余种期刊，27 万余篇文章。笔者在全国报刊索引之晚清期刊数据库设置题名为"四书"，系统默认时间 1833—1911 年，得到 25 条检索结果，1898—1911 年共 15 条检索结果，去除重复及误入者，共得到 13 条与四书学相关的文献资料。

台湾期刊论文索引系统、中国知网、万方数据库三个数据库所提供的检索结果大部分是四书题名论文，而晚清期刊数据库与大成老旧刊全文数据库所检索到的文献不尽是论文，有一部分是和四书相关的文章，甚至包括一些解构四书的小说。它们反映了四书学当时所处的社会环境，是我们了解四书学研究历史的重要史料，这是我们使用这些数据时需要注意的地方。

如果我们把两岸四书学论文统计数据整合起来，那么统计结果如下（见表 0-6）。

表 0-6　两岸四书学论文统计（单位：篇）

地点	1898—1911	1912—1949	1950—1979	1980—1989	1990—1999	2000—2012	合计
大陆	13	30	3	7	12	156	221
台湾	0	0	73	28	24	67	192
合计	13	30	76	35	36	223	413

从表 0-6，我们可以知道：第一，晚清以来百年两岸公开发表的四书题名论文在 400 篇以上。第二，在 20 世纪 50—70 年代，大陆四书学的发展处于低潮期，30 年的时间里只有 3 篇论文，但四书学仍在台湾地区得到蓬勃的发展。第三，2000 年以后两岸都迎来四书学迅速发展的黄金时期。大陆平均一年在 10 篇以上，13 年发表的论文总数比过去 50 年发表的论文总数的 7 倍还要多，但爆炸式的发展明显缺乏学术根基的稳健支持，需要警惕。相反，

---

① 此篇为《船山学刊》1933 年第 2 期发表的"松荫老人"的《读〈四书改错〉存疑》。大成老旧刊全文数据库未采录《船山学刊》的数据。

台湾地区 13 年四书学发展态势也不错，但过去 60 年的整体形态比较均衡，显示出较多发展良性。

三、 四书题名博士学位论文撰述情况概述

博士论文是介于单篇论文和专著之间的研究成果。撰述者在相关领域导师的指导下，选择合适的命题进行深入探讨，其研究成果往往可以代表一个时期的研究前沿。所以，对百年来与四书有关的博士学位论文撰述情况做一个回顾也很有必要。

（一）大陆四书学博士学位论文撰述情况

综合中国知网、万方数据提供的检索结果。截止到 2013 年，大陆四书题名博士学位论文一共有 16 篇（见表 0－7）。

表 0－7　1999—2013 年大陆四书题名博士学位论文撰述情况

序号	作者	篇名	单位	年份
1	陆建猷	《〈四书集注〉与南宋四书学》	西北大学	1999
2	季蒙	《主思的理学——王夫之的四书学思想》	浙江大学	2000
3	章启辉	《王夫之的〈四书〉研究及其早期启蒙思想》	中国社会科学院研究生院	2002
4	白春雨	《儒家诚信之德及其现代意义——以"四书"为中心的阐释》	复旦大学	2004
5	周兵	《天人之际的理学新诠释——王夫之〈读四书大全说〉思想研究》	北京师范大学	2005
6	高青莲	《经典诠释与儒学重建——颜李学派的〈四书〉解读》	中山大学	2006
7	谢志超	《爱默生、梭罗对〈四书〉的接受——比较文学视野中的超验主义研究》	上海师范大学	2006

续上表

序号	作者	篇名	单位	年份
8	周春健	《元代四书学研究》	华中师范大学	2007
9	许家星	《朱子四书学研究》	北京师范大学	2008
10	马永康	《康有为"四书"注解研究——以孔教教义的敷展为线索》	中山大学	2008
11	闫春	《〈四书大全〉的编纂与传播研究》	华东师范大学	2009
12	胡春丽	《毛奇龄与清初〈四书〉学》	复旦大学	2010
13	申瑞华	《〈四书〉修身思想对促进〈黄帝内经〉养生实践的意义研究》	广州中医药大学	2011
14	董灏智	《儒学经典结构的形成及其在近世日本的变迁——以"四书体系"和伊藤仁斋、荻生徂徕为中心》	东北师范大学	2011
15	杨浩	《朱子〈四书章句集注〉的解释与建构》	北京大学	2012
16	夏永庚	《四书"仁智双彰"的课程哲学思想研究》	华东师范大学	2013

从这16篇论文看来，大陆最早以四书为题开展博士学位论文研究的时间是1999年。20世纪90年代中后期传统文化热潮开始兴起，带动了四书学的研究，从1999年迄今，平均一年有一部以上的四书题名博士学位论文出现，这表明大陆四书学已经开始走上良性发展的快车道。

（二）台湾四书学博士学位论文撰述情况

笔者利用台湾的"文献传递服务系统"之"台湾博硕士论文系统"查询结果显示，截至2012年，台湾的四书题名博士学位论文共有10篇（见表0-8）。

表 0 – 8 1995—2012 年台湾四书学博士学位论文撰述情况

序号	作者	篇名	单位	年份
1	陈逢源	《毛西河四书学之研究》	"国立"政治大学	1995
2	张晓生	《郝敬及其四书学研究》	东吴大学	2002
3	柯玫妃	《朱熹〈四书章句集注〉研究——以诠释传意方法分析》	高雄师范大学	2006
4	吴伯曜	《王阳明四书学研究》	高雄师范大学	2006
5	简瑞铨	《张岱〈四书遇〉研究》	东吴大学	2006
6	施辉煌	《王船山四书学之研究》	"国立"中山大学	2006
7	高荻华	《朱熹〈四书章句集注〉解经研究》	台湾师范大学	2007
8	李美惠	《朱熹道统论之研究——以四书学为核心而展开》	台湾师范大学	2010
9	简慧贞	《王船山对朱熹〈四书章句集注〉之反思与开展——以〈读四书大全说〉为论》	辅仁大学	2010
10	覃明德	《王船山〈四书〉诠释之研究——以内圣外王开展之》	中国文化大学	2011

以上 26 篇博士学位论文选题以王夫之四书学最为热门，总数达到 6 篇。如果加上其余 4 篇清代四书学研究论文，则清代四书学明显是博士学位论文选题的重点。在这 10 篇清代四书学博士学位论文中，清初四书学的研究占 9 篇，晚清四书学研究只有 1 篇。即中山大学马永康关于康有为四书学的博士学位论文，该论文已经涉及晚清民国四书学的一个断面，但对晚清民国四书学的整体考量仍未有人选题。

综上所述，晚清民国四书学意义重大，但当前学术界仍未有过相对系统

的研究①，因此，笔者拟以一个历时性的发展演变历程考察和一个共时性的核心问题探析来构成一个论述系统，帮助我们对晚清民国四书学有一个初步的整体性的认识。本书上编以四书题名文献为中心考察四书学在晚清民国的演进历程，下编则以中西化合为中心探析晚清民国四书学的核心问题。上编为下编的论述提供完备的参照体系，下编为上编所涉历史提供深度读解。

---

① 新世纪以来四书学研究情况，本书相关章节《新世纪两岸四书学研究述评（2000—2012）》可供参考。

上编　晚清民国四书学的演进历程
——以四书题名文献为考察中心

导　言

　　近现代反儒反孔运动作为一种影响巨大的社会潮流，严格来讲开始于太平天国时期。为了确立基督神权在太平天国社会的终极地位，太平天国领导人就必须在意识形态领域对孔子的尊崇展开挑战。张锡勤说太平天国运动"和中国历史上的历次农民战争不同，这场农民战争不仅反官府、反朝廷，而且反儒反孔、贬儒贬孔，并一度焚烧儒经和其他古籍，要革传统'经史文章'的命。一时间，在中国南方掀起一股反儒反孔的狂飙"。① 不过，后期太平天国对儒学的态度有一些微妙的转变。例如，1854 年 3 月初，东王杨秀清假借"天父下凡"，对四书、十三经的价值做了一次较为明确的肯定。他说："前曾贬一切古书为妖书，但四书、十三经，其中阐发天情性理者甚多，宣明齐家治国孝亲忠君之道亦复不少，故尔东王奏旨请留。"② 这其实表明当时儒学的社会统治地位仍然稳固，其稳固的程度即使是太平天国如此轰轰烈烈的运动都不得不最终向它妥协。梁启超说："洪秀全之失败，原因虽多，最重大的就是他拿那种'四不像的天主教'做招牌，因为这是和国民心理最相反的。"③ 中国的国民在儒学的氛围里浸淫了几千年之后，其心理惯性无疑是十分强韧的，所以儒学包括四书学的最终变动还是需要从它的内部开始，

---

① 张锡勤：《儒学在中国近代的命运》，北京：人民出版社，2011，第 40 页。
② 杨秀清：《天父圣旨》，《太平全国续编》（二），第 323 - 324 页。转引自姜涛、卞修跃《中国近代通史》第二卷，南京：江苏人民出版社，2007，第 303 页。
③ 梁启超：《中国近三百年学术史》，北京：东方出版社，2012，第 33 页。

而此种开始即经学的解体。

经是儒学的核心，是中华民族在长期历史实践中自发自觉选择的道义约法。中国历史上的许多思想创新往往借助对经典的重新诠释来完成。"重新诠释"使得经典获得其在当下的现实合理性，"借助经典"则使得新的思想获得其历史合法性。此种对现实合理性和历史合法性的统一的诉求使得中华民族获得了一种超稳定的社会和文化结构。相比之下，其他民族只有神学、子学，没有经学，因此可以说，经学正是中华民族绵延几千年始终屹立不倒的文化密码所在。近代以来，外力因素的强力干扰之下，经学在近代中国的自然演化过程发生畸变，固有的经学系统崩塌。而伴随坚船利炮送过来的许多西方思潮往往还来不及细致地吸收转化便立即在中国付诸行动。缺失了对历史合法性的诉求，现实合理性也便稍纵即逝，于是社会所遭受的动荡之激烈便为三千年来所未见了。由此，"动荡"成了伴随晚清民国四书学演进历程的时代背景。

第一波的动荡从取消八股取士开始到取消科举制度。这是经学也是四书学作为官学的解体，此种解体把经学的法统地位取消了。经本来是官民共同遵行的道义约法，科举取消却未有遵行经学法统地位的相应制度衔接，意味着国家在核心制度安排上对此套约法的放弃。民心之混乱自然会顿然加速，革命的到来则得到提速。第二波动荡是取消读经课程，并最终取消经学科。从西方引进的新式学制基本照搬西方的学科制度，经学最终被解散到文学、史学、哲学科中。如此一来，绵延几千年的经学学统也取消了。而经学原来所包含的四书五经在现代学科体系里则几乎成了游魂野鬼：文学科上要让位白话文，让位小说戏曲；历史科上成了一堆十分可疑的史料；哲学科上远不如西方各种主义来得时尚。因此，研究四书五经的人往往要在源于西学的文史哲学科壁垒之间左右碰壁，十分尴尬。第三波动荡则是"打倒孔家店"的大批判。辛亥革命并没有给中国带来期待许久的强盛和繁荣，民族文化的心理自信崩溃，批孔是自然而然的结果。这样的批判一方面使得经学的道统地位彻底丧失，另一方面却十分有利于对经学系统内部积弊的清洗。因此当外敌入侵、国性自觉回潮的时候，经学便可以轻装上阵，迎来其命运的急转弯。三波动荡的叠加冲击便是晚清民国四书学演进历程的学术背景。

梳理了晚清民国四书学演进历程的时代背景和学术背景之后，我们再来看看四书学自身的演进。

第一章
四书学作为官学的解体（1898—1911）

所谓"四书学作为官学"是指明清以来，以《四书章句集注》为诠释依据，以八股文为主要诠释模式，以科举考试为社会传承机制，从内容到形式到机制由朝廷主导的整齐划一的四书学生态系统，它是明清两代支撑朝廷建构社会核心价值观系统的核心构件。不能不承认，四书学的此种官学生态系统有其历史的必然性与合理性，它对中国封建社会后期继续维持一种超稳定的社会发展状态功不可没。而且乾嘉以来，坚守正统存在模式的四书学仍然有所发展，甚至出现了足以代表清代四书学最高成就的焦循的《孟子正义》与刘宝楠的《论语正义》。但是，一旦人类社会在工业革命之后进入快速发展轨道，与欧美的社会发展相比，传统中国此种超稳定社会结构及其核心构成就难免显得稳健有余、活力不足。此时，国门一打开，外力入门竞争，遂令以四书学为核心的传统学术左支右绌。出于对政权维系的需要，执政者改革、转换甚至抛弃固有的四书学官学生态自然成为历史的必然，由此，四书学作为官学的解体也就自然而然了。当然，由于强大的历史惯性，此种解体注定是沉重且曲折的过程。这在四书题名文献中就有清晰的呈现。

第一节　从四书题名文献看四书学作为官学的解体

四书学作为官学的解体在儒学内部的动力要从清代今文经学的兴起说起，而清代今文经学的最有力者当属康有为。其《新学伪经考》《孔子改制

考》《大同书》被梁启超比喻为"飓风""火山大喷火""大地震"①，足见其对当时思想界震动之巨大。但这种影响由于受到当权者的压制，作用及于官方四书学还是要在戊戌变法之后。

一、四书题名文章的四书学官学生态解体考察

要了解晚清民初四书学退潮的情况，我们还是从数据库提供的线索开始。笔者在全国报刊索引之晚清期刊数据库设置题名为"四书"，系统默认时间为 1833—1911 年，检索得 25 条结果，去除重复及误入者，共得到 21 条有效信息，其中 1898 年以前为 9 条，剩下 12 条中 5 条为集四书句文或四书文灯谜的游戏文章，其余 7 条则与四书学发展直接相关。具体情况见表 1 – 1。

表 1 – 1 晚清官方四书学相关文献

序号	篇名	刊物	刊期	备注
1	《上谕》	《湘报》	1898 年第 102 期，第 405 页	光绪皇帝令改八股为策论取士
2	《上谕》	《湘学报》	1898 年第 39 期，第 1 页	同上
3	《光绪戊戌正科礼部会试四书五经文题目》	《万国公报》	1898 年第 111 期，第 47 页	
4	《杨侍御深秀奏请正定四书文体以励实学折》	《知新报》	1898 年第 59 期，第 7 – 8 页	
5	《奏议》	《知新报》	1901 年第 42 期，第 8 – 10 页	官员要求恢复八股文的奏章
6	《孙夏峰先生集外文（续）：笺四书粕》	《国粹学报》	1907 年第 3 卷第 11 期，第 116 – 117 页	
7	《公牍：各小学堂禁用彪蒙书室〈绘图四书新体读本〉文》	《四川官报》	1909 年第 14 期，第 32 – 34 页	粤省提学使札各州县转饬劝学所传知的禁令

① 梁启超：《清代学术概论》，上海：上海古籍出版社，1998，第 79 页。

以上 7 条文献清晰地向我们呈现了晚清官方四书学开而复闭的发展格局，其中 1898 年的 4 条反映的是官方四书学开放的努力。光绪皇帝在《上谕》中说："我朝沿宋明旧制以四书文取士"，"近来风尚日下，文体日弊，试场制艺大都循题敷衍，于经义罕有发明而浅陋空疏者每获滥竽充选。若不因时通变，何以励实学而拔真才"。又说："此次特降谕旨，实因时文积弊太深不得不改弦更张以破空虚之习。"是年，光绪皇帝四月初三日下诏："从下科为始，乡、会试及生童岁科各试向用四书文者一律改试策论。"十二日又重新下诏："生童岁科试着各省自奉到此次谕旨即行一律改为策论，毋庸候至下届更改。"① 改革的迫切心情昭著天下。不过，执政者要改变的是诠释文体而非四书五经本身，因此改革的深度其实还有所保留，这和民国以后"打倒孔家店"、连根拔起的变革很不一样。光绪皇帝在上谕中强调："至士子为学自当以四书五经为根柢，策论与制艺殊途，仍不外通经史以达时务，总期体用赅备，皆勉为通儒。毋得竞驰博辩，徒蹈空言，致负朝廷破格求才至意。"② 保持四书五经为"根柢"，以"通儒"为求才目标，这些应该都有在变革的同时维护价值观、维护民心稳定的考量。而两次下诏则表明光绪皇帝的这次谕旨并非心血来潮，就在这一年他为亲自主持的殿试命题，开篇即说："朕仰承天眷，寅绍丕基，于今二十有四年矣。符列圣之诒谋，慈闱之训教，夙夜兢兢，不敢康逸。思与海内贤士，酌古剂今，共图上理。兹当临轩发策，冀得嘉谟，以裨实政。尔多士各摅己见，启沃朕心。"③ 随后，他提出包括求才、经武、绥远、理财等一系列当时面临的棘手问题，要求参与殿试的举子出谋划策。显然，光绪皇帝是真的下了决心的，而他的决心背后其实有翁同龢、杨深秀、康有为等维新派的支持，因此可以看作执政者对时代风潮的自然响应。这一点有表 1－1 中第 4 条杨深秀的奏折为证，而且杨深秀的奏折也并非他本人一人的行为。

据康有为年谱资料，1898 年 2 月，康有为"时进呈《俄彼得变政记》，附片请变生童岁科试，易八股以策论"④。1898 年 4 月，康有为又于"廿三日奉明定国是之谕，举国欢欣。先是又草变科举折，亦为二篇，分交杨漪川、徐子静上之。又草请派近支王公游历折，请开局译日本书折，请派游学日本折，皆由杨漪川上之，奉旨允行"⑤。杨漪川即杨深秀。康有为年谱资料

---

① ② 《湘报》1898 年第 102 期，第 405 页。又见《湘学报》1898 年第 39 期，第 1－2 页。
③ 《大清德宗景（光绪）皇帝实录六：自光绪二十二年五月上至光绪二十五年十月下》。
④ ⑤ 康有为：《康南海自编年谱》，北京：中华书局，1992，第 38、41 页。

显示维新党人变革的热情很高，而且他们采取了协同的策略。

可惜，尽管皇帝下了决心，尽管有一班精英人物的支持，但是当时保守的势力更为强大，所以戊戌变法最终失败，官方四书学重新由开放转向自闭，第 5 则和第 7 则资料就是明证。前者是官员要求恢复八股文的奏章，其称："盖厘正文体正所以收摄人心"，"若四书经义复准泛论时事，逞臆妄议，抛荒本旨，于体裁殊有不合"。连四书学在官方法定形式上都改不得，实在是自闭于庙堂之上。后者则是一则禁令，企图将四书学自闭于江湖之远。《绘图四书新体读本》是当时上海彪蒙书室编辑的一套儿童四书读本，该读本以当时时髦的体操、留声机、温度计等新事物来配图读解四书，里面虽然有些内容牵强，但这不是问题的关键，此读本最大的问题其实是在"解'贱而好自专'说到专制政体，解'非天子不议礼'说到下议院权，尤与圣贤背道而驰"。① 这些东西才涉及守旧派当政者的敏感问题。所以广东的提学使发现后要求学部申令全国禁止采用此书。总之，无论在朝在野，四书学在官方话语形态中又重新走向自闭，这表明四书学在官方层面上已经丧失了引领时代前行的话语功能，四书学走下神坛也势在必行了。

传统四书学在作为官方话语逐渐失灵的情况下，其在民间的地位也发生了微妙的转变。表中第 6 则为介绍明末清初理学家孙奇逢文集漏收的著作《四书粹》。从版面来看，应该是一则带有商业性质的图书推介短文。因为没有作者署名，所以最能代表编辑部的取向。短文作者对《四书粹》评价甚高，其称："读《四书粹》，昏梦中令人跃起，灵心妙解，孔曾思孟千余年精神面目宛宛如生。"所谓"昏梦中令人跃起"显然是话中有话：此前所理解、所接受的那一套四书诠释太有问题了！当人们在所谓四书"精华"中陶醉的时候，作者却在别人看来的四书"糟粕"中得到"灵心妙解"，感觉就像找回了孔曾思孟的真精神。虽然这则短文其实是在做图书广告，但是恰恰商业广告必须迎合社会大众的心理需求，所以它是当时最真实的社会思潮的反映：以程朱诠释话语为指标的四书学固有体系不吃香了。遗憾的是，查现有的孙奇逢文集未见《四书粹》一篇。

此种四书在民间话语中的存在形态悄然发生了转变。我们还可以在晚清期刊数据库中那些带有游戏性质的集四书句文章中体味到。

在晚清期刊数据库中，戊戌变法以前集四书句的文章虽然也有调侃的口

---

① 《公牍：各小学堂禁用彪蒙书室〈绘图四书新体读本〉文》，《四川官报》1909年第 14 期，第 32 – 34 页。

气，但调侃的对象只是普通人，甚至是自嘲。例如模拟一位私塾先生集四书句写的辞职书《辞馆文集四书句》，便是自嘲，其开篇曰：

> 童子六七人非吾徒也。夫士也，可以假馆则以学文，与木石居，何为者哉！昔者古之人敏而好学，童子见文质彬彬，必有可观者焉。今亡矣夫！吾党之小子虽多，其愚不可及也。①

文章描摹的是一位面对乡村顽童无计可施的私塾先生的酸腐形象，于四书，于时事无伤大雅。

戊戌变法以后，数据库里面的集四书句文章有两篇，皆是针砭时弊的文章，其中一篇开篇就是猛烈的炮火：

> 今之从政者何如？古之所谓民贼也。夫学而优则仕，于从政乎何有？不能正其身，是谓殃民，国人皆曰：可杀！②

这是民众在变革屡屡受挫之后愤懑情绪的宣泄，意味着即将来临的火山喷发，当然喷发的对象是"从政者"，这和民国以后此类文章对儒学、对孔子的嘲讽从深度、角度来看还是有所区别的。

相比于报刊对现实的迅速反应，同期四书题名专著整体来看要和缓许多，不过静水流深，四书学题名专著所呈现出来的四书固有官方诠释生态的解体也要更加深刻和具体。

二、　四书题名专著的四书学官学生态解体考察

笔者在中国国家图书馆"文津检索"之"高级检索"设置指定文献类型为"古文献"，题名为"四书"，出版年份为"1898—1911 年"等检索条件，得到检索结果 36 条，剔除非当时人物所作著作及误入重复条目，最终得到 9 条书目（简称"国图书目"）。另外，笔者又在"台湾书目整合查询

---

① 《瀛寰琐纪》1874 年第 27 期，第 13 页。

② 《官吏篇（仿八股集四书句）》，载《广益丛报：附编：丛录门：杂录》1909 年第 217 期，第 1 - 2 页。另一为《集四书句纪事》，载《庄谐杂志·附刊》1909 年第 1 卷，第 1 - 10 期，B1 页。

系统"中选择"进阶查询",然后设置题名为"四书",出版时间为1900—1911年(此系统书目查询时间最早断限为1900年),共得到检索结果33条,剔除非当时人物所作著作及误入重复条目,得到有效条目共6条(简称"台湾书目"),把这两个书目整合起来便有下以下表格(见表1-2)。

表1-2 1898—1911年四书学专著

序号	书名	作者	出版者	年份	信息来源
1	《四书集释就正稿》	王士濂	高邮王氏	1898	国图书目
2	《四书集注考证》	王士濂	高邮王氏	1898	国图书目
3	《增补四书义经义式》	粤雅堂	学翼斋	1898	国图书目
4	《四书笺疑疏证》	徐天璋		1898	国图书目
5	《四书论》	王伊		1898	国图书目
6	《涵斋四书文》	程霖寿	宁乡程氏	1901	国图书目
7	《圈点四书旁训读本》	古香阁魏氏	新都墨耕堂	1901	台湾书目
8	《四书六经经义新编》	张之洞鉴定①	望虹山馆	1902	国图书目
9	《四书异同商》	黄鹤学②	湖南书局	1902	台湾书目
10	《张謇批选四书义》	张謇	上海文新书局	1904	国图书目
11	《监本辨字音注读法四书白文》	王竹坪	泉州：珠玉楼书坊	1904	台湾书目
12	《四书集疏》	牛兆濂	柏经正堂	1908	台湾书目
13	《三字经四书集字》	上海：千顷堂	嘉义市：台湾兰记	1910	台湾书目
14	《四书朱子集注古义笺》	李滋然		1911	国图书目

① 此书共7卷(6册),实为俞樾所选,后经张之洞鉴定。
② 台湾书目整合查询系统中登记的作者为"黄鹤"。另据湖南新化县政府官方网站"新化在线"的一篇文章《新化县古近代学术概要》,作者陈立群,文章中称："黄鹤(伯声)攻研经学不分流派,兼收并蓄,所著《四书异同商》,亦能折中汉儒与宋儒之说,是一部较好的著作。"则本地人亦认为其名为"黄鹤",字"伯声"。今查书中题款为"新化黄鹤学",则此条目有误,故更正。

续上表

序号	书名	作者	出版者	出版年	信息来源
15	《监本辨字音注读法四书白文》	会文堂	会文堂	1911	台湾书目

注：表中书名以楷体字标识的四书题名专著为收录进《新集四书注解群书提要》者，共有6部。

由表1-2我们可以看出，1898—1911年的14年中，如果以1904年为界则前半段四书题名专著数量为11种，后半段7年的时间里面四书题名专著仅有4种，四书学在1905年科举取消之后退潮的迹象是相当明显的。而就内容来看，15种专著可分成两类。

一类是应举教育用书。包括《增补四书义经义式》、《四书论》、《涵斋四书文》①、《圈点四书旁训读本》、《四书六经经义新编》、《张謇批选四书义》、《三字经四书集字》和两个版本的《监本辨字音注读法四书白文》，一共9种著作。这些著作目的在应举，所以在思想上的突破创新是不可能的。不过，这些著作由于密切配合官方四书学的运作，所以它们可以是戊戌变法前后官方四书学风云变幻的证据，展示了官方指导下的四书学官学生态的演化。我们以《增补四书义经义式》《四书论》《张謇批选四书义》三书为例，略为说明。

《增补四书义经义式》书中扉页题款："附礼部奏定乡会岁科试章程粤雅堂本群英书义"，落款："翻刻必究　戊戌　秋学翼斋二次石印"。明显为应举用书，而且当时销量还不错，所以需要二次石印。但此"二次石印"应该是当年的第二次印刷。因为书中所附"礼部奏定乡会岁科试详细章程"正是戊戌科举改革的证据，戊戌科举取消八股，改试策论，书商闻风而动出版新的考试用书满足举子的需要。因为要考策论，所以历史上策论名家如苏轼等人的文章就被选录进来了。

---

① 此书作者程霖寿为当代著名学者程千帆先生之曾祖父。程霖寿生前即与其子侄程颂万等人以诗文名于当世。孙海洋《湖南近代文学家族研究》一书中有"宁乡程颂万家族"（笔者注：颂万为霖寿第三子）一章，其中便有专节"诗书满腹，教授一生，文词雅健的程霖寿"为程霖寿文学创作立传。据该书介绍，程霖寿（1830—1886），字箕仲，号汝沧，邑优廪生，咸丰丁巳举人，己未考取觉罗官学教习，同治辛未大挑二等，授城步县训导，晋常德府学教授，钦加五品衔。"涵斋"疑为程霖寿的斋号，因其有《万涵堂集钞》一书，"万涵堂"与"涵斋"意义相近。（参阅孙海洋《湖南近代文学家族研究》，长沙：湖南大学出版社，2011，第323-324页）

《四书论》① 一书则专门收集自唐迄清的四书题论凡百篇，以时代先后为序编排，有清一朝则略依科目排比。《新集四书注解群书提要》称："伊编是书，本作家塾课本，以为初学作文须从作论入手，作论尤须从四书入手。"全书始于韩愈《颜子不贰过论》，终于作者阙名的《乡原论》。都是从诸家文集录出。这些论文有的就一书或一篇为题者，有的就一人一事为题者，有的就一句或二句为题者，有的就二字或一字为题者。"所录论文大都抒发理蕴，不涉考据，亦不为空谈。而编者尤异于时人者，则自明以来人多录时文为讲义，此编所录独采古文，实为说四书者别开生面，亦不可缺也。"② 其实，为什么这部书"独采古文"而不录时文呢？因为时代风气变化了，科举考试的要求变了，所以教科书当然也要变化了。

《张謇批选四书义》的选编者张謇③是晚清民国时期著名的社会活动家，此书辑于他仍然在书院担任山长的时候，卷首有光绪二十七年（1901）张謇的自序。《新集四书注解群书提要》评价此书说："光绪末年诏废八股，改试四书义，海内帖括之徒，遂多茫无趋向，是编为制艺之作，乃謇讲学时以四书义命题，凡得诸生课文清正者，三百八十余首，加以品评，而成本书。"④ 显然，积习太深而变革来得有些突然，所以"海内帖括之徒，遂多茫无趋向"，戊戌变法虽然改了八股取士，官方四书学虽然意图改革，但步履维艰，而"艰难"恰恰就是固有生态走向解体的必然前提。

另一类才是真正学术意义上的四书学著作。包括《四书集释就正稿》《四书集注考证》《四书笺疑疏证》《四书异同商》《四书集疏》《四书朱子集注古义笺》等 6 种。这些著作和应举类著作相比，在展示四书学官学生态解体方面没有后者那么直接，但是它们反映的是四书学官学生态更核心的东西的变化——程朱四书学的异动。

后两部出现在 1905 年科举取消之后，前面四部在科举取消之前，显然单纯从学术上展开的四书学研究也是受到社会大气候的严重影响的，科举一取消，四书学就明显不受待见。这 6 种著作大致可以分成两类：一类侧重四

---

① 作者王伊，字影石，虞山人。生卒年不详。此书首有光绪二十四年（1898）徐兆玮序，目录末有编者识语。

② 《续修四库全书总目提要》，北京：中华书局，1993，第 1002 页；又参阅《新集四书注解群书提要》，第 430 页。

③ 张謇（1853—1926），字季直，号啬庵，江苏南通人。光绪十一年（1885）中式顺天乡试，历充赣榆、太仓、崇明各书院山长，光绪二十年（1894）殿试第一名，授修撰。

④ 《新集四书注解群书提要》，第 428 页。

书义理的发挥，它们是王士濂《四书集释就正稿》和黄鹤学《四书异同商》两部书，另一类即其余四部书则是围绕《四书集注》做疏证的工作。发挥义理的两部书都出现在科举考试取消之前，多少表明四书学的官学身份仍然没有丧失，四书学与社会思潮的关系依然密切。这一点在《四书异同商》中表现很突出。此书解《孟子·离娄章》曰：

> 此章是为当时恃智巧聪明以变旧章者发。陆庆曾曰："天下之治乱无常法。治则治法，乱则乱法。故其治也，以法治人；而其乱也，复以人乱法。自尧舜、幽厉以至于今，千余年矣。推原祸本，大约夏商周以来积弊以坏法而乱。东西京以来，作聪明以变法而亦乱，坏法可救也，变法不可救也。"愚按：此论切当。大凡坏法出自凡庸之主，而变法则必出自聪明之人。管商申韩诸人惟自以为知，故觉先王之道迂阔难行，不知先王既竭心思，继以不忍，其政无非仁民者。①

显然，这样的议论是在戊戌变法失败之后发表的，因此有很强的针对性。在作者看来，维新变法的人不过是像历史上"管商申韩"这些法家人物一样自作聪明罢了。黄鹤学的守旧立场是很昭彰的。

相比之下，王士濂②《四书集释就正稿》的思想就相当平正了。全书共一卷，现有台湾艺文印书馆影印本流行，现存版本没有序跋。该书其实是王士濂读四书的专题笔记，共分十五个专题，包括释圣、释知、释大、释学、释权、释多、释义、释据、释仕、释仁、释能、释礼、释一贯忠恕、释异端、释三仕三已等。每一条引用四书中相关内容加以诠释。如"释义"：

> 孔子曰："君子之于天下也，无适也，无莫也，义之与比。"孟子曰："大人者，言不必信，行不必果，惟义所在。"孔子谓"言必信，行必果"为"硁硁然小人"。又曰："果哉！末之难矣。"必信必果为小人，斯不必信不必果为大人。然则大人能比于义，小人未能比于义。③

---

① 此段文字来自《中孟》第 1 页。《四书异同商》共五册，包括《上孟》2 册、《中孟》1 册、《上论》1 册、《学庸》1 册。

② 王士濂，字望溪，高邮人。时当清末。藏书甚富，曾编刊"鹤寿堂丛书"，其他事迹不详。参见《新集四书注解群书提要》，第 437 页。

③ 王士濂：《四书集释就正稿》，高邮王氏 1898 年刊刻，第 14 页。

此间，王士濂提出"言不必信，行不必果"似乎有点离经叛道的味道，其实他的观点在于阐述"信"和"果"之上还有一个更高的道德范畴"义"。为此，他引用了孔孟的话来为自己佐证，证明自己的主张与孔孟同道。这一点《四书集注》也有说明："适，可也。莫，不可也。无可无不可，苟无道以主之，不几于猖狂自恣乎？此老、佛之学，所以自谓心无所住而能应变，而卒得罪于圣人也。圣人之学不然，于无可无不可之间，有义存焉。然则君子之心，果有所倚乎？"① 朱熹认为，只要"有义存焉"，那就无可无不可了。显然，王士濂的诠释仍然固守着程朱的藩篱，不过，强调这种惟义所在无可无不可的观念在戊戌变法的大环境下还是非常应景的。从这个角度看来，他要比黄鹤学开明得多。整体看，这本书多论经义，亦涉考据，而所引用四书经文以《论语》的内容为多，但要说它"乃读《论语》笔记"② 就失之偏颇了。

另外，王士濂在四书诠释模式上的突破也应该值得肯定。在他之前，代表清代四书学成就的焦循《孟子正义》和刘宝楠《论语正义》仍然坚守随文附注的诠释模式，并把这种模式的优势发挥到极致。王士濂的这部著作则完全抛开传统上随文附注的诠释模式，把四书视为一个整体，采用直奔主题的专题诠释形式来解读四书的义理，这在当时不能不视为一种突破。随后康有为的《孟子微》③、民国后期江希张的《四书新编》④ 等也采用了这种专题诠释的义理发挥方式。但康有为只是针对《孟子》一书；而江希张把四书独立成四部，然后分别确立专题加以诠释，在把四书视如一个思想整体这个角度来看，康有为、江希张都不及王士濂。民国后期胡为和的《四书端目》虽然以"七端""八目"为纲重新构建四书文本系统，但是胡氏的著作只是对四书文本做抄录，没有对所选录文本做深入阐释。真正能够模仿王士濂这种撰述模式的还要算陈立夫的《四书道贯》⑤。陈立夫以《大学》八条目为主题把四书全面梳理一遍。但在每一个条目之下，把四书所有相关的章节全部网罗下来，其中不少内容难免有牵强附会的嫌疑。

王士濂另有一部从训诂考据角度研究四书的著作《四书集注考证》。全

---

① 朱熹注，王浩整理：《四书集注》，南京：凤凰出版社，2005，第74页。

② 《新集四书注解群书提要》，第438页。

③ 康有为：《孟子微》，北京：中华书局，1987。此书完成于1901年，1902年于《新民丛报》第十号上以"明夷"笔名刊出"自序"，即"总论"开首四段。

④ 江希张：《四书新编》，北平：万国道德总会印刷，四书新编发行所发行，1935年初版。

⑤ 陈立夫：《四书道贯》，台北：世界书局，1966。

书共九卷，无序跋，卷上三卷，仅前七页为《大学》《中庸》，余均为《论语》；卷下分六卷，均为《孟子》。此书现有台湾艺文印书馆影印本流行。此书并非详列朱熹《四书章句集注》全书然后随文附考证，而是针对《四书章句集注》中的训诂条目有选择地加以考证。例如《大学》首章的训诂，王士濂就选择了"大学者，大人之学也"和"壹是，一切也"两条加以考证。这种考证如果和《四书章句集注》相对读还是很有助益的。例如，《四书章句集注》之《大学章句》训"大，旧音泰，今读如字"，训诂语焉不详，故王士濂考证曰："案：《礼记》郑注：'大'，读为'泰'。程子改读如字。按：大、太少，古通用。如'大宰'一曰'太宰'，'小宰'一曰'少宰'之类。不以老稚巨细分也。"① 不过整体来看，并未有新的创见，成就并不高。

真正能够代表本期四书题名专著学术成就的还是徐天璋和李滋然的著作，而徐李两人的四书学著述策略迥异，其人生际遇也很不一样，由此形成十分鲜明的对照，对我们深刻理解晚清四书学生态的演化十分有利，所以需要仔细展开做个案分析。

第二节　四书学官学生态解体与没落的个案分析

徐天璋②的《四书笺疑疏证》和李滋然的《四书朱子集注古义笺》对四书学的贡献都是在训诂考据上展开的，不过两者对四书朱注的态度却颇为不

---

① 王士濂：《四书集注考证》，高邮王氏 1898 年刊刻，第 1 页。

② 徐天璋（1852—1936），字睿川，号曦伯，江苏泰州人，诸生。湛深经学，于十三经均有著作。有关徐天璋生平，《江苏艺文志》（扬州卷）有比较翔实的介绍，参见南京师范大学古文献整理研究所编纂《江苏艺文志》，南京：江苏人民出版社，1995。《四书笺疑疏证》一书为徐天璋原著，其子徐浚仁疏证。书中署名"泰州徐天璋睿川"。该书首有徐天璋写于光绪二十二年（1896）自序，以为朱子《集注》不免仍有疑义，因作笺疑。既疑矣，则必博求古训，确证他经，而又涵泳本文，揆厥情理，揣时度事，始敢笔之。书末有光绪二十四年（1898）徐浚仁识。以为笺本去疑，文宜征信，因节录经训分疏笺下。此书最大创见乃定《中庸》一书为子夏所传。其他补正朱注，亦多可取。（参阅《续修四库全书总目提要·经部》，第 1001–1002 页，又参阅《新集四书注解群书提要》，第 429 页）

同。① 徐天璋对待朱注的策略是"疑"，李滋然对待朱注的策略是"补"。也可以说，徐天璋和李滋然对传统官方四书学采取的是解构和修整的不同路径，而他们最后的人生际遇恰恰表明这两种路径选择的历史归宿。

一、 以徐天璋为例的四书学官学生态解体分析

徐天璋对朱注最大的质疑主要有两点：一是认为《大学》非曾子之作，二是认为《中庸》作者为子夏。

《大学》的作者是谁，在朱熹以前没有定论，朱熹也没有把话完全说死。朱熹在《大学章句》中说："右经一章，盖孔子之言，而曾子述之。其传十章：则曾子之意而门人记之也。"② 此间"盖"字正是揣测的语气。只是由于朱熹影响太大，这样的揣测语气慢慢地就落实了。所以，后世就有辩驳的文字出来了。梁启超说：

> 区区《大学》一篇，本不知谁氏作，而朱晦庵以意分为经、传两项。其言曰："经一章，盖孔子之言而曾子述之。传十章，则曾子之意而门人记之。"然而皆属意度，羌无实证。③

而在梁启超之前，有清一代前有陈确，后有徐天璋，都对《大学》为曾子所作提出怀疑。陈确的言论，梁启超已经注意到了，所以他又说：

> 惟清初有陈乾初（确）者，著《大学辨》一篇，力言此书非孔子、曾子作，且谓其"专言知不言行，与孔门教法相戾"。此论甫出，攻击蜂起，共指为非圣无法，后亦无人过问。④

但是徐天璋的质疑他就没有注意到了。徐天璋对《大学》的质疑和陈确不同，陈确主要是从义理的角度来指出"《大学》之说甚倍于孔、曾"⑤，而

---

① 除了徐、李二人的著作之外，牛兆濂的《四书集疏》目前在大陆无法看到，台湾书目整合查询系统虽然收录此书条目，但《新集四书注解群书提要》并未收录此书。就书名来看，应该以训诂考据为主，同时兼有对四书义理的发挥。
② 朱熹注，王浩整理：《四书集注》，第 5 页。
③④ 梁启超：《读书指南》，北京：中华书局，2010，第 47 页。
⑤ 陈确：《陈确集》，北京：中华书局，1979，第 558 页。

徐天璋则从行文语气上加以推论。他认为，如果说《大学》经是孔子之言，何以经首不冠"子曰"，反而在传中"听讼"一章加"子曰"？如果说《大学》传是曾子之意，为什么入传时不冠"曾子曰"，反而于"十目"章加"曾子曰"？而且如果因为"十目"章为曾子所论就断定《大学》为曾子所作，那么《大学》篇中有"舅犯曰""孟献子曰"，为什么不因此就说《大学》的作者是舅犯，是孟献子呢？① 相比于义理的质疑，这样的质疑明显是"《大学》属曾子"持论者的"硬伤"。其实，朱熹既然没有把话说死，而我们发现更确凿的证据之前，也就不妨"盖阙如也"。《大学》一篇无论作者是谁，经过朱熹的诠释已经被赋予相当丰富的理学内涵，它和《中庸》《论语》《孟子》一起构成了朱熹四书学的核心，其思想价值和文化意义已经毋庸置疑了。所以，梁启超也说："《大学》《中庸》不失为儒门两篇名著，读之甚有益于修养，且既已人人诵习垂千年，形成国民常识一部分，故今之学者，亦不可以不一读。但不必尊仰太过，反失其相当之位置耳。"② 梁任公所担忧的"尊仰太过"问题在四书教育断层了半个多世纪之后其实是不存在的，当务之急是"不可以不一读"。这样的态度也应该适用于我们对《中庸》作者问题的辩证上。

徐天璋在《中庸笺正》卷之后附有《中庸序辨》一文，文章开头即说："《中庸》一篇，子夏之所传也。"至于理由，他主要是从文本内容的分析入手来指出正反两方面的理由。从正面的理由来说，最有力的证据是《中庸》篇与明确为子夏所传的《孔子闲居》篇在内容上相表里，他说：

> 大旨修道立教始终推原于天，其可证明为子夏传者，《礼记·中庸》次《孔子闲居》及《坊记》之后。孔子闲居，子夏侍，观其问三王之德，参于天地，其得闻夫子云云者正与《中庸》相表里也。《闲居》引言"帝命"；《中庸》首言"天命"。《闲居》告以"三无"；《中庸》结言"无声无臭"。《闲居》言"天地四时，风雨霜露，无非教也"；《中庸》由天命而言修道立教，并及四时错行，霜露所坠。《闲居》言夙夜基命宥密；《中庸》言戒惧隐微。《闲居》言哀乐相生，志气塞乎天地；《中庸》言中和位育。

---

① 转引自《续修四库全书总目提要》，第1001页。
② 梁启超：《读书指南》，第48页。

总共 5 条文本对读的信息，如此文本细读的功夫的确难得。这是正面的证据，反面证据则是"子思学于曾子，《礼》载曾子诸问无一与《中庸》相类"。

其实，《大戴礼记》《小戴礼记》的存在表明《礼记》的篇章顺序本来就没有一定，在《中庸》之前有《孔子闲居》一篇固然可以相表里，但既然子夏有《孔子闲居》一篇传孔子心性之道，何为而又作《中庸》，无乃多事乎？而且孔子既有心性之道传诸子夏，为何曾子便不可以得其传？若曾子也得其传，子夏作《孔子闲居》，曾子、子思作《中庸》，皆源自孔子，故其内容相表里又有何不可？至于"《礼》载曾子诸问无一与《中庸》相类"这样的问题其实也不成问题，理由有两个。第一，因为《礼记》一书定本之前其实有一个不断修订的过程，我们看不到原稿，所以是不能断定"没有"的。第二，《论语》："子曰：'参乎！吾道一以贯之。'曾子曰：'唯。'"①"一以贯之"是《论语》中孔子对"道"的最高诠释。而在子贡感慨"夫子之文章，可得而闻也；夫子之言性与天道，不可得而闻也"的时候，曾子与孔子之间的讨论殊为难得了。《中庸》开篇即是："天命之谓性，率性之谓道，修道之谓教"，这不是"一以贯之"的道，还能是什么呢？所以，在更确凿证据出来之前，笔者以为还是要讨论，要暂时承认"阙如"也。

当然，我们不能不承认，徐天璋的训诂考据虽然并不是从义理上突破，但是因为它是冲着"硬伤"去的，所以往往更为致命。他对《大学》《中庸》作者的质疑自然冲击了由程朱建构起来的孔孟道统体系。此种由四书学官学内部开始的解构要比外部的冲击厉害得多，其思想解放意义是不言而喻的。

而徐天璋的思想开明并非仅仅在《四书笺疑疏证》上有所体现，在其日常言论中表现也非常明显。例如，1913 年在江都尊孔崇道会上，他说：

> 孔子之道何也？曾子曰："忠恕而已矣！"今民国缔造，共和立宪，既无君臣之名，何以言忠？不知忠字所包者大，凡为家国社会朋友谋者，悉当以忠自尽，不专泥指君也。孔子对定公之言，君礼臣忠，盖君者群也，天子诸侯及卿大夫，有地者皆曰君（见《仪礼·丧服传》）。天生民而立之君，曰皇，曰帝，曰王，犹今日四万万同胞共举大总统也。②

① 朱熹注，王浩整理：《四书集注》，第 75 页。
② 徐天璋：《在江都尊孔崇道会会员演说》，《宗圣汇志》1913 年第 4 期，第 2 - 4 页。

维新变法的时候，从怀疑朱注出发解放思想；辛亥革命之后，又以孔子论君臣之道纵论当政者与百姓的关系，显然徐天璋的思想是与时俱进的。而他对自己在四书学上的成就也相当自信。他在 1927 年写的《七十述怀》组诗中夹带有四则注释，内容对我们理解他的四书学很有帮助。第一则曰："先严清旌孝子，先慈清旌孝妇，梓有《徐氏双孝录》。"第二则曰："庚戌（1910 年，笔者注）上书清廷痛陈十弊三尤。"第三则曰："丙辰春（1916 年，笔者注）曲阜开讲经大会，聘余主讲四氏学宫十日。"第四则曰："予《四书笺疑》等书均为孔少霑先生储存圣宫圭文阁。"[①]

上述四则注释刚好构成了徐天璋四书学之路的完整叙述。父为孝子，母为孝妇，这就是徐天璋四书学的家学渊源。而徐天璋对自我儒士身份的执着和较真又体现在他上书清廷企求变革的行动上。因此，从家学和自我身份确认上，徐天璋选择儒学，选择四书学有其必然性。但是寄托于皇权的变革企图的失败又必然导致他的思考，因此我们看到他在公开演讲中逃离明清官学对君臣关系的指定，而回归并拓展孔孟的君臣观。而他对明清四书学官学的反动在辛亥以后显然被证明符合社会思潮发展需求，所以他才有在曲阜讲经大会上的精彩表现，并最终以藏诸孔府的形式确认了他的四书学的道统正义。显然，徐天璋四书学道统正义的确认从某种程度来讲便是明清以来官方四书学的诠释系统解体的例证。

二、 以李滋然为例的四书学官学生态没落分析

和徐天璋相反，李滋然的社会立场很守旧，他对朱熹《四书集注》做的是修补的工作。他的《四书朱子集注古义笺·凡例》称："凡朱注之遵用古注古谊者，条举而笺明之，俾知朱子注书，胥由折衷经义，研究汉学而成，非私自杜撰之比。"朱熹四书学其实是宋学最高的代表，而宋学正是乾嘉以来清代学者汲汲而攻之的对象。所以，徐天璋所继续的其实是有清一代反宋学派的理路。而面对汉学的繁盛、宋学的衰落，李滋然要来证明朱熹注书是"折衷经义，研究汉学而成"，他的企图其实是借助汉学的权威来维护朱子学的尊严，具体而言便是维护程朱《四书集注》的尊严，这正是明清官方四书学的重点。

例如，《论语·子张第十九》中有子贡曰："夫子之墙数仞。"朱熹注：

---

① 　徐天璋：《七十述怀》，《黄山钟》1927 年第 6/7 期，第 291 页。

"七尺曰仞。"① 而《孟子·尽心章句上》中孟子曰:"有为者辟若掘井,掘井九仞而不及泉,犹为弃井也。"朱熹注:"八尺为仞。"② 同样是"仞",朱熹前后的注释显然是矛盾的,但这样的矛盾显然瑕不掩瑜,并不可能构成对朱熹四书学体系的价值挑战。但李滋然仍然曲为修饰,他说认为"七尺曰仞"原来是包咸的注,"八尺曰仞"原来是赵岐的注,朱熹只是引用,"《论语》、《孟子》,本各自成书,各存师说,不足异也"。③

显然,为了维护《四书章句集注》和官方四书学的尊严,李滋然是下足功夫的。但这样的功夫难免有点过了头。所以《续修四库全书总目提要》云:"滋然所笺,如夏时、殷辂、周冕、贡助、彻、九一诸条,俱足补朱注所未及,惟故为政在人一条,朱子引《家语》,亦是古训,而滋然必以《家语》出王肃伪撰,又以抄袭郑说附会之,未免多一转折。而申枨一条,又添出公伯僚以攻《家语》,愈显支离,所谓借他人酒杯消自己块垒,夫亦可以不必矣。"④

李滋然对官方四书学如此竭力维护其实有他的因缘。据李滋然家乡中国人民政治协商会议四川省长寿县(现为重庆市长寿区)文史资料研究委员会编纂的《长寿县文史资料》第二辑介绍,李滋然生于 1847 年,卒于 1921 年,字命三,号树斋。光绪十五年(1889)进士,历任广东电白、揭阳、顺德、曲江、文昌、东莞、普宁等地知县,后随出使日本大臣李家驹为学务专员,《四书朱子集注古义笺》即在日本时印行。李滋然在广东长期为官,重视解决民间纠纷,关心民众疾苦,官声还不错,也"极受上司青睐,曾调入内帘充同考官主试",但始终沉沦下僚,未见擢升。在粤期间,李滋然还曾经为康有为《新学伪经考》一书辩护,这似乎与他的保守立场不相符,但其实李滋然和康有为的目标在保皇上是一致的,而且他的辩护更多的还是出自一位儒者的良知。⑤

另据民国史料《凌霄一士随笔》介绍,李滋然离开广东的原因却是

---

①② 朱熹注,王浩整理:《四书集注》,第 209、379 页。

③ 参阅《续修四库全书总目提要》,第 1005 页。

④ 参阅《续修四库全书总目提要》,第 1005 页;又参阅《新集四书注解群书提要》,第 431 页。

⑤ 参见程曦整理《清代进士李滋然》,中国人民政治协商会议四川省长寿县委员会文史资料研究委员会编《长寿县文史资料》第二辑,1986 年 12 月(内部发行),第 1 – 7 页。

"在顺德以办学不力，为粤督岑春煊奏参革职"①。总之，不管什么原因，李滋然在仕途上并未得志。后来值宣统典学，他进呈所著书《群经纲纪考》《四书朱子集注古义笺》《周礼古学考》《明夷待访录纠谬》四种争取表现。可惜他竭忠尽诚、维护"纲纪"的努力并没有得到宣统皇帝特别的重视，据载：

> 宣统三年七月《华制存考》，七月二十日谕旨："都察院代奏县丞用兼袭云骑尉李滋然呈进旧撰书籍四种，呈一件，知道了，书交南书房阅看，钦此。"同月二十七日谕旨："南书房片奏'阅看学部七品小京官李滋然呈进书籍四种，综观所著各书于经学研究颇深，堪备乙览，应否加以褒奖'等语。李滋然着赏给主事衔，钦此。"②

在执政者看来，原有的官方四书学、官方儒学在内忧外患的时局之中已经不再适应，冷淡其实是自然的表现。

不过，对李滋然所进呈的四部著作，顾颉刚先生曾有过评价，他说：

> 李氏呈进所著四种，当是《周礼古学考》、《群经纲纪考》、《明夷待访录纠谬》、《四书朱注古义考》。前三种印于日本，后一种印于国内。《周礼古学考》自是经学名著。《四书朱注古义考》旨在沟通汉、宋之邮，与潘衍桐《朱子论语集注训诂考》同其作用，而研究较深刻，若《清经解》而有三编，亦当辑入。至于他二种，则适足表现李氏之保守思想耳。③

的确，就他诚惶诚恐进呈给宣统皇帝的这四部著作来看，其保守，或者更明确讲是保皇的立场是很坚定的，尤其是针对黄宗羲的《明夷待访录纠谬》。④这也就为其清亡以后的人生道路埋下伏笔。

---

① 徐凌霄、徐一士：《凌霄一士随笔》，太原：山西古籍出版社，1997，第 625 页。
②③ 印永清辑，魏得良校：《顾颉刚书话》，杭州：浙江人民出版社，1998，第 212 页。
④ 相关问题有新加坡学者李焯然的研究文章《李滋然〈明夷待访录纠谬〉初探》可供参考。文章见于吴光主编《黄宗羲论——国际黄宗羲学术讨论会论文集》，杭州：浙江古籍出版社，1987，第 338－349 页。这篇文章认为黄宗羲"是反君主专制，不是反君主制。他的思想，基本上是儒家的说法，和西方自由主义式的民主是不可以相提并论的。李滋然却完全忽略了这一点，显然，他的注意力都集中在当时危害到君主统治的言论上面去了"。

清帝逊位，民国肇始，李滋然回到家乡，自号"采薇僧"，明显是要效仿伯夷、叔齐耻食周粟。他在诗中写道："红尘一梦太缠绵，潦倒浮生七十年。垂老未完臣子愿，前因已悟去来缘。"① 此间，一种失落、愤懑同时又回天无力的感慨令人唏嘘。李滋然的人生和他所选择的官方四书学道路一样终究走向没落。

本章小结

从戊戌变法开始，四书学的官学生态解体就进入了一个不可逆的轨道。整体来看，出版于1898年的徐天璋《四书笺疑疏证》、王士濂《四书集释就正稿》与《四书集注考证》、粤雅堂《增补四书义经义式》各自在四书的义理、训诂、应举等方面都有所突破，它们的整体成就明显高于随后晚清13年四书题名专著，个中原因正是四书学的官学生态解体已经不可逆。因此，不管是从四书题名文献来看，还是从四书题名专著的情况看来，晚清四书学展示了一条由高到低滑落的发展轨迹，我们把它视为四书学退潮期无疑是恰如其分的。

在这种背景下，四书学的发展需要新的动力来支撑，此时延引西学来突破旧学的局限，就成了四书学能否涅槃再生的关键，康有为、王国维等人化合中西的四书学正是在这样的局势下代表了新生的力量。

---

① 程曦整理：《清代进士李滋然》，第5页。

第二章
作为批判与解构对象的四书学（1912—1930）

　　1912—1930 年，整整 19 年的时间，辛亥革命以及新文化运动掀起的全民西化风潮猛烈冲击着四书学的发展。西学和四书学的交融已经无法像佛教进入中国那样让人从容不迫，因为此时的西学已经成为一种毋庸置疑的强势话语。四书学以及儒学成了大批判的对象，而此时坚守儒学立场继续四书学研究成了一种难能可贵的民族文化历史使命的担当。在四书学内部，从神坛走向民间，在读经课程取消之后，以现代白话文的形式重新诠释四书，以全民读本而非应试读本为编纂目标，重新构建四书在现代公众生活中应该有的尊严与地位成为这个时期四书学区别于以往的鲜明特色。

第一节　基于四书题名文献的批判思潮考察

　　民国建立伊始，教育部立即取消全国读经课程，制度性的四书阅读基础不复存在了。失去了制度性的基础支撑，四书研究本来可以回归正常的学术研究空间。但是，袁世凯等人的明尊孔暗复辟却激起国人对儒学包括四书的更大反感。1916 年，以《新青年》的创办为标志，新文化运动"打倒孔家店"开始，以风气而言当时真有"天下云集响应"的阵势了。十月革命的胜利更使中国社会激进主义思潮日益强劲，中国社会思想界主流几乎都在全盘西化的裹挟之中，不管这种西化是苏联化还是欧美化。当整个中国思想界卷入全面拥抱西方思想的狂潮中，四书等儒家经典被打入冷宫，而四书研究

遭遇前所未见的"寒流"是自然而然的结果，此时，曾经高大上的科举读本倒过来成了大批判的对象。民国前期四书学所面临的"打倒"风潮有多猛烈？这恐怕是百年后的我们所难以感同身受的。不过，我们还是可以在数据库提供的本期四书题名文献中领略一二。

一、来自官方禁令的寒潮

1912 年 1 月 19 日，中华民国临时政府教育部颁布了《普通教育暂行办法》，其中规定："小学读经科一律废止"；5 月，教育部又颁发了第二道法令，"废止师范、中、小学读经科"。同时，时任教育总长的蔡元培在全国第一届教育会议上提出了"各级学校不应祭孔"的议案。三个连续动作，标志着中国长久以来的读经制度正式废除。这种官方禁止行为虽然因为袁世凯的复辟而在 1915 年间短暂恢复，但袁世凯复辟失败之后又迅速被明令禁止。[①]如此坚决，表明当时社会思潮对读经的支持是很薄弱的。加之读经运动被袁世凯利用，结果当袁世凯为世人所唾弃的时候，读经自然而然也会更加受人厌弃。根据大成老旧刊全文数据库提供的数据，本期四书题名文章共有 17篇。其中属于官方禁令读四书的有 3 篇，民间解构嘲讽四书的有 11 篇，两者相加超过目录总数的 3/4，此种官民合力围剿四书的局面实在匪夷所思。我们先看看官方的 3 篇禁令。

1. 《教育部批孔社社长徐琪解释中小学校不令径读四书五经理由文》，《政府公报分类汇编》1915 年第 14 期。这是一份签发时间为"民国二年八月二十八日"的国民政府教育部文件，行文的目的是针对孔社社长的质疑，为该部"前年"取消中小学读经课程的理由做进一步说明。文中提到的不令中小学生"径读四书五经"的理由有三个：第一，"中小学各科当以有系统之教科书讲授，俾适合乎儿童心理而贯彻其本末"，此是不能读之理；第二，"三代之教，六艺并重，今中小学学制虽采自东西各国，实皆古六艺之遗"，此是不必读之理；第三，"入大学后诸经本在研究之列"，此是延后读之理。虽然课程取消了，但这样讲道理，还是很客气的。下面一则禁令就不客气了。

---

① 参阅庞朴主编《20 世纪儒学通志·纪事卷》，杭州：浙江大学出版社，2012，第 18 - 22 页。在袁世凯的授意下，当时教育部于 1915 年 7 月公布的《国民学校令》中便正式加入了"读经"的科目，但 1916 年袁世凯的复辟活动失败，便被删去。

2.《令禁小学课本采用四书五经及女儿经等书》，《安徽教育行政周刊》1929 年第 2 卷第 40 期。该文为安徽省政府教育厅训令第二〇二〇号。文称："兹据本厅各督学报告，本省各小学照章采用审定教科书者固多，而沿用四书五经、《女儿经》、《百家姓》、《千字文》、《龙文鞭影》等书为课本者，亦所在多有。此等书籍，或文字深奥，不合小学教材之用；或意义顽旧，违背时代潮流；更有绝无意义，仅资背诵者。若仍听其沿用，贻误儿童，实非浅鲜。"这种理由今天仍然成为经典诵读活动开展的主要反对条款。其中"意义顽旧""违背时代潮流""有绝无意义，仅资背诵者"三项罪名就很不客气了。但是以上两则禁令主要还是针对公立的中小学展开禁读措施，下面这一则就连民间自主办学的私塾也要禁读了。

3.《训令：令城郊各私塾为奉部令禁止各私塾教授四书五经令仰遵照由》，《北平特别市市政公报》1929 年第 20 期。这是当时北平特别市市政府于民国十八年（1929）十一月七日针对"中央军校特别党部"呈函所下的一则训令，内容不外重申教育部的精神，但随令附抄的军校党部原呈函中称："查现在各省市各乡村之私塾学校不知凡几，所授课程多属四书五经。以极幼稚之儿童而授以最高深之哲理，不啻杀之也。此等教育实为阻止进化，若不严加禁止，为害于学子社会非浅。"这里把教儿童读经当作一种杀戮行为、一种阻止进化的行为，应该说读经之罪名罪大恶极不过如此了。而且文件是由中央军校的国民党特别党部印发的，这表明在当时不管左派还是右派的政党，对四书的态度都是断然弃绝的。

上面三则材料可以归入四书学史料学的范畴。它们表明：对于读经，虽然有袁世凯短期的复辟，但总体来看国民政府从成立伊始就是孜孜不倦地反对的。可是，民间的读经活动并未完全停止，这也是所以要三令五申的原因。同时，这三则信息也表明就算在官方大力禁止的风潮中，仍然有人坚信四书的价值，而且这种信念因为没有了官方的支持，甚至恰好是在官方反对的背景下，更加突出它的纯粹与珍贵。可以说，这三则材料为我们清晰地勾画出民国前期四书学所处的官方背景提供了依据。

二、　发自社会舆论的批判洪流

此时的社会舆论对四书学的发展也非常不利。数据库目录里的 17 篇中竟然有 11 篇文章是对四书进行解构、嘲讽的（见表 2－1）。

表 2-1　社会舆论对四书学的批判

序号	篇名	作者	刊名	发表时间
1	《劝老人捐助饷文（集四书句)》	杞人	《自由杂志》	1913 年第 2 期
2	《驳吕留良四书讲义书后》	皕诲	《进步》	1913 年第 5 卷第 1 期
3	《新四书二十则》	鹿溪酒丐	《小说丛报》	1914 年第 6 期
4	《滑稽四书演义》（4 篇）	双热	《小说丛报》	1915 年第 11、14、17 期①
5	《四书奇解》	竺仙	《小说丛报》	1915 年第 7 期
6	《新四书》(4 篇)	恨人	《小说新报》	1917 年第 5 期，1920 年第 2、5、9 期
7	《四书酒令》	江不才	《游戏世界》	1921 年第 3 期
8	《四书屁》	雷	《饭后钟》	1922 年第 30 期
9	《四书对话》②	张隐尘	《小说日报》	1923 年第 151、177、178 期
10	《四书五经义取士》③		《晨报副刊》	1924 年第 193 期
11	《依照四书断案的县官》	曹树宪	《儿童》	1925 年第 9 期

　　上列这些文章发表的刊物社会背景各异，反儒学、反四书的态度也有强弱之分。其中，态度最激烈也最有学术分量的是《驳吕留良四书讲义书后》。这篇文章作者署名"皕诲"，篇幅近 3 000 字，可谓洋洋洒洒。该文认为雍正对吕留良的书采用"驳而不毁"的政策"较乾隆朝稍有远见"。根源在于

---

　　① 《滑稽四书演义》之三，篇名及发表时间的具体数据大成老旧刊全文数据库未录入。

　　② 所谓"对话"就是拣择四书中的词语做对联，例如："先进"对"后生"，"居简以行简"对"执柯以伐柯"等。虽然也是游戏文字，但知识性比较强。三期文章第一期作者署名为"存朴斋主人"。

　　③ 其实是一篇读者来信，说他去参加国立北京法政大学的入学考试，碰上一道文言文作题："力学近乎知，力行近乎仁，知耻近乎勇"，不懂得怎么做，出来了，于是抱怨入学考试为什么不能用白话文，抱怨法政大学太守旧，批评这样的考试是复旧的"考进士"。

"所谓纲常大义"不过是强者说了算。该文分析说：

> 专制时代罪大恶极之名辞莫如"叛逆"二字。而此二字之罪案，究竟成立与否，则视加之者为何如人。前朝之忠良即是后朝之叛逆，此方之忠良即是彼方之叛逆。忠良与叛逆绝对相反又绝对相成也。而从来以成败论英雄，尤以成败论叛逆。方两雄对峙，胜负未分时，互以叛逆相诋，谁顺谁逆不得而判也。既而胜者为圣君贤相，负者不免为乱臣贼子，而叛逆之所属，以定所谓纲常大义。所谓人心世道遂为胜者利用之口头禅、公共之冠冕语，以发其雷霆万钧之诏诰。盖惟有此而后负者罪不容诛。乃对于上天古圣人而负责任，纵锄之、夷之，无所不用其极，甚至为国法之所无，人道之所不当有而亦毋庸顾忌矣。①

方之历史，这样的分析不能不说是深刻痛切的褐橥与反思。这种理论把董仲舒等人建构的"五德轮回"的朝代更替说逼入墙角，对儒学自然有正面的解构意义。但是，纲常的背后是民心，强者的背后是百姓，抛开这些基本的历史发展前提，遑论胜负是经不起推敲的。

当然，能够耐心阅读这些高头讲章的人毕竟不多，大多数人倾泻情绪的途径还是一些轻阅读的东西，这时候，小说的影响力就表现出来了。其中，《小说丛报》《小说新报》所刊发的一批解构四书的小说便是代表之一。这批小说共同的特点就是借四书典故敷演故事。

例如，《新四书二十则》：

> 蘧伯玉使人于孔子曰："山梁雌雉，鲜能知味也！子好游乎？在陋巷，进，吾往也。"夫子莞尔而笑曰："君子哉！蘧伯玉，月攘一鸡。丘也幸有同嗜焉。昔者宿于昼，力不能胜一匹雏。于卫，痛疽，康子馈药。今病小愈，盖阙如也。吾未如之何也已矣！"②

《论语·卫灵公》记载孔子赞美蘧伯玉："君子哉！蘧伯玉。邦有道，则仕；邦无道，则可卷而怀之。"显然，蘧伯玉是一位通权达变、进退从容的君子。但在小说里面却成了偷鸡摸狗的小人，而且孔子还跟他沆瀣一气。

---

① 丽海：《驳吕留良四书讲义书后》，《进步》1913年第5卷第1期。
② 鹿溪酒丐：《新四书二十则》，《小说丛报》1914年第6期，第10页。

如果说这种小偷小摸的解构还是比较客气的话，那下面两则孔子就颜面无存了。

> 齐人归女乐，经始灵台。子欲往，从者数百人。子曰："于戏！小子听之。好色，我所欲也。"①

《论语·微子》载："齐人归女乐，季桓子受之，三日不朝。孔子行。"当时孔子的态度无疑是痛心疾首的。再看一则：

> 弥子之妻止子路宿，观其色，赫赫然，子路不说，坐以待旦，不及乱。子闻之，曰："野哉由也。闻柳下惠之风者，非吾徒也。"以杖叩其胫。②

经过如此这般的改编敷演，不仅孔子，就是整个孔门都成了好色之徒了。这种小说的敷演方式让读者在轻松、揶揄的气氛中慢慢积累起对儒学的不屑，这是对儒学在情感方面的解构。

对儒学的情感解构还蔓延到儿童教育上来。例如，《儿童》杂志上刊发的《依照四书断案的县官》，就以对儿童讲笑话的方式来解构四书。

> 笑话说，从前有一位知县大人只会用四书来断案，而且是糊涂断案。一次有个人盗了一口钟，那时是贵重物品，当重罚，没想到他说"夫子之道（盗）忠（钟），恕而已"，就把犯人放了。又有一次，一个人偷了一张草席，他却说要打死，因为夫子说"朝闻道（盗）夕（席），死可矣"。③

当然，并不是说一讲起四书就一定要板起脸来，一本正经，一点笑话都说不得。而是说，当整个社会都以嘲讽四书为正经的时候，那肯定就有问题。

---

①② 鹿溪酒丐：《新四书二十则》，《小说丛报》1914 年第 6 期，第 10 页。
③ 曹树宪：《依照四书断案的县官》，《儿童》1925 年第 9 期。

三、　四书学向正常学术方位的突围

"道不孤，必有邻"，面对官方禁令与社会批判，此时仍然有不少坚信四书文本价值的人。他们尝试着把四书置入一个正常的学术空间探讨它的价值，这是重建四书学尊严的宝贵努力。虽然这些努力的成果就社会影响及本身学术成就而言并不高，但是因为有许多这样继续坚守的人，四书学的慧命延续才成为可能。从这个角度来看，本期数据库中的 3 篇四书题名文章弥足珍贵。

1. 缪凤林①《四书所启示之人生观》，刊于《学衡》1922 年第 2 期。是篇论文从西方的"人文主义"和"个人主义"的分裂出发，阐述四书的人生观是先成己，然后成人，最后成物。论述的展开除了开篇提示西方思想之外，后面的行文就基本在四书的范围内展开了。看出作者对西方思想的了解其实并不深入，和王国维《孔子的学说》之类的论文一比，在融汇中西这个方面高下立现。但是引西学入四书学这条路还是有人在继续尝试，而且以我为主、以人从我的四书诠释策略也表明在中西化合中自我信心的增强。

2. 邵元冲②《朝鲜铜字本四书五经大全考》，刊于《东方杂志》1927 年第 24 卷第 4 号。朝鲜铜字本的《四书五经大全》是邵元冲于 1926 年秋（丙寅之秋）在书肆上购得的。邵文首先详细介绍了此书的具体情况，然后又根据此书提供的若干材料从三个专题展开对朝鲜四书学情况的探讨：一、朝鲜印行《四书五经大全》源流；二、朝鲜活版事业之发展与其文化之关系；三、《四书五经大全》之内容。

毫无疑问，邵文论述的问题在四书传播史上是非常重要的，东亚四书学在过去一直鲜有人关注，这篇文章也是过去百年，数据库四书题名论文目录中的第一篇关注东亚儒学的论文。新世纪以后，东亚儒学、东亚四书学开出了绚烂的花，邵元冲等人的努力功不可没。

3. 余炯《四书问答》，刊于《大成会丛录》1928 年第 19、21、22、23、24 期。作者署名为"华阳余炯编"。余炯生于晚清，无意仕进，专以授徒为

---

① 缪凤林（1899—1959），浙江富阳人，字赞虞。著名史学家、教育家。

② 邵元冲（1890—1936），浙江绍兴人，字翼如。晚清秀才，毕业于杭州浙江高等学堂，国民党将领。

事。辛亥革命后在成都创办华阳县中国学会、大成会、大成学校等。这是他编写的一系列四书普及文章，解释基本常识和各篇关键词汇。例如，"学而"章的解释：

> 学而
>
> 孔子之历史何如？姓孔名某字仲尼。圣父叔梁纥，母徵在，生孔子于昌平乡。长九尺六寸，圣寿七十三岁。明嘉靖九年定号"至圣先师孔子"。
>
> "学"字作何解？效也。
>
> "习"字作何解？鸟数飞也。
>
> 何谓"朋"？同类也。
>
> "愠"字何解？含怒意。

可以看出，余氏所做的解释其实是很简约的，这对初学者颇有帮助。对初学者的重视，在取消读经课程之后，就成了四书学传播必须正视的问题。

以上3篇文章，就学术成就而言，邵元冲的考证文字成就最高；就现实价值来说，缪凤林、余炳都企图建立起四书与现代生活的链接，这在四书学官学生态解体之后无疑是一条重建尊严的正确道路。

第二节　四书学的民间化沉潜

对初学者的重视其实代表着民国前期四书学的一个重要努力方向，也是整个民国四书学的重要努力方向。民国前期，对四书的制度性的学习已经消失，但是离开对四书文本民间的、大众的阅读，四书的文化意义自然要大打折扣，所以四书的民间化、大众化如何进行自然成为这个时代四书学学者的重要使命。同时，由于读经课程的取消，白话文教育的兴起，传统文言文教育的强度和效果大不如前，这也造成了读者对经典文本的接受困难，这时候四书的白话注解工作单纯从学科发展来看也是一个必须完成的时代任务。本期四书题名专著大部分都在做大众普及的工作，这应该就是四书在丧失官学话语特权，同时遭遇社会批判洪流之下，选择在民间化方向上的沉潜。我们先看本期四书题名专著的出版情况（见表2－3）。

表 2 – 3　民国前期四书题名专著统计表

序号	作者	书名	出版社	年份
1	林亨理	《四书解义适今》	上海市广学会	1912
2	徐树铮	《四书评点》	未详	1912
3	江希张	《新注四书白话解说》	尊孔书屋	1916
4	许伏民、童官卓	《四书白话注解》	上海国粹书局	1916
5	张铁任	《四书白话旁训》	广州孔教堂易简书室	1917
6	未详	《新式标点四书白话批注》	上海锦章书局	1924
7	冯宗道	《四书白话注解》	上海昌文书局	1928
8	钱基博	《四书解题及其读法》	未详①	1929

　　从本期四书题名专著的出版时间来看，1917 年至 1924 年之间有 6 年的断档期，而这 6 年正是新文化运动风头最盛的时光。所以，这样的数据和历史大背景是一致的。在本期的 8 种专著中，白话注解的有 5 种，占据本期四书学题名专著过半，这种以现代白话文注解四书的行为可以看作四书学民间化最直接的行动。另外 3 种著作中，林亨理的著作其实是把四书当成基督的布道书来读的，所以面向的也是大众；而钱基博的著作则是在课堂教学讲稿上形成的，企图在读经课程取消之后提供一个接引学者进入儒学的法门，同样面向的也是大众。唯一的例外只有徐树铮的著作。所以，本期四书学在告别官学生态之后，大举走向民间，走向大众，四书学传统高大上的面对精英读者的接受模式肯定不适应了，新的诠释模式、诠释话语、传播方式应运而生。

一、　方言与新式标点进入四书诠释领域

　　四书要接地气，要为老百姓喜闻乐见，首先要让他们看得懂，方言注释语言的运用和新式标点的实行都是特别接地气的创举。

---

　　① 据傅宏星《钱基博年谱》（武汉：华中师范大学出版社，2007）附录一《钱基博先生著作编年》"1925 年"条记录："《〈论语〉解题及其读法》刊于《南通报》，1925 年 10 月 27 日—31 日、11 月 1 日—6 日。"笔者据钱基博自序中的时间"中华人民造国之十八年十二月"定《四书解题及读法》完成时间为 1929 年，初版的版本是否就是 1933 年上海商务印书馆的版本则未能确定。

（一）以方言解四书的张铁任《四书白话旁训》

张铁任的《四书白话旁训》① 共五卷，刊行于1918年，该书用广东珠江三角洲地区通行的广州白话来旁训四书，代表着四书由庙堂之高向江湖之远渗透或者说降格的方向。张铁任的这种注释方式在四书学发展史上是独具特色的，甚至从四书学存世专著来看，以地方方言来注解四书的，这是唯一的例子。该书对四书的注释采用随文附注的方式，旁训的白话以4字体随行在经文旁边，而凡与经文一致的文字则以一个小短竖代替，以利版面的简洁。此书注释甚为简约，本质上是用广州白话把四书翻译一遍。例如，该书注解"孟子曰：'子能顺杞柳之性'"，即用广州白话在经文字行旁边注："你可以顺住杞柳嘅本性。"其中，"顺住""嘅"就是广州方言。而"顺""杞柳""性"因为与经文一致，行文中都由一个小短竖代替。② 由于抛弃烦琐考据，而且以本地方言注解朗朗上口，此书非常方便初学入门的地方学者，所以当年颇受欢迎，笔者所见该书版本标注为"第十一次版"。可惜类似著作未见继武者。

（二）锦章书局的《新式标点四书白话批注》③

该书系民国十三年（1924）由上海锦章图书局组编并出版。书中内容包括：①新式标点绘图《大学》白话批注一卷；②新式标点绘图《中庸》白话批注；③新式标点绘图《论语》白话批注二十卷；④新式标点绘图《孟子》白话批注十四卷。这是目前笔者闻见最早采用新式标点的四书注解版本，而新式标点的使用大大节省了传统阅读方式在"名句读"上的精力耗费，无疑有效提高了读者的文本阅读效率，自然是广受欢迎的事情。

据《民国出版标记大观续集》载："锦章书局是一家'老牌'的出版机构，创办于1901年3月，最初在上海河南路（今河南中路），后迁至吴淞江路（今太仓路）135号，经理是许振辕。另从一则桂林出版机构的概况中获

---

① 张铁任：《四书白话旁训》，广州：孔教堂易简书室，1917，第1版。数据来源于台湾图书书目资信网，及《新集四书注解群书提要》，第451页。笔者所见版本与此本不同，版权页信息包括"中华民国八年八月初版，中华民国廿二年一月第十一次版"，"编辑者：顺德张铁任"，"校对者：张又鹏、张又明、张浣玉、张暖玉"，"发行兼印刷者：广州市十八甫中路时雅书局"，"分售处：省港佛各大书坊"。两个版本对比，可能张铁任一开始只是为孔教堂编一个便利初学的小读本，后因此小册子颇受欢迎，故转由时雅书局出版。

② 张铁任：《四书白话旁训》，广州：时雅书局，1933，第11版，第34页。

③ 本书目信息由内蒙古线装古籍联合目录采录。

悉，锦章书局于 1943 年迁至桂林开业，地址在桂林桂西路 60 号，主要业务是翻印四书五经、纲鉴等历史书籍，直至 1944 年桂林大撤退时结束。"①

二、 专门针对童蒙教学的四书读本出现

以往四书悬为功令，许多儿童接触四书直接就是从程朱的《四书章句集注》开始，难免枯燥乏味。许伏民、童官卓的《四书白话注解》专门针对童蒙学习的需要来编写四书注解。是书凡例说："四书乃童蒙入德之基础，国学之根柢，为我国历朝所注重。其间注解悉以朱注为标准，间有朱注所未尽者则博求他说以补之。是编既为便利初学起见，但求意明，不嫌词浅，是以所有注解纯用官话，开卷了然，不仅易于教授，实足引起童蒙兴趣。初学读书思想甚为简单，故每节注解惟依原文说明，文内不漏一意，文外不赘一词。"所以《新集四书注解群书提要》称此书特点是："是书于四书原文每一章节下，分为'注'、'解'两部分，分别以白话语句加以说明，亦大部分以'全旨'字样，说明全章旨意；文辞畅达，解说推演详明，颇能便利读者之了解，甚可取也。"②

此书版本笔者所见并不成套。笔者所见该书版权页标注"中华民国五年六月初版"，"四书白话注解"，"十四册价洋壹元"，"编演者：仁和许伏民，编演者：江宁童官卓，校勘者：上虞许家怡，印刷者：国粹书局，发行所：上海驷路炼石斋书局群学书社"。书中《大学》《中庸》《论语》部分皆署名"杭县许伏民演"，《孟子》部分署名"江宁童官卓演"。又据《内蒙古自治区线装古籍联合目录》，该书完整一套应该包括《大学》一卷、《中庸》二卷、《论语》十卷、《孟子》七卷。③

另据《新集四书注解群书提要》，编译馆所存版本是"民国三十八年二月上海群学书店出版，东吴大学图书馆影印本，精装一册"。著者署名为许伏民、费恕皆。《提要》称这两人"生平事迹待考"。显然，许伏民

① 张泽贤：《民国出版标记大观续集》，上海：上海远东出版社，2012，第 237 页。
② 《新集四书注解群书提要》，第 477 页。
③ 何远景主编：《内蒙古自治区线装古籍联合目录》上，北京：北京图书馆出版社，2004。

为该书主要著作者无疑。童官卓、费恕皆两人则可能是不同时期的协作者。①

三、 儿童也成为四书诠释的话语创作者

在民国前期四书学的民间化中发生了一件当时颇为轰动的事情：神童江希张出版四书学专著《新注四书白话解说》。是书1991年在大陆由中州古籍出版社出版影印本，该版附有张万钧的序言，称："这次影印出版的《新注四书白话解说》是民国初期最流行的本子之一，初版于民国九年（1920），以后又出现过不少翻印本，署名为'山东历城童子江希张'，并有序言多篇，称江希张九岁即注释本书，誉之为'江神童'。所以此书一出，曾一时之间，在国内成为人们议论的话题。近年有人在《文史资料选辑》上撰文提到本书出版经过，实际上是由北方军阀支持，集中十余人，帮助编写而成的，因此，可以说实际上是一部集体注释的书。"序言同时肯定这本书有三方面的优点：一是注与译文"简明扼要"，"适用于一般读者的阅读与理解"；二是每个章节后的"演说"实质上是"以康有为为代表的改良主义思想的进一步发展"，对于研究我国近现代思想史"不失为有价值的参考资料"；三是"本书是国内近代第一部结合现实系统讲解《四书》的著述，这对于我们探讨如何把儒家思想中有用的东西，运用到现实生活中去，也是不无裨益的"。② 应该说，评价还是相当高的。

但是，笔者对照《历城文史资料》的相关文章却发现，张万钧先生的介绍是颇有问题的。第一，所谓"近年有人在《文史资料选辑》上撰文提到本书出版经过"的"有人"就是江希张本人以及两位采访他的人——王春

---

① 主撰者许伏民曾创作白话小说《后官场现形记》8回。此书1991年被收入《中国近代小说大系》，由百花洲文艺出版社出版。据此书的"本卷说明"介绍："《后官场现形记》，白眼（又名冷泉亭长，即许伏民）著。原载《月月小说》第九、十五、十六、十七、十八、十九、二十、二十一号，光绪三十三年九月一日（1907年10月17日）至光绪三十四年九月（1908年10月）出版，署'白眼新著'，标'社会小说'，共八回，未完。光绪三十四年戊申（1908年），由小说保存会出版单行本，二册，八回，署'冷泉亭长'。又有上海群学社1909年再版本。此次即以《月月小说》上连载的本子为底本，进行校点、排印。原有的眉批，均予保留。"又据江苏省社会科学院明清小说研究中心、江苏省社会科学院文学研究所编《中国通俗小说总目提要》（北京：中国文联出版公司，1990，第1023页），该词目作者王仁清说，白眼继吴趼人之后任《月月小说》主编。

② 江希张：《新注四书白话解说》，郑州：中州古籍出版社，1991，第4页。

贵、马兆成。他们所撰的文章刊在历城县政协文史资料研究委员会编的《历城文史资料》第二辑，印刷并内部流行时间为 1986 年 12 月。一篇是《访江希张先生》，是王、马二人采访江希张的稿件；一篇是江希张在“文革”期间“交代材料”基础上写成的自传。因此，这两篇文章所介绍的材料信度是比较高的。第二，江希张自称写此书时“只有七、八岁”，而笔者所见版本书后有江希张父亲江钟秀的跋，其副署时间为“民国四年”（1915），江希张出生于 1907 年 2 月 14 日，则“民国四年”他刚好八岁。七八岁撰写，九岁完成，这样的进度是合理的，所以当年所刊书籍上多附有“九岁神童”的字样，则“九岁”为书稿完成的真实年龄，并非书商虚构。那么，此书初版时间应该是 1916 年，而非 1920 年。第三，所谓该书“由北方军阀支持，集中十余人，帮助编写而成的”也与真实情况不符。北方军阀对江希张的支持，见诸是书的是 1920 年上海书业公会所印行的版本上，扉页有黎元洪、康有为、江希张的照片，另有阎锡山撰的序文一篇。据江希张介绍的情况来看，这些人其实都是在江希张此书初版以后出了名才建立联系的。第四，江希张介绍说自己的书出名以后，康有为写了一封信来勉励他，他父亲便让他拜康有为为师。则著书在前，拜师在后，说这本书的思想是“以康有为为代表的改良主义思想的进一步发展”在实际因缘上看是不可能的。另外，改良主义经历辛亥革命之后其实已经没有什么市场，支持此书一版再版的显然不是这样的思想。第五，所谓“近代第一部结合现实系统讲解《四书》的著述”也不妥。因为康有为的四书系列著作（例如《孟子微》）结合现实的深度远远在江希张这部书之上，而康有为的著作早在晚清时期就完成了。

　　相比张万钧先生对该书的介绍，台湾“国立”编译馆给该书写的提要批评就很尖锐了。《提要》称该书“往往演说过长，杂以宗教科学论点及民国初年政论意见等”。另外，“‘全篇演说’多引佛家语以为旁证，虽无损于儒家，实亦不足以为法。且读此书前列著作者本人序跋及他人叙跋，多涉儒、佛、道、回、耶之语，而又称孔教云云。离经叛道，不足以论孔孟之学，亦不足以传孔孟之道也。”[①] 批评是很尖锐的。此书被目为“离经叛道”，就连江希张本人也在后来重新修订之后以《四书新编》刊行。但是，此书依然一版再版，原因起码有三方面：一方面恰恰是因为它离经叛道，所论与人们熟悉的程朱四书学有许多不同，从而在一个批判风行的年代里激起人们阅读的兴趣；二是由于“神童”这个商业炒作噱头，把人们过去一提到四书学便以

---

① 《新集四书注解群书提要》，第 461 页。

为是宿学硕儒的龙钟老态给颠覆了，这也会引起读者购买的兴趣；三是它引四书指点现实，戳中当时人们的关切点，所以才有历时颇久的刊行奇迹。

四、 四书再度成为传教士的布道书

早在晚明，西方传教士利玛窦等人其实就已经开始了"本土化"的传教活动了①。而比林亨理稍早的英国传教士、牛津大学首任汉学教授理雅各在中国典籍的英译上更是做出了杰出的贡献②。而理雅各的英译四书专著便是《华英对照四书》。该书在西方一经出版，便迅速成为西方人了解中国传统文化的经典。这些由西方传教士开展的四书学工作，虽然也是中西方文化的化合，但都明显带有基督教文明的优越感，儒家文明此刻的地位是消极的、被动的。

林亨理（Henry M. Woods, DD）的《四书解义适今》由上海市广学会于民国元年（1912）初版，民国十一年（1922）再版。③ 作者林亨理为当时的淮安府外籍传教士。"本书盖专为基督教学校或西方传教士而作。常引西方哲人及基督经言相与印证。所采注释，又偏于朱注，间亦取义于《正义》、《味根录》诸书。每章之后，有短篇之引申或演绎，往往以基督《圣经》或西哲之语为譬，或相驳析。"④

例如，《孟子·离娄上》："故曰：城郭不完，兵甲不多，非国之灾也。田野不辟，货财不聚，非国之害也。上无礼，下无学，贼民兴，丧无日矣。"林亨理在串讲完这段文字之后议论说："常人以为国衰在兵备不全，农商不兴，惟孟子指衰微之根在道废德衰。此言大有可取，今我中国所当慎也。"议论至此还是讲《孟子》的，接下来就开始宣讲基督之道了："盖道德即存国之基，且上主为道德之本，宜归顺上主，奉基督真道，则民国可永保天命；不然，则何能久存乎？《圣经》曰：'非上主造屋，匠人徒然而劳；非

---

① 参见樊树志《晚明史（1573—1644 年）》，上海：复旦大学出版社，2003，第157 – 164 页。

② 参见马祖毅《〈四书〉、〈五经〉的英译者理雅各》，《中国翻译》1983 年第 6 期。另外，理雅各也不是四书最早的英译者，四书等儒家典籍的外译其实有相当长的历史，只是此前的外译并未反过来在中国国内产生重要影响。

③④ 参阅《新集四书注解群书提要》，第 479 页。此《提要》所录版本为 1912 年版，台湾图书书目资信网所采录版本为 1922 年版。

上主守城，守者徒然而醒。'"① 林亨理把民国能否"永保天命"的问题和基督信仰铆合起来实在是相当应景的，而传教士选择四书来布道又避免了像太平天国那样"和国民心理最相反"② 的问题。对于四书而言，能得到基督教的"加持"，对本国民众理解中学、西学的融通，理解四书的思想文化地位是有一定的好处的。

除了上列四类四书学专著之外，在四书学民间化、大众化方向也做了辛勤努力的还有冯宗道的《四书白话注解》。该书序言称："降至近代，国体变更，政治易辙，专制改为共和，君主改为民主，于是以孔圣之遗书，有悖乎民主政治之原则，乃下令废止了。其实四子书所以废读之原因，不在其所言之道义，大悖乎民主之政策，在其所言之道义高深奥妙也。"所以，"将全书逐节演以白话注解，俾学者读之，无论成材非成材，童蒙非童蒙，皆能一目了然"。③ 显然，序言作者已经清楚地意识到整个大时代的环境已经变更了，但是他们依然认为四书的道义并没有过时。人们拒绝四书的原因是因为四书太高深了，只要让大家读懂了，四书就不会被废读了。其实，下令废止读四书的恰恰就是那些读得懂四书的人，四书要适应现代环境，已经不是简单地让人们读懂就行了，对四书的道义诠释需要一个全新的系统，读懂是第一步，新思想的引入和融会贯通是接下来必须做的事。这方面本期四书题名专著中则有徐树铮的《四书评点》④ 为代表。

徐树铮的《四书评点》"专载经传本文，附以各家评识。其评点取吴汝纶评点最多，间有吴闿生案语，此外范当时、张裕钊、刘大櫆诸人之说亦颇有采撷，悉列之眉端，或明章旨，或论文章，或涉考据，其例不一"⑤。吴汝纶、吴闿生父子是清末民国期间积极主张"中学为体，西学为用"的教育家。吴汝纶不仅支持严复的翻译工作，甚至为他翻译的《天演论》写了序

---

① 林亨理：《孟子》卷四，《四书解义适今》，上海：上海市广学会，1912，第4页。

② 梁启超：《中国近三百年学术史》，北京：东方出版社，2012，第33页。

③ 《新集四书注解群书提要》，第454页。此《提要》所录版本为民国十七年（1928）上海昌文书局版本，国家图书馆藏书目录所录版本为1939年版。此书作者落款项为"江阴冯宗道白话注解，江阴缪詠仁鉴定"；注解方式为于四书每段经文之后有"注""解"，并于每章之后附"要旨"。

④ 徐树铮（1880—1925），字又铮，江苏萧县人。民国八年任西北边防总司令。该书出版者未详。卷首有编者汇印经传评点凡例，表明是书为编者汇印经传评点诸书之一。

⑤ 《新集四书注解群书提要》，第452页。此书国家图书馆藏书目录及台湾图书书目资信网目录皆未录，据《提要》补入。

言。他们虽然没有系统的四书学专著，但是他们的思想无疑也是传统学术阵营中抬起头来开眼看世界的代表，延引他们的评点进入四书学体系，无疑会有助于提供一些新鲜的视点，帮助四书道义诠释系统的现代转型。但是，随文评点的方式对于一个新鲜完备诠释体系的建构来说，力道还是太虚弱了。

本章小结

总之，从四书题名专著来看，民国前期的四书学虽然陆续有研究者，但是这个时期并没有出现类似清末康有为、王国维、辜鸿铭这样从事四书学研究的大师，这些清末从事过四书学研究的大师也没有新的四书学论著出现，所以把本期四书学研究现状与前民国时期四书学研究状况作一对比，四书学退潮的特征就更加明显了。造成这样一种局面的重要原因显然和大时代的社会风气密切相关，此时钱基博四书学的时代价值就凸显出来了。

另外，我们还必须注意的是本期四书学整体学术成就虽然不高，但是在官方四书学解体之后，大众四书学却在本期萌蘖。四书学进入民间，成为大众四书学，这是四书学在现代公民社会中永续慧命的必然路径。而成为大众四书学，解构、嘲讽和建构、赞美就将一路伴随。

第三章
四书学的命运急转弯（1931—1949）

1931 年"九一八事变"之后，随着抗日救亡运动的兴起，民族文化的自觉日益高涨，四书学迎来一个应战性的回暖期。为什么说是"应战性"呢？因为此种四书学和儒学乃至整个传统文化的回暖并非是在新文化运动持续深入开展，民族传统文化的优劣短长都得到充分和深刻反思之后的文化路径选择，而是在相当大程度上带有一种大敌当前的民族文化身份的急速觉醒和紧急认同。这种认同因为有很大一部分是时势所需，而非内在稳固理性所趋，所以它是脆弱的，一旦外在的压力撤除，四书学乃至传统文化的回暖便会暂停，甚至返寒。因此，我们把这段时间四书学的演进称之为"命运急转弯"——转得急了，不稳定是当然的。

第一节　新生活运动下的祭孔与读经

因为是应战性的，所以我们在数据库中得到的四书题名文献在 1931 年前后有 个文化态度的急转弯。1929 年前后，对四书的抵制达到高潮，全国各地禁止教授四书，从公办的中小学到城乡的私塾一概都在禁止范围之内。这在四书题名文献中表现很突出。1929 年安徽省教育厅下令[1]，北平特别市

---

① 《令禁小学课本采用四书五经及女儿经等书》，《安徽教育行政周刊》1929 年第 2 卷第 40 期，第 9 - 10 页。

也有训令①，而云南省直到 1930 年还有训令②等文件的颁发。但 1931 年之后，社会对四书的态度有一个急转弯。

1931 年，曾经下令废止读经的国民党元老蔡元培公开发表了《中华民族与中庸之道》一文③。1933 年，《论语》杂志刊发了一则消息：《陈总司令济棠倡议各校授经学》："将孝经四书……编为经学教科书，大中小各级学校以经学为主要科，……考试成绩以操行为主要成分。"④ 国民政府从元老到新进，从中央到地方，都下定决心要推行孔孟之道的教育。在此背景下，1934 年蒋介石亲自发起"新生活运动"推行孔孟之道。"2 月 19 日，蒋介石发起'新生活运动'，发行《新生活运动之要义》，推行孔孟之道的'固有道德'。5 月 15 日，又制定《新生活运动纲要》，规定：'新生活运动，就是提倡礼义廉耻的规律生活'，'以中华民族固有之德性——礼义廉耻为基准'。7 月 1 日，在南昌成立'新运会'总会，各省县也相继成立省县'新运会'。"⑤ 显然，国民政府主导的这场新生活运动节奏是强劲的，因此，四书在本期的命运转弯来得非常的激烈。此种转弯的激烈我们可以在数据库提供的祭孔与读经的相关文献中一窥端倪。

一、 基于祭孔文献的四书学转机演示

1934 年，国民政府下令把孔子诞辰日定为国定纪念日，同时派遣当时的国民党中央宣传部部长叶楚伧到曲阜祭孔。祭孔和读经其实是官方对儒学态度的一个重要标志物。此前，北洋政府虽然一直在祭孔，但是民国前期政府长时间的禁止读经也使得祭孔流为虚有其表的纯粹形式，因此民间对政府倡导的尊孔活动的参与热情不高。北伐胜利，"九一八事变"等内外交集，南京国民政府需要一种足以急速凝聚全国人心的意识形态，此时，由南京国民政府主导的尊孔、祭孔、读经等代表儒学回暖的事件渐渐频繁起来。特别是

① 《训令：令城郊各私塾为奉部令禁止各私塾教授四书五经令仰遵照由》，《北平特别市市政公报》1929 年第 20 期，第 7 – 8 页。

② 《训令：云南省政府教育厅训令第一六四号（中华民国十八年十二月）：令各县县长、各行政委员、各对滇督办等：重申禁令各小学校不得以四书五经为教材由》，《云南教育》1930 年第 1 卷第 7 期，第 16 页。

③⑤ 庞朴：《20 世纪儒学通志·纪年卷》，杭州：浙江大学出版社，2012，第 91 – 92、99 页。

④ 《陈总司令济棠倡议各校授经学》，《论语》1933 年第 20 期，第 39 – 40 页。

南京政府把儒学的复兴与新生活运动结合起来，让儒学成为一种可以融入现代社会的生活方式，这时候的祭孔与读经才有了回暖的真实依据。

1931 年以后，从大成老旧刊全文数据库和民国期刊数据库中搜索到的四书题名文献来看，反孔反儒的文章已经不再是主流。其中，祭孔行动在 1931 年开始就有一个明显的变化。我们在大成老旧刊全文数据库提供的搜索中设置题名为"祭孔"的搜索条件，得到 16 条搜索结果，除了 1924 年有一则补白性质的反对祭孔小笑话①之外，其余有关祭孔的文章全部刊发在 1931 年以后。而且，剩余的这 15 篇文章中只有 2 篇是反对祭孔的。另外 13 篇文章中有 12 篇是和当时政府祭孔活动相关的（见表 3－1）。可见 1931 年开始，特别是 1934 年以后国民政府对祭孔的重视，以及社会思潮在祭孔问题上的转向。

表 3－1　民国"祭孔"题名报刊文章统计表

序号	篇名	作者	期刊	发表时间
1	《武人祭孔》	甡	《玉田季刊》	1924 年第 1 卷第 2 期
2	《曲阜祭孔》		《良友画报》	1934 年第 94 期
3	《中央派大员赴阜祭孔》		《日报索引》	1934 年第 1 卷第 1－6 期
4	《国府派员往曲阜祭孔》		《复兴月刊》	1934 年第 3 卷第 2 期
5	《祭孔声中》	潜	《骨鲠》	1934 年第 40 期
6	《祭礼—祭孔》		《日报索引》	1935 年第 3 卷第 1－6 期
7	《中央祭孔隆重》		《新新月报》	1935 年第 9 期
8	《古色古香的故都祭孔》	翁兴庆 翁传庆	《漫画界》	1936 年第 1 期
9	《通信：读经祭孔及其他》	何途 菁斋	《是非公论》	1936 年第 16 期
10	《祭孔志感（诗）》	芸斋	《关声》	1936 年第 5 卷第 3 期
11	《分令所属各机关三月二十一日为祭孔之期》		《南海县政月报》	1936 年第 31 期

---

① 《武人祭孔》，作者署名"甡"，《玉田季刊》1924 年第 1 卷第 2 期之"余兴"栏目。

续上表

序号	篇名	作者	期刊	发表时间
12	《分令委廖昌蕃等为祭孔分献官》		《南海县政月报》	1936 年第 31 期
13	《令委保仲生等为祭孔执事由》		《南海县政月报》	1936 年第 31 期
14	《纪念先师孔子诞辰与祭孔》		《福建教育通讯》	1940 年第 6 卷第 7 期
15	《关于祭孔拜亡人》	周以德	《益世周刊》	1948 年第 30 卷第 3 期
16	《贾景德亲撰祭孔文》		《风行》	1949 年第 8 期

显然，民国后期政府和民间的祭孔活动都轰轰烈烈地开展起来了，转变之速就算是当时的人也感觉比较突然。例如，1934 年在北平的《民间》杂志上便有这样一则短评反映了这种情绪："祭孔与尊师：记得前几年仿佛有打倒孔子的呼声，不料今年各地却隆重祭孔，这真是一种意味深长的转变！"① 这是一种"意味深长的转变"，这样的评价把当时人们对这种转变的必然性和偶然性的理解在一声感慨中带了出来，颇有早知今日何必当初的意味。

当然，对于祭孔，民间仍然有一些反对的声音，虽然这时候反对已经不是主流。例如，短文《祭孔声中》。这是一篇反对、调侃祭孔的文章，文章假借各色人物的口吻调侃政府恢复祭孔。例如，"农工们说：'四体不成，五谷不分，孰为夫子？'青年男女说：'吃人的礼教又来了！'帝国主义相顾而笑曰：'中国练习礼让有道，吾们赶乘飞机接收！'"② 如果说这还只是反对祭孔的情绪化宣泄的话，另一篇文章的反对就有不少理性分析的色彩了。

《是非公论》1936 年第 16 期刊发的《通信：读经祭孔及其他》继续高举反对祭孔读经的旗帜。虽然该文语带揶揄，但正是这些反面的声音可以从一个反对者的角度给我们提供当时文化急转弯的真实信息。

该文反对祭孔，理由是"要使一个模范人物在现代人生活中发生力量，起码的条件是能够效法他的生活态度。……可是我们回头看看那些提倡尊孔

① 《民间》1934 年第 1 卷第 9 期，第 29 页。
② 潜：《祭孔声中》，《骨鲠》1934 年第 40 期，第 10 页。

读经人物们的言行，真不敢恭维"。可见，作者对祭孔的不满，相当部分情绪是对主政者的不满。"无论怎样，先贤毕竟成为'古'人了！二千余年以后的我们所需要的是现代的文化。况且国事弄得这样，先贤古圣们多少要负点责任，并非全是子孙的不肖。我们不在现实的生活环境中找出路，想办法，却去回溯以前的道路，把历史倒转头来，未免大费力气。半部《论语》治天下的时代已成过去。墓碑敌不过机关枪，叩头念咒终归无用。"① 这样反对祭孔的论述其实和五四批孔思路是一致的。国民政府也并非不知道抵抗强敌要有机关枪。但是，大敌当前，如何凝聚人心其实是那个时代一个相当迫切的文化使命：民族需要一个共同的信仰，而这个信仰的建设需要祭孔和读经。

这篇文章的价值还不在于向我们传递了那个时代一种反孔的情绪，而在于无意中帮我们揭示了当时祭孔读经的时代原因。"我们追溯恢复祭孔的由来，就想起'九一八'空前的国难。那时的危急，仿佛快到哭祖庙的时候。忙乱一团，毫无办法；回天乏术，于是哭拜盛行。忽然记忆里跳出孔二先生，这十几年中对他确是落寞；国运如此，也许正是亏待了他。……随着祭孔而来的是'读经'。好像复活后的孔家店中唯一的摆设。南北声息相通，倒是难能可贵。在位的何主席、宋主席，与及刚刚下野、乘桴浮于海的陈将军，对此不无劳绩。于他们的治下倡行之余，建议教育部把读经列为学校必修课，小学生也得念。据说以此就足以救国。其实是叩头的另一方面，目的同在救急。"②

这段文字，作者是带着嘲讽的语气来写的，但是他提供了几个重要的事实：一是祭孔读经与"九一八"国难之间的密切联系，这就是 1931 年以后四书学的整体风气急转弯的时代背景。二是祭孔读经的结果"南北声息相通"，表明当时最起码表面上国民政府找到统合人心的办法，这也正是需要急转弯的原因。三是国民政府尝试把读经列为学校的必修课，这和民国建立之初取消读经课程相互映照，表明儒学包括四书学回暖的政治环境明显改善。四是当时的诸多举措"目的同在救急"，表明此时儒学的回暖根基不牢固，所以我们说是"应战性回暖"。

---

① ②　何途、菁斋：《通信：读经祭孔及其他》，《是非公论》1936 年第 16 期，第 20－21 页。

二、 基于读经文献的四书学转机考察

对四书五经的习读其实是儒学复兴打底的功课。民国时期对这一问题讨论得很热烈，意见始终未能统一。笔者在大成老旧刊全文数据库提供的搜索中设置题名为"读经"的搜索条件，得到 224 条搜索结果，其中属于"1912—1949"时间段的有 218 条。这和"祭孔"的搜索结果形成鲜明的对比：祭孔问题上，民国后期政府和民间的观念和行动比较一致；读经问题却始终纠缠不清。曾任梁启超秘书的历史学家吴贯因认为："孔子之当崇拜，在其道德之美，人格之高，可为社会之模范。若谓其所有言论，亦悉可为今日法。微不达于势，即返之孔子之本意，亦必不谓然也。"[1] 但问题在于：同意尊孔反对读经，又从何而知孔子道德之美、人格之高而尊信之？

对读经的反对其实从晚清取消科举之后就有人明确主张了，而且民国以后反对读经的意见大体也没有超出他们的理论范围。例如，1905 年取消科举之后，《东方杂志》便发表了一篇社论，明确提出"读经非幼稚所宜"。其称："六经者，参考书也，非教科书也。中学校以上之学生所有事也，非小学校儿童之所有事也。古之作六经者，固未尝为今日之小学教科计也。今即欲为教科计，则采其中之格言合乎今日之情势者编入修身书可也，欲独立为读经一科不可也。"[2] 这是仍然承认读经有一定作用的论断，所以对读经的反对还不是最强烈的。1909 年的《教育杂志》提出："在仅具普通学科之学堂，其读经即为不合教育原理，何独小学堂为不合原理哉！"反对读经的范围更扩大了，该文甚至总结出读经"为教育界生二魔障，深三恶习"。其所谓二魔障者，"一曰不合儿童心身发达之程度"，"二曰不合今日世界竞争之趋势"；而其所谓三恶习者，"一曰早婚"，"二曰守贫"，"三曰以官为荣"。文章最后的结语称："方今列强竞争尽注于我国，我国存亡全在教育，又奚能坐视此腐败教育使之亡国灭种哉！"[3] 把推广读经的危害和亡国灭种联系起来，确实耸人视听。

在数据库的 218 篇文章中，发表于 1931 年以前的只有 16 篇，其余 202

---

① 吴贯因：《尊孔与读经》，《大中华》1915 年第 1 卷第 2 期，第 1 页。

② 竹庄：《论读经非幼稚所宜》，《东方杂志》1905 年第 2 卷第 10 期，第 192 – 195 页。

③ 顾实：《论小学堂读经之谬》，《教育杂志》1909 年第 1 卷第 5 期，第 67 – 70 页。

篇全部是 1931 年之后发表的。也就是说，民国前期取消读经并没有在社会思潮上造成太大的冲击——当时的中国在积贫积弱、列强环视的时局中积极求变，在取消读经问题上虽然有犹豫，有争论①，但仍然禁止了。

民国后期对读经问题长期的讨论既表明社会对此问题的重视，也暴露出向外寻求民族意识形态资源失望之后反求诸己的渴望。在数据库所收集的 202 篇文章中，1934 年有 23 篇，1935 年有 77 篇，1936 年有 20 篇，1937 年有 54 篇，四年时间里读经的文章共有 174 篇，占了总数的八成多。这意味着在蒋介石的南京国民政府发起新生活运动之后，全国的确出现了一股关于读经问题的大讨论。而从讨论的结果来看，支持读经的越来越多了，问题讨论的重点也逐渐从"要不要读经"转移到诸如何人读、何时读、读什么、读多少等"如何读经"的问题上。

1935 年，《教育杂志》的主编何炳松向全国教育界以及关注教育的专家学者发出 100 余封信函，广泛征询大家对读经问题的意见。最终收回的信函，根据何炳松先生的统计，71 位学者中，完全支持者为 16 人，完全反对者为 10 人，其余 45 人为相对支持（反对）者。"相对论"中，支持小学高年级读经者为 5 人，支持初中读经者为 12 人，支持高中读经者为 3 人，支持大学读经者为 10 人，支持专家读经者为 15 人。② 这组数据表明，当时完全反对读经的人数其实已经很少了，多数人关注的是如何读的问题。这对于四书学的良性发展无疑提供了难得的契机。但是，如果从是否支持中小学读经这个关系儒学传承的基础性问题来看，支持者是 36 人，反对者是 35 人，双方势均力敌。这背后反映的其实是社会上仍然有不少人对儒学与当代生活的关系抱持警惕的态度。这种分立其实也反映了当时中国社会深层次的认同危机。

第二节　四书学的回暖及四书文本的重构

不管怎么样，四书学的回暖还是在内忧外患中到来了。此时的回暖毕竟距离四书学在政治上下野、在文化上下架时间不远，四书学的元气尚存，所

---

① 据大成老旧刊全文数据库的资料，在民国前期的这 16 篇文章中，除去重复数据，实为 15 篇，其中支持读经的占 7 篇，反对读经的占 8 篇，反对者略占上风，但双方应该算是势均力敌的，可是这只是舆论上的讨论，官方的禁令还是实行了。

② 见《教育杂志》1935 年第 25 卷第 5 期"读经问题专号"。

以无论如何还是民族文化的幸运。虽然后来四书学在大陆遭遇了严重的危机，但是本期四书学的发展培育了一批四书学的新生力量，为后期四书学的可持续发展（特别是在台湾地区的发展）奠定了基础，因此值得我们十分重视。

一、 基于四书题名文章的四书学回暖分析

回顾了民国后期四书学应战性回暖的时代背景之后，我们再来仔细看看这个时期刊发的四书题名论著。先看本期四书题名报刊文章（见表 3 - 2）。

表 3 - 2　民国后期四书题名文章统计表

序号	篇名	作者	期刊	发表时间
1	《四书串释》①		《中华书局图书月刊》	1932 年第 8 - 9 期
2	《读〈四书改错〉存疑》②	松荫老人	《船山学报》	1933 年第 2 期
3	《四书源流》	竹仙	《玉屏周刊》	1935 年第 28 期
4	《谈四书五经杂志》③	邱鸿	《江汉思潮》	1936 年第 4 卷第 5 - 6 期
5	《四书句解（漫画）》④	张文元	《论语》	1936 年第 99 期
6	《四书要义说明》	沈信卿讲，天然笔记	《机联会刊》	1936 年第 136 期
7	《四书纂疏札记》	马一浮	《志学月刊》	1942 年第 10 期

---

　　① 该文是介绍《四书串释》一书的，文称："《大学》、《中庸》、《论语》、《孟子》，向称四书，为一切国民道德之根源。"该书作者为番禺李珮精，"根据朱子集注，旁采各家讲章，串释成书"。

　　② 本条数据由中国知网检索结果移入。

　　③ 该文题为"四书五经"的杂"志"，其实主要谈的是《易经》。

　　④ 这一期句解的四书句子一共有四句："仁者不忧，勇者不惧"；"食旨不甘，闻乐不乐"；"如切如磋，如琢如磨"；"有罪无罪，以人治人"。画面内容都是抗日救亡的题材。20 世纪 80 年代之后，蔡志忠先生的四书漫画风行两岸，而这种用漫画来解读四书的方式在抗战期间已经开始了。

续上表

序号	篇名	作者	期刊	发表时间
8	《四书纂疏跋》①	马一浮	《志学月刊》	1942 年第 10 期
9	《四书别释》	张叔通	《大众》	1945 年第 31 期
10	《新四书》	者也	《人之初》	1945 年第 1 期
11	《四书新注》	书锥	《台山工商杂志》	1947 年第 11 卷第 9 期
12	《四书补述——好恶草》		《台山工商杂志》	1947 年第 11 卷第 6 期
13	《集四书章句而成的文》	阮子宽	《中美周报》	1948 年第 301 期
14	《四书今讲——鱼我所欲也》	忙鸟	《台山工商杂志》	1948 年第 12 卷第 6 期

以上文章撰述的立场都是积极和正面的。很明显，这个时期的社会风气对于四书来讲和民国前期以揶揄解构为主的风气已经有了根本的不同。其中，与四书直接相关且有学术含量的共有 6 篇，它们是《读〈四书改错〉存疑》《四书源流》《四书要义说明》《四书纂疏札记》《四书纂疏跋》《四书别释》。这 6 篇文章又可以细分为三类。

第一类是就四书本身展开诠释的，包括《四书要义说明》《四书别释》，共 2 篇。

先看《四书要义说明》。该文开头第一句即说："四书为人人必读之要籍。"这和民国初年政府禁止四书教育的情况已经大相径庭。这是沈信卿先生在无线电台做演讲的文稿。主要提示四书各书的大义。例如，读《大学》"当看重四个'在'字"，"大学最要处在知'本末、终始、先后'"。《论语》"为学为政两章，为全书精湛处"。"是书（《孟子》）精湛，在公孙丑一

---

① 据《马一浮先生年表》，此文为民国十四年（1925）先生取通志堂初印本《四书纂疏》供在上海开设"圣风书苑"的友人影印发行的时候作的跋。马一浮对《四书纂疏》十分推崇，1942 年主持复性书院的时候亲自主持复刻该书，又因为《志学月刊》刊发的时候还有"札记"一篇联发，所以，笔者把它放在这个时期来考量（见《马一浮集·复性书院讲录·第一卷》，杭州：浙江古籍出版社，1996，第103－147页）。

章。""《中庸》一书，'明诚'两字，可以括之。""庸之上半部分为庚字，庚与更通，庸之下半部为用字，更事多始有实用。以中道而切于实用，完全由学识经验积久而成，才是中庸真义。今乃以不偏不倚，无过不及，视为平常之理，安能底于精微之境界。"① 这种把中庸理解为更事之用，颇有启发价值。

如果说《四书要义说明》仅仅是部分溢出程朱的范畴的话，那《四书别释》就专门挑问题了。张叔通把"程朱的解说，有不能满意的地方，摘录下来"，一共有 11 则。"用直觉的眼光来观察，用普通的文字来说明"，所提示者颇有启发。例如，解"慎终追远"，认为"此言末路之难也"，是"从普通作事上说，不一定是丧尽其礼。追远也是如此，是君子不忘其本之意"。但也有读解未精的地方，例如解"礼之用，和为贵"章，认为"小大由之"是画蛇添足，便是对上下文意未能贯通。另外，把"信近于义"章的"因不失其亲"的"因"解为"婚姻的因"，实在牵强。②

第二类是就四书学史展开研究的，仅《四书源流》一篇，刊发于《玉屏周刊》。该刊为福建省立厦门中学的学生周刊。该文主要探讨的是四书"所以能统称四书者"的原因，即是四书源流的考辨。"考四书初称'四子书'，宋末真德秀、赵顺孙、祝洙等，始名'四书'。"③ 因为文章主要面向的是中学师生，所以难免带有普及文化的性质，学术考证上没有办法更多展开。

第三类是就历史上的四书学专著展开研究的，研究最为深入，学术价值也最高。包括《读〈四书改错〉存疑》《四书纂疏札记》《四书纂疏跋》，共 3 篇。

《读〈四书改错〉存疑》的作者署名"邵东松荫老人遗书"。"松荫老人"为谁目前尚不可考。不过文章应该为民国时所写，因为文中有"余所闻于诸前辈者，谓清初诸大儒读书皆能自出手眼"。此句提"清初"不提"国朝初年"，则作者一般应为清以后人，加之文章的刊发时间为 1933 年，所以我们把它列入民国时期四书学论著来考察。

这篇文章标题为"存疑"，乍一看还以为是质疑毛奇龄的，其实文章主

---

① 沈信卿讲，天然笔记：《四书要义说明》，《机联会刊》1963 年第 136 期，第 10 - 11 页。

② 张叔通：《四书别释》，《大众》1945 年第 31 期，第 80 - 81 页。

③ 竹仙：《四书源流》，《玉屏周刊》1935 年第 28 期，第 2 页。

要却是肯定读书应该有一种"存疑"的精神，这和民国时期对待传统文化的态度是一致的。他说："读书者，求知之一事也。求知之法从存疑起，存之又存之，久而后疑者可涣然矣。"① 因为赞成毛奇龄的做法，所以他说：

> 余读萧山毛大可氏《四书改错》而有感也。四书五经自前明垂为功令，列诸制科，家弦户诵，奉为不刊之典。士子依以为文，号称代圣立言，谁敢甘冒不韪，出而议其是非得失者？又宋儒程朱诸大贤屡加注释。朱子自谓其四书注文"字字从践子上等过来"。更谁敢议之？然而竟有人议之！非但纵其口说而轻议之，且引征经史，参以百家诸子之凿凿可据者，以平议之。②

显然，作者对毛奇龄的勇气是赞赏有加的。可惜，现存数据库里面只有该文的上篇，下篇结论如何，现在还不得而知。但肯定毛奇龄、质疑程朱的立场是明确的。

本期四书题名论文中最为珍贵的应该就是马一浮先生的两篇文章了。两篇文章同时刊发。虽然论述的重心在赵顺孙的《四书纂疏》上，但是我们依然可以看出马一浮在宗朱还是宗陆问题上的鲜明立场。对此，笔者将在后面专章做重点阐发。

总之，透过本期四书题名报刊文章，我们可以很强烈地感受到四书学复兴的温暖气息，而这样的气息在四书题名专著上也表现非常明显。

二、　本期四书题名专著的类型与特色

和上一期几乎清一色的白话译解专著相比，本期四书题名专著在数量和类型上都让人感觉到明显的暖意。笔者综合国家图书馆藏书目录和台湾的图书书目资信网书目、《新集四书注解群书提要》书目的信息，共录得本期四书题名专著 11 种，数量上明显多于上一期。先看书目列表（见表 3 - 3）。

---

①② 松荫老人：《读〈四书改错〉存疑》，《船山学报》1933 年第 2 期，第 1 页。

表3-3　民国后期四书题名专著统计表

序号	书名	作者	出版社	年份
1	《四书研究》①	日本教育学会著，王向荣编译	天津直隶书局	1933
2	《四书端目》②	胡为和	镇江青云门读书楼	1934
3	《四书新编》③	江希张	四书新编发行所	1935
4	《广解四书读本》④	王缉尘	粹芬阁	1936
5	《华英对照四书》⑤	理雅各	台北国际出版社	1936
6	《四书白话新解》⑥	张守白	沈阳大东书局	1939
7	《四书白话句解》⑦	王天恨	上海博文书店	1944
8	《四书浅说》⑧	黄承燊	台北台湾书店	1947

---

① 本条据国家图书馆藏书目录采入，台湾图书书目资信网、《新集四书注解群书提要》均未采录。该书是翻译日本教育学会的著作，封面有俞平伯题写的书名。

② 本条据国家图书馆藏书目录采入，台湾图书书目资信网、《新集四书注解群书提要》均未采录。该书有周佛海题写的书名，编者为胡为和。胡为和的序言附署时间是"民国十八年七月"，另有严智怡序，附署时间为"民国二十三年六月"，则此书初版当为1934年。

③ 参阅《新集四书注解群书提要》，第460页。此《提要》记录的该书出版时间共有5次，最早为民国"二十六年出版"，但此时已经为第13版。

④ 参阅《新集四书注解群书提要》，第531页。此《提要》所录书名为"四书"，为"王缉尘讲述，镇海董文校订"。而版本则为台南满汉出版社1981年的版本。显然该书为翻印粹芬阁本的《广解四书读本》。粹芬阁版《广解大学读本》书名上款标有"王缉尘讲述，胡行之校订"，《广解中庸读本》书名上款标有"王缉尘讲述，蔡丏因校订"，《广解论语读本》书名上款标有"王缉尘讲述，董文校订"，《广解孟子读本》书名上款标有"王缉尘讲述，朱剑芒、胡山源校订"。

⑤ 此书作者也有题为"勒格"即英国传教士James Legge，现在一般称"理雅各"。此书宣教的意味很浓厚，书籍的扉页就是"福音"。利玛窦当年到中国来就是借讲四书来传教的。

⑥ 是书现存最早版本为当时伪满洲国的奉天（沈阳）大东书局于1939年出版，后来上海东方文学社、学生书局分别于1946年和1948年再版。

⑦ 据台湾书目整合查询系统，王天恨此书附有民国三十三年的序言，并由上海国学研究社民国三十五年再版，民国三十六年上海国学研究社还出了袖珍本。此书后又在香港、台北等地多次再版。

⑧ 参阅《新集四书注解群书提要》，第470页。黄承燊于此书《后记》自署的时间为"民国三十五年十二月二十日"，则初版时间为民国三十六年为确。

续上表

序号	书名	作者	出版社	年份
9	《古籍新编·四书》①	郑鄤	中国学典馆	1948
10	《语译广解四书读本》②	沈知方主稿，蒋伯潜注释	台北启明书局	1948
11	《四书白话注解》③	许伏民、费恕皆	上海群学书店	1949

　　这批著作最大的特色是四书文本的重构。11 种专著中，《四书研究》与《华英对照四书》其实是译著；另外 9 种著作中，许伏民等人的《四书白话注解》是重新修订的书，其余 8 种才是本期的原创作品。这 8 种专著中，胡为和、江希张、郑鄤、黄承燊的专著则以主题诠释四书文本，其实是对四书文本的重新构建；王缁尘、沈知方、蒋伯潜等人合作的粹芬阁系列四书著作前赴后继，屡次修订，其孜孜以求、通力协作的精神令人感动。下面分类而述之。

　　第一类，国人主动引入的海外四书学研究著述。《四书研究》和《华英对照四书》就是代表。此前，虽然也有外国人从事四书学著述，例如林亨理，但是他的著作是在国内完成，并直接服务于国内传教业务，所以由他们自己在国内印行。又比如日本的四书学著作此前也有直接发行到中国的，1927 年东京的"东洋图书刊行会"向中国发行过一本《续日本名家四书注释全书》。但本期这两部著作却是国人主动编译并印行的。尤其是《四书研究》。该书"译例"说，翻译本书的宗旨在于"期待吾国学者因人策己，藉以唤起阐扬学术之宏愿"。据笔者所见，这应该是现存第一部国人翻译的海外四书学著作。四书学向来为中国古代传统显学，所以说四书学在中国应该是没有问题的，但王向荣等人的努力表现出国内四书学学者更为主动和开放的胸襟，所以难能可贵。

　　第二类，四书白话随文附注著作。现代白话文运动推动在古代经典诠释上兴起了一股以白话注释的潮流，而此种潮流也与民国以后读经课程的取消

---

　　①②　参阅《新集四书注解群书提要》，第 473、553 页。

　　③　国家图书馆藏书目录及台湾图书书目资信网皆未收录，据《新集四书注解群书提要》（见该书第 477 页）补入。许伏民的《四书白话注解》于 1916 年已由上海国粹书局出过一个版本，不过当时副署的编写者为童官卓，而不是费恕皆。

造成读者与经典文本之间的接受困难有关。民国之后张铁任、冯宗道等人开创了四书白话注解形式，本期张守白《四书白话新解》、王天恨《四书白话句解》其实是步武前贤。

（1）《四书白话新解》。张守白的《四书白话新解》现存最早版本为当时伪满洲国的奉天（沈阳）大东书局出版，后来上海东方文学社、学生书局分别于民国三十五年（1946）和民国三十七年（1948）再版。该书版权页署"康德六年六月十日"，"注译评讲论语白话新解"，"全书一册"，"编著人张守白"，"校阅人寿孝天"，"发行所大东书局"等字样。所谓"康德"是伪满洲国的年号，"康德六年"为1939年。作者张守白，《新集四书注解群书提要》称"生平事迹待考"。《提要》又据张作之《论语》部分评价曰："综观全书，对《论语》原文，均以（一）个别解释；（二）有机解释；（三）广义解释三方面，并别为'注'、'译'、'讲'三部分加以说明；枝分节解，脉络贯通，其程度，是介乎专门研究与一般阅读之间者，足供学者作为课本或用以自修之需。又其附录'分类研究'部分，言简意赅，亦颇具参考价值。"①

（2）《四书白话句解》。王天恨的《四书白话句解》版权页题："述解者：王天恨"，"校正者：曹国锋"。正文作者署名"吴陵王纡运天恨述解"。作者王天恨，生卒年不详，字翼吾。清末民国初泰县人。② 据台湾书目整合查询系统，王天恨此书附有民国三十三年（1944）的序言，并由上海国学研究社民国三十五年（1946）再版，民国三十六年（1947）上海国学研究社还出了袖珍本。此书后又在香港、台北等地多次再版，足见该书的影响力。

另，成都古籍书店1988年出版了此书的影印本，并在版权页标注："本书据上海国学研究社1934年5月版本排印。"但查阅书中内容并未显示有出版于1934年的证据。结合本书民国三十三年的序言，并且现有民国三十六年袖珍本版权标注为"再版"，因此，笔者估计，从时间上看，成都古籍书店的影印本可能是上海国学研究社于民国三十四年的初版，编辑误认民国三

---

① 《新集四书注解群书提要》，第485页。

② 参阅武维春《文士王天恨的著述生涯》（上、下），载于《泰州晚报》2012年9月9日与9月16日A20版"望海楼·风土"。文中称："在一次小型图书拍卖会上，我看到一册民国旧书《四书白话句解》，上海新文化书社出版，因为是王天恨所著，所以我花高价购得。书为64开本，印得很精致，可谓赏心悦目。""王氏在《四书》每部分前面都交代古代笺注的来龙去脉，让读者有个大致了解。书首署'吴陵王纡运天恨述解'，由此看，他的原名应该是王纡运，天恨是他的字号。"

十四年为 1934 年。从成都古籍书店版和上海国学研究社民国三十六年二月再版的袖珍本比较来看，袖珍本显然在排版上进行了优化，加上了竖排线，字体也进行了调整，版面更加整洁清晰。

该书的宗旨是"以朱注为经，以群书为纬，于朱注有疑义之处，则参考群书，会众说而折其衷，以阐发原旨，初不为一家书之言所囿"；而句解的办法则是"以原文一句解文亦一句为原则。间有原文所包者广，或必须增注之处，则就原文语气以意逆补之，务贯穿全章神理"。又于每章之末，附"章旨"，以说明要义，颇为可取。本书的特色有两个：第一，摒弃烦琐的注释，直接以白话句子解释四书章句，全书的篇幅得以最大限度的简省，非常方便流通；第二，虽然采用章一句解一句穿插的形式，但是每一章的解文前后连贯，去掉原文读解文也文脉贯通，方便学习者整体理解四书。①

又，王天恨有《四书新解》一书，现存为台湾台南市大夏出版社于1981 年初版，后又多次再版。"本书之特色在每章经文之后，首述章旨，次列注释，再次语译，最后殿以讲述。经文每字旁均有注音。讲述偏重义理与章句分析。其中《论语新解》之内容，与作者另著《论语读本》全同。'讲述'部分，可参读《论语读本》提要。书尾亦附'分类研究'。"②

第三类，四书专题读解著作。虽然"宋儒程颐尝以分类读教学者。元朱公迁推广其意，以成《四书通旨》六卷：取《四书》之文，条分缕析，以类相从，凡为九十八门；每门之中，又以语意相近者，联缀列之而一一辨别异同，务使读者因此证彼，涣然冰释"③，但传统四书学著作多数以随文附注的方式为主。晚清以来，王士濂、康有为等人采用专题读解的方式进行著述，对四书义理的发挥有很大的便利，所以流风所及至此蔚然。本期此类著作包括《四书端目》《四书新编》《古籍新编·四书》《四书浅说》。

（1）《四书端目》。该书根据孙中山所提倡的"七端"（忠、孝、仁、爱、信、义、和平）和"八目"（格物、致知、诚意、正心、修身、齐家、治国、平天下），选择四书的内容分解编入，另外加上一篇"纲要"，总共十六篇。是书之作，作者希望"有补于孙先生发扬光大之遗教"，结果四书

---

① 参阅该书民国三十六年（1947）版本的凡例。另《新集四书注解群书提要》第468 页有简介，该简介所据为 1973 年台湾曾文出版社的影印本，此影印本所据的原始版本不详，此版与民国三十四年版、民国三十六年版的区别在于"卷首列有圣贤略传，自孔子及其门人，凡见于《论语》内者皆传之"。

② 《新集四书注解群书提要》，第 469 页。

③ 钱基博：《四书解题及其读法》，长沙：岳麓书社，2013，第 25 页。

变成一本意识形态教科书，牵强在所难免。

该书除了在"纲要""七端""八目"三个部分之后附有三篇简短按语之外，对所选的四书文本并未进行任何注释或解说。但是，把四书文本和当下的意识形态建设结合起来，这样的做法客观上可以部分抵消人们对于四书文本与当下社会现实脱节的疑虑，从而对四书的接受与传播起到一定的作用。

（2）《四书新编》。这本书将《四书》的部分原文重新以专题形式分类编排，并加注释，同时将编注者的论说夹排于经文前后。编排的顺序为：《论语》《孟子》《大学》《中庸》。《论语》分为 5 篇：《为人》（上、下）、《为学》、《为政》、《模范》；《孟子》分为 3 篇：《救民命》《正人心》《守人格》；《大学》编为 7 章；《中庸》编为 8 章；《论语》之前有编者序及例言。

江希张的《四书新编》原来由北平万国道德总会印刷，四书新编发行所发行，民国二十四年（1935）初版。后又多次再版。其流传之广、再版之多在民国四书学著作中十分罕见。据台湾书目整合查询系统提供的信息显示，民国二十六年（1937）南京正中书局出版的《四书新编》已经是第 13 版。后来，西北军将领、抗日名将宋哲元又将此书加上序言，印制成袖珍本，西北军将士人手一本。国民党的中央训练团党政高级训练班、台湾的"行政长官公署"等也多次印制，作为干部培训教材。1949 年后，此书虽在大陆不再出版，江希张本人也转型成为化工专家，但此书在台湾的魅力不减。其在台湾后续参与出版的机构包括协同出版社、文海出版社、台北正中书局、万国道德会总会台湾分会、文听阁图书等。

江希张除了这部书之外，其实在 1920 年便出版了《新注四书白话解说》，但是江希张本人对这部著作并不满意。他晚年回忆说：

> 幼时所写的《四书白话解说》完全是我父亲的思想，违反了我自己的意志，后来每次看到都觉得羞愧，留学归来参考了世界知识，对比了科学哲学，更觉这种著作是误己误人，非设法纠正不可，所以立志重写一部，取名为《四书新编》。①

---

① 江希张：《江希张》，见中国人民政治协商会议历城县委员会文史资料研究委员会编《历城文史资料》第二辑，内部发行，1986，第 28 页。

对比江希张前后两部著作确实有很大的不同，最大的不同便是早年著作采用随文附注的方式进行，后来的著作采用专题诠释的方式进行，而且只是选文，不是全本。但因为是选本，所以体量便可以轻便许多，这也是该书可以制成袖珍本，人手一册的原因。

（3）《古籍新编·四书》。郑麐的《古籍新编·四书》于1948年由上海世界出版协社再版，其初版时间不详。是书另有民国三十七年中国学典馆版本，以及2008年台中市文听阁图书的版本。郑麐生平据温军超考证大概如下：

> 郑麐，生卒年不详，字相衡，广东潮阳人。他早岁在哈佛大学学习哲学，之后在牛津大学学习历史，归国后任教于清华大学。1926年，清华政治系成立之时，系里仅四位教授，郑即为其中之一。……后来他去上海经商，出任某银行经理，职位令人羡慕，……但之后他却辞去银行经理一职，把自己最年富力强的一段生涯都贡献给了这项事业。他以"近十年之力，通译先秦古籍为英文，期其与希腊哲人之典籍相比较。如十三经及诸子多已成稿，已出版者欧美汉学家颇称道之，国内如吴稚晖、李石曾、王亮畴诸先生亦谓可能具信达雅之条件"。①

该书的特点：

> 系按四书之文义，语意相近者，归为篇章。《论语》分为自述、习性、事迹、弟子、人物、评论、政治、德行、处世、君子、阙疑等十一篇；举凡先贤所发现残阙题文，皆列入第十一篇，凡五百五节。《大学》分为知止、诚意、正心、修身、齐家、治国、贵德等七章。《中庸》分为总论、中庸、至道、大德、修身、至诚、圣人、道化等八章。《孟子》分为梁王、齐王、国君、大夫、名士、评人、万章、公孙丑、弟子、圣贤、人性、德行、处世、政治等十四篇，凡二百五十九节。除分章断句外，或加标题。句首增问答者姓名，以醒目易解。凡通行本所无者，字旁志以标记，书眉且加注号数，以便检引。至于音义训诂，并详校旧本之异同，细考各家之长绌，汇纂成书。其与坊间朱熹本相较，非仅意句分段不同，古今字之区别，字句之增删，亦多所用心。凡所改易，皆有

---

① 温军超：《郑麐翻译思想研究》，《英语教师》2014年第10期，第66－67页。

所本，非好作新奇，随意杜撰。至于经学家训诂之争辩，理学家说道之议论，则一概省略。本书前有杨家骆撰《古籍新编四书序论》，就四书历代见重之史实，代表人物之传略，原书定型之年代，《新编》据本之所自，撮取其要，亦可作为进读全书之阶梯。书末附有四书引得，备供检索。①

（4）《四书浅说》。黄承燊生平不详②。据《台湾省编译馆档案》③，黄承燊曾经参与许寿裳主持的台湾省编译馆的工作④，所以《四书浅说》得以在台湾出版。据国家图书馆所藏版本看，该书封面题款为"光复文库第六种黄承燊著"，落款为"台湾省编译馆编辑，台湾书店印行"。此书包括"绪言、《大学》、《论语》、《孟子》、《中庸》、余言"六个部分。并非传统的注解四书著作，没有附录四书或朱熹的注解原文。只是"介绍四书之作者及篇章内容意旨，并列举参考书籍，文字浅显易懂，堪为初学之导读"⑤。而且该书也并非遵照朱熹的思想来解读四书。例如，关于《大学》的作者，黄氏就不同意朱熹的看法。他说："《大学》一书，不知何人所作，朱熹以为是曾子（孔子的学生）和曾子的学生同作的，大概因为看到书中有'曾子曰'三个字的原故。其实这是没有根据的。"⑥晚清李滋然已经有类似观点，所以这样的观点其实也不新鲜。黄氏著作和钱基博《四书解题及其读法》类似，但考证辨章的功夫显然差许多。

第四类，群体协作的粹芬阁四书学传奇。在本期四书学题名专著中，有两部由上海粹芬阁出版的四书学著作堪称群体协作的传奇。一部是署名"王

---

① 《新集四书注解群书提要》，第473页。此提要所据版本为民国三十七年（1948）中国学典馆版本。

② 黄承燊有《论诗经语译》一文发表于《勷大师范学院月刊》第15、16期（1935年2、3月）。

③ 黄英哲、许雪姬、杨彦杰主编：《台湾省编译馆档案》，福州：福建教育出版社，2010。

④ 许寿裳主持台湾省编译馆时间在1946—1948年间。

⑤ 《新集四书注解群书提要》，第470页。

⑥ 黄承燊：《四书浅说》，台北：台湾书店，1947，第3页。

缤尘"① 的《广解四书读本》，出版于 1936 年②；另一部是署名"蒋伯潜"的《语译广解四书读本》，出版于 1948 年。这两部书其实都是在粹芬阁创始人沈知方的协调组织下的集体智慧结晶。

（1）《广解四书读本》。此书有沈知方的序言，称出版的缘起是他在人生中感悟到四书的妙用，所以"今年五十五矣，重理旧经，礼聘同邑王缤尘先生为之讲授"。至于刊行时候的校订工作则是这样安排的："《大学》《中庸》则请胡行之、蔡丐因先生校订。《论语》则请董文先生校订。《孟子》则请朱剑芒、胡山源先生校订。既成，汇而刊之，名曰：'广解四书读本'。"③ 书中甚至收录了孔祥熙撰写的《孔子日常生活与礼义廉耻之诠释》一文。所以，应该说，这部书其实是集体智慧的结晶。而《新集四书注解群书提要》称："本书为王缤尘讲述，镇海董文校订。"④ 依据该书的序言，此处明显错了。至于此书初版的时间，则 1936 年为妥当。因为该书除了《大学读本》部分没有标识时间外，《中庸读本编述大意》文末附署"中华民国二十五年七月五日王缤尘识于海上粹芬阁"；而《孟子读本编述大意》文末附署"中华民国二十五年七月十五日王缤尘识于海上粹芬阁"；另，书中董文有《广解论语读本后序》，附署时间为"民国二十五年儿童节"。可见，

---

①　陈松英《本社撰述人传略》（《学术世界》1936 年第 2 卷 1 期，第 131 页）有王淄尘小传，该文称："王子澄先生，名淄尘，浙江绍兴人。年五十七岁。少恶八股，不事科举。清末在绍兴创设白话报及阅报社，又设农事试验场、女工传习所。民国元年在上海发行新世界杂志。三年任绍兴禹域新闻总编辑。四年至十五年任杭州之江日报评论及小说。十六年任国立浙江大学秘书处处员。二十三年来沪寓同孚村粹芳阁，专事著述。撰《资治通鉴读法》《国学讲话》。二十四年至二十五年撰《四书读本广解》等书。"

②　国家图书馆藏书目录有"王缤尘《四书读本》，上海：春江书局，1911 年出版"的信息，此信息有误。因为春江书局其实就是三民图书公司，而三民图书公司创办人吴拯寰生于 1896 年，不可能在 17 岁就在上海滩创办三民图书公司，而且立即就请王缤尘撰写如此分量的著作。相关情况可参看张泽贤《民国出版标记大观》，上海：上海远东出版社，2008，第 36－37 页。不过该书误把"吴拯寰"写成"吴振寰"。据南京国民政府《内政公报》1935 年第 8 卷第 18 期第 187 页《图书版权注册保障事项》第六条"据呈送《临证医典》等书八种准予注册给照——批三民图书公司代表人吴拯寰"和第七条"据呈送《假期作业日记》等书二种准予注册给照——批春江书局代表人吴拯寰"。此两处"振"都做"拯"。另吴拯寰主持的三民图书公司 1944 年编有《清文观止》一书，署名也是"吴拯寰"。

③　沈知方:《广解四书读本序》，见王缤尘讲述《四书读本》，北京：中国书店，1986。

④　《新集四书注解群书提要》，第 531 页。

该书完成时间当在 1936 年 7 月。

而有关王缁尘的讲述与胡、蔡、董等人校订的关系，董文有《广解论语读本后序》一文略有说明："粹芬阁主人沈先生印行此《广解论语读本》，解释详而通俗，意至善也。但初版出书，犹多讹误，因嘱文校勘之。文朝夕读此者，凡一月余。其文字误、标点误、章节误、注音误者，一一皆为校正。义之未安者，更易之；旧解胜义未能割爱者，补入之；因此，内容视初版不同，分量亦视初版增多焉。"①

可见，董文对《论语读本》主要做了两项工作：一是校正，二是更补。"更补"的工作就可能深入筋骨了。而董文附署时间为"民国二十五年儿童节"，则此时间在王缁尘附署的时间之前，因此，本书可能是初稿完成之后，沈知方把它分成几个部分请人修订，最后再由王缁尘统稿。也正因为《论语读本编述大意》显然经过董文的修改，所以该文并没有附署时间与撰写人。

王缁尘等人的这部著作对四书学体系的理解基本上是遵循程朱体系而来的。尤其是他们特别推尊朱熹对《论语》的重视，甚至以为《论语》以及四书的价值在五经之上。其曰：

> 孔子为中国第一人，他一生的言语行动，都记在《论语》一书；故此书价值，实在五经以上。汉人因功令，通经可致禄仕，故对于《论语》，不甚重视。至宋儒出，始识此书之重要，乃更抽《小戴礼记》中之《大学》《中庸》辅以《孟子》，称为"四书"，为学者必读之本，而声价遂高于五经，此实宋儒之特识，非热心利禄之汉人所能及也。②

他们对四书的理解是《论语》价值高于五经，《大学》《中庸》《孟子》辅翼《论语》，于是四书整体价值高于五经。此种理解其实代表了宋明以来许多儒者的共识，而与同时代马一浮等人的认识相通。另外，就整本书的结构来看，他们对《论语》的诠释下的功夫也是最大的。除了和其余三子书一样的读解之外，《论语读本》部分还包括《论语读本编述的旨趣》《孔子日常生活与礼义廉耻之诠释》《孔子事略》《论语纲领》等四篇读解文章。这样不同角度的补充与读解实在是其他三子书所没有的，由此也足见撰述者对《论语》的重视。

---

① 董文：《广解论语读本后序》，王缁尘讲述《四书读本》。
② 王缁尘：《论语读本编述的旨趣》，王缁尘讲述《四书读本》。

（2）《语译广解四书读本》。这部书是在前一部书的基础上完成的。该书有张寿镛的序言，介绍了这部书的成书过程："先生（笔者注：沈知方）于四书可谓勤矣！先之以王缁尘先生之讲解，继之以硕学名儒之校订，终之以蒋伯潜先生之译述。"而此书蒋伯潜的序中说，沈知方把书稿拿给他的时候说："是稿经通人笔削已非一次，今以就正。愿为之润色焉。"而他愿意接这个任务的原因有两个："余以可园故，又见其意之诚也，许之。"而该书蔡冠洛所写的序言也说，当时沈知方表示"虽得真儒为之修订，犹未惬吾意"。显然，胡、蔡、董等人的修订在沈知方看来仍未完善，所以延请蒋伯潜继续修订。也就是说，严格讲蒋伯潜这本书从操作流程来看也是集体创作的结晶。我们以《大学》"传"之首章"释明明德"章为例来看看两者的关系。

先看《大学》原文：

> 《康诰》曰："克明德。"《大甲》曰："顾諟天之明命。"《帝典》曰："克明峻德。"皆自明也。

然后，我们来看看王缁尘本《四书读本》的读解。此书先是释字："大，同泰。諟，同是。"接下来才是解说：

> 《康诰》，是《尚书》中的篇名。"克明德"，克作能够解，能够做到明德的人。《大甲》也是《尚书》中的篇名。"顾諟天之明命"，"顾諟"，顾到的意思，就是要顾到天命我的明德的命令。《帝典》就是《尧典》，也是《尚书》中的篇名。"克明峻德"，峻作大字解。说人能明德，必能光大而普照。
> **上面一段，朱子以为即是传之首章，释"明明德"。**[①]

这样的读解除了语言上采用白话文体之外，其实对比朱熹的读解并没有增加新的内容。蒋伯潜本《四书读本》内容就丰富许多了。其读解曰：

> 《康诰》，是《尚书》中的篇名，周公封康叔作。"克"字，作能够解；"克明德"就是能够明明德。大，同泰。《大甲》也是《尚书》中的篇名。大甲，商王汤之孙。既立，无道，伊尹放之于桐。后大甲悔过，复归于亳，作《太甲》。諟，同是，作"此"字解。"顾"是顾到的意思，就是要顾到

---

① 王缁尘：《大学读本》，见王缁尘讲述《四书读本》，第5－6页。

天命我的明德的命令。《帝典》就是《尧典》，也是《尚书》中的篇名。峻，作大字解。《尧典》作"俊"。以上所引《尚书》三语，都是说自明其明德，故曰"皆自明也"。

上面一段，朱子以为即是传之首章，释"明明德"。①

以上两段读解文字，内容相同者，笔者以黑体字体标识之。从相同的文字看来，两部著作的读解在条理上是一致的。蒋伯潜本的修订工作一个是"修"，把表述改得更精准一些。例如，王本把"克明德"解释为"能够做到明德的人"，蒋本则改成"能够明明德"。相比之下，王本更口语化，更便听者理解，蒋本则更精确。又比如，王本解"顾諟"为"顾到"；蒋本则分开，解"諟"为"是"，解"顾"为"顾到"，无疑也是蒋本更精确一些。蒋伯潜本的修订工作还有一个是"补"，补充介绍一些新的内容。例如，补充介绍太甲悔过的掌故等。整体看来，经过蒋伯潜的修订，全书在读解上不仅行文更为严谨，而且内容也丰富了许多。所以，蒋伯潜本其实也可以算是一个新的读解本子了。

由沈知方主持的这一场四书诠释接力，从 1936 年开始绵延至 1948 年。整整 12 年的时间，这时恰恰是中国社会外敌入侵、时局最为艰难的当口，其间的千难万难非亲身经历者实不能深味。由此，粹芬阁四书学的学术成就暂且不论，其精神便已经足以证明四书学作为民族精神的核心构件有其万劫不灭的精神感召力，而四书学的回暖、民族文化的复兴其实是迟早的事情。

本章小结

民国后期四书学在外敌入侵、民族本位的意识觉醒，加之政府大力倡导以孔孟之道为指导的新生活运动的大背景下获得了较大的发展。民国前期充斥报刊的对四书的解构与嘲讽明显少了，四书教育（读经）问题得到深入的讨论，四书学史的研究也已经开始。不少作者还尝试用诸如三民主义这样的当代思想系统来梳理四书文本，并由四书文本的重新组织来构建适合当下的四书思想体系，这些都是四书学深入发展之后才会有的产物。但是，围绕着

---

① 沈知方主稿，蒋伯潜注释：《语译广解四书读本》，杭州：浙江人民出版社，1986，第 6 页。

读经问题的讨论其实也埋藏着社会思潮分裂的迹象。当外敌败退，内部矛盾上升为主要矛盾的时候，这种深层次的认同差异所造成的分裂愈来愈激烈，那么中国社会的分裂其实已经露出端倪了。此后四书学的发展正是沿着两条分裂的路径继续演化。

余　论
分立与互融
——四书学的当代延展(1950—2012)

20世纪后半叶，中国社会陷入了分裂的状态。台湾地区继续奉行"三民主义"的路线，而大陆地区则选择了社会主义道路。这50多年的时间里，前30年随着大陆和台湾陷入分裂的状态，两岸四书学的发展也走上了不同的道路。整体来说，台湾四书学的发展比较良性，而大陆四书学则受到意识形态的严重干扰。进入80年代之后，大陆四书学才开始回归良性轨道。根据两岸四书学发展的实际情况，我们可以把这个阶段细分成三个时期。

第一节　两岸四书学的分立（1950—1979）

一、　大陆四书学研究的停滞

1950—1979年，30年期间大陆只有四书学专著5部。大陆的5部书纯粹是意识形态斗争的产品。它们同时出版于1974年，选题相似。有人民出版社出版的《儒家黑〈四书〉批注选辑》，有湖南人民出版社出版的《〈四书〉选批》，也有由山西人民出版社、江西人民出版社、宁夏人民出版社等三家出版的同题书《〈四书〉批注选》。

同期大陆严格意义上的四书学论文只有3篇。第一篇是《朱熹〈四书集注〉反动思想体系的批判》①，看题目就知道意识形态火药味十足，不是正常的学术文章。第二篇是《评〈四书集注〉》，开篇一段措辞就已经很暴力了：

> 《四书集注》，是孔老二的忠实信徒、南宋时期的大儒朱熹纂辑的。这个巧伪人把《礼记》中的《大学》、《中庸》两篇和《论语》、《孟子》合编为《四书》，与《五经》相提并论成为儒家的经典，并将他把孔孟之道加工为"理学"的毒汁，灌注其中，作章句和集注，编成《四书集注》。②

这样的语言我们今天已经很陌生了，把它引用出来，我们就不难想象四书学在那个年代遭遇了什么境况。

跟四书学有点关系的还有邱椿的《王夫之论学习法和教学法》③、《撕破朱熹在湖南的反动嘴脸》④ 等。后者一看标题就令人啼笑皆非。前者写作心态比较端正，但该文章写作的目的是让人们来学习一下"一个杰出的有民族气节和唯物主义倾向的哲学家和教育思想家"的"学习方法和教学方法"。总的说来，王夫之和朱熹在那个年代分别被贴上一正一反的两副标签，学术研究的正常发展受到严重干扰。

"文革"结束，学术界开始恢复比较正常的风气，这时候崔文印在《文物》1979 年第 4 期发表了《李贽〈四书评〉真伪辨》，这是大陆四书学回归正常发展轨道的标志。而关于《四书评》是否为李贽所作的争论也由此拉开。⑤ 正常平和的学术争论是学术良性发展的必备前提，大陆四书学终于到了一个可以重新出发的时代节点上了。

---

① 李学勤：《朱熹〈四书集注〉反动思想体系的批判》，《文物》1974 年第 4 期。

② 闻录：《评〈四书集注〉》，《延边大学学报：哲学社会科学版》1974 年第 3 期。

③ 邱椿：《王夫之论学习法和教学法》，《北京师范大学学报：社会科学版》1961 年第 4 期。

④ 金鑫：《撕破朱熹在湖南的反动嘴脸》，《湖南师院学报：社会科学版》1975 年第 3 期。

⑤ 崔文印后来又在《哲学研究》1980 年第 4 期发表文章《〈四书评〉不是李贽著作的考证》。但反对者不少。例如，刘建国的论文《也谈李贽〈四书评〉的真伪问题》，发表于《贵州社会科学》1983 年第 3 期，观点和崔文印相反。

二、 台湾四书题名论著的类型与特色

相反，台湾在 1950—1979 年的 30 年里，四书学却有了稳健的发展。台湾至少出版了 11 种四书题名专著，笔者把它们的具体出版情况列为表附－1。

表附－1　1950—1979 年台湾四书题名专著统计表

序号	作者	书名	出版社	年份
1	钱穆	《四书释义》	中华文化出版事业委员会	1953
2	溥儒	《四书经义集证》	台北东方书店	1956
3	史维明、张志浩	《国音四书白话》	台北市万国书局	1956
4	陈立夫	《四书道贯》	台北市世界书局	1966
5	谢冰莹	《新译四书读本》	台北三民书局	1966
6	徐文珊	《四书发微类编》	台北市维新书局	1972
7	卢元骏	《五经四书要旨》	台北三民书局	1972
8	陈立夫	《四书章句速检》	台北市世界书局	1976
9	李丹郎	《综辑批注四书精华》	台南市丰生出版社	1976
10	杨亮功	《四书今注今译》	台湾商务印书馆	1979
11	洪顶霖	《四书分类索引》	高雄县洪氏子女印行	1979

由表附－1 很明显可以看出来，台湾四书学的发展有一个逐渐增强的过程，20 世纪 70 年代的四书题名专著数量比五六十年代加起来还要多。这些著作大概可以分成三类。

第一类是发挥四书义理的。以钱穆的《四书释义》和陈立夫的《四书道贯》影响最大。其余包括下面这 4 种著作。

（1）溥儒《四书经义集证》。是书由台北东方书店出版。此前曾有手稿本、影印本流传。作者系清末帝溥仪的胞弟。"本书系就十三经及大戴记中涉及四书者，加以辑录，分系各句之下。以能发明经义为主，而兼及训诂。虽取材不广，而为解说四书，辟一蹊径。"[①]

（2）徐文珊《四书发微类编》。是书由台北市维新书局于 9 月出版。作

---

① 《新集四书注解群书提要》，第 459 页。

者徐文珊（1900—1998），河北遵化人，北平燕京大学毕业。曾任台湾东海大学客座教授暨中文研究所指导教授。本书特点："一、选四书各篇四百二十八章，依内容分类编次，如《论语》，则仅选三百四十章，分隶为学、修养、孝弟、仁义、礼乐、圣贤、君子、士、政、教等十五类；二、注释以朱注为主，酌采古今名家补充之；三、书中微旨，除逐章注释外，并著旨要，前后综贯探讨之；四、除述古事古义外，并以今事及今义相参比发明。文珊又有《中国文化基本教材》一书，内容与《四书发微类编》全同。"①

（3）李丹郎《综辑批注四书精华》。是书由台南市丰生出版社出版。李丹郎，广东信宜县（今信宜市）人，民国十二年（1923）一月生。抗日战争末期，响应号召从军入役。后到台湾从事教育及著述。重要著作有《四书精华》《孔孟老庄哲学》《四书孔学辑要》《新孝经》等。本书分上下两集，上集讲述《大学》《中庸》《论语》，下集讲述《孟子》。上集完全破除《大学》《中庸》《论语》三书固有册籍篇章，而另立主题，分为第一篇《大学》、第二篇《中庸》、第三篇论孝、第四篇论仁等共十四篇。下集则把《孟子》分为"尊孔崇圣"等八篇。"其讲论之法，则先就经文中较难解而重要之字或词，予以注释，继之以白话逐章逐句译述之。"②

（4）卢元骏《五经四书要旨》。是书由台北三民书局出版。卢元骏（1911—1977），字声伯，江西清江人。曾任台湾政治大学教授、中文系主任、中文研究所主任、总务长等。该书其实是卢元骏应邀于台湾"中央广播电台"专对大陆广播之十一篇讲稿汇集而成，每篇约六千字。包括"经学旨要""《诗经》旨要""《书经》旨要""《易经》旨要""《礼记》旨要""《春秋》旨要""《四书》旨要""《大学》旨要""《中庸》旨要""《论语》旨要""《孟子》旨要"。"每篇仅略及概要，述其重点。"③

第二类为四书白话注解类专著。有以下 3 种。

（1）史维明、张志浩《国音四书白话》。是书由史维明注音，张志浩主编，陈立新白话翻译。由台北市万国书局出版。《新集四书注解群书提要》称其"所译白话语句，多就原文字面疏解，并无分析说明，且其所译白话，未能口语化，读之不免扞格"，而该书的注音也令人有"无所适从"之感。④

（2）谢冰莹《新译四书读本》。本书系台湾师范大学教授谢冰莹、李鉴、刘正浩、邱燮友、赖炎元、陈满铭等于 1966 年 9 月编译。随后一再修订重版，迄今已经出至修订六版，在台湾风行多年。是书为台北三民书局所

---

①②③④ 《新集四书注解群书提要》，第 466、490、480、486 页。

出版的古籍注译之一种。"其主要特色：一、篇章悉依朱熹《四书集注》。二、原文采新式标点并逐字注音，以便于诵读。三、每章之后分章旨、注释、语译三项，力求明白晓畅，深入浅出。四、注释以《十三经注疏》本及朱熹《集注》为本，并广采古今各家之长，使文义得能焕然冰释，前后融贯。"①

（3）杨亮功等《四书今注今译》。是书由杨亮功、宋天正、毛子水、史耘次合著，由台湾商务印书馆出版。此书其实是《大学中庸今注今译》《论语今注今译》《孟子今注今译》三书的合印本。《大学》《中庸》部分为宋天正所著，杨亮功为之校订，《论语》部分为毛子水所著，《孟子》部分为史耘次所著。其中，"《论语今注今译》一书，其经文大致以汉唐石经为主，而校以元翻廖本、邢疏本、皇疏本、正平本及朱注本。传世经文显然有误者，则酌采历来学者合理校议。注释部分，均采历来公认较佳者，旧注旧释，仍采原文，或略加更改，其无较佳注释者，则以今语出之"②。

第三类为四书工具书。此类著作的出现，非常便利于初学者的学习。本期共出现两种，而且它们之间还颇有渊源。

（1）陈立夫《四书章句速检》。"是书乃取哈佛燕京学社由洪业、聂崇岐、李书春、赵丰田、马锡用等人所编纂之《论语引得》、《孟子引得》，益以孔孟学会所自编之《大学中庸引得》，由詹月章君协助，合而成书。"③

（2）洪顶霖《四书分类索引》。是书由洪顶霖编著，许锬辉校订，台湾高雄县洪氏子女洪辰雄等九人印行。书后附录《春秋时代与现代地名对照表》等9种。洪顶霖（1914—1976），台湾省高雄县人，毕业于台北帝大医专部（即今台湾大学医学院）。是书之作"盖以陈立夫先生《四书道贯》，系用科学方法，研究四书，分裂章句，重编从属，验证表里，融会贯通，使数千年经典古籍，得以有系统之科学新貌，重见于世，实大有便于后世之研究四书者。顶霖乃依《四书道贯》之分类纲目，就每一章句，分笔画胪列。复就地名、人名、书名、官称及国名、事物等，分类集合，详加诠释，有图有表，灿然大备，以视《四书道贯》，尤为明析便利也"④。有人专门写书来辅翼《四书道贯》，可见该书在台湾的影响。

另外，本期台湾儒学（包括四书学）蓬勃发展，还有一件重要的事情便是南怀瑾先生《论语别裁》的出版。该书其实是由南怀瑾先生在台湾的电台

---

①②③④　《新集四书注解群书提要》，第471、475、464、481 页。

宣讲《论语》的讲话录音整理而成的。1976 年初版时又名《论语新义》，附录有：①《孔学新语》；②《孔学新语自序》；③《孔学新语发凡》。该书由南怀瑾讲述，其学生蔡策笔录，并由台湾"东西精华协会"和"人文世界杂志社"联合出版。南怀瑾先生随后又陆续出版了《古本大学微言》、《孟子旁通》① 等书。南怀瑾对儒学的诠释以"经史互参"，深入浅出，在海内外华人中引起巨大的反响。

而这个时期，台湾的四书研究论文发表情况远比大陆活跃。同期大陆只有相关文章 3 篇，而台湾共有 73 篇以上文章。这些文章，有 10 篇是评论陈立夫《四书道贯》的，可见该书在台湾的影响力。另外 63 篇文章，代表本阶段四书学义理研究成就的论文应该是钱穆先生的两篇文章。一是《四书义理之展演》②，一是《朱子之四书学》③。后者首次从现代学科定义的要求出发提出"四书学"的概念，是当代四书学理论建构的里程碑。五年后，傅武光发表了《四书学考》④ 一文。这表明台湾四书学界很早就已经有了清晰的学科建构的意识，这对当代四书学长期稳定的发展意义重大。

在四书学文献整理方面做深入思考的则有程元敏的《从四书集编谈到一部理想的四书集注疏》⑤ 和卢元骏的《四书整理之过去与现在》⑥。在语言学方面展开研究的则有陈万鼐的《四书中的"此"字问题》⑦ 等文章。

除了义理学、文献学和语言学等传统方向的探索之外，本时期台湾地区的四书学论文还有三个重要的努力方向值得特别注意。

第一个重要努力方向是四书的教育普及问题引起充分的重视和实践。四书的教育普及工作是在取消读经之后恢复四书文化元气的治本之举，相关探索的重要性也就不言而喻了。本时期台湾共有探讨四书教育问题的文章 5

---

① 南怀瑾《孟子旁通》初版于 1984 年，该书由南怀瑾讲述，其学生蔡策笔录，台北老古文化出版公司出版。

② 钱穆：《四书义理之展演》，《孔孟学报》1969 年第 4 期，第 1 - 8 页。

③ 钱穆：《朱子之四书学》，《复兴岗学报》1969 年第 6 期，第 1 - 22 页。

④ 傅武光：《四书学考》，《"国立"台湾师范大学国文研究所集刊》1974 年第 6 期，第 651 - 928 页。

⑤ 程元敏：《从四书集编谈到一部理想的四书集注疏》，《孔孟月刊》1967 年第 12 期，第 13 - 14 页。

⑥ 卢元骏：《四书整理之过去与现在》，《中华文化复兴月刊》1968 年第 4 期，第 31 - 34 页。

⑦ 陈万鼐：《四书中的"此"字问题》，《孔孟月刊》1970 年第 7 期，第 14 - 15 页。

篇。其中既有陈立夫先生的《四书中之教育思想》① 这样的理论文章，也有许汉章②、廖信吉③、邓国明④等人关于推行小学生缮写四书文句这样深入具体的实践总结。当然，最早的探索者应该是林佛国。他在 1965 年便发表了《中学以上教四书合于德教论》⑤，为四书教育普及摇旗呐喊。而胡玉竹在四书教育如何融入小学教育方面也有开创性的探讨⑥。截至 2012 年底，台湾地区共公开发表四书教育教学论文 19 篇以上，而大陆地区相应的探讨还很薄弱，这和台湾重视四书的教育普及工作有密切的关系。

第二个重要努力方向是四书学与国际学术的对话。在英译《四书道贯》之外，台湾学者还就四书外译的问题展开多方探讨。例如，谢扶雅的《重译英文四书的一些管见》⑦ 和严家淦的《〈英译四书〉序》⑧ 等。另外，还就四书文本与外国的经典文本做深入对读。例如，刘启分的《比较唐吉诃德与四书之箴言》⑨，陈长房的《〈湖滨散记〉（Walden）中的〈四书〉引句研究》⑩ 等。这样的文本细读研究对四书走向国际和四书的现代化诠释都有重要的意义。

第三个重要努力方向是四书与文学关系的研究。以往的四书学多从经学、史学的角度深入研究，从文学角度展开研究的很少见，这一时期，台湾学者却有两篇这样的论文，它们是罗锦堂的《四书五经的文学价值》⑪ 和李

---

① 陈立夫：《四书中之教育思想》，《东方杂志》1970 年第 5 期，第 19 – 21 页。

② 许汉章：《推行小学生缮写四书文句之意义和看法》，《师友月刊》1979 年第 8 期，第 32 页。

③ 廖信吉：《小学六年级学生缮写四书文句之意义及改进意见》，《孔孟月刊》1979 年第 9 期，第 11 – 21 页。

④ 邓国明：《小学六年级学生缮写四书文句之意义及改进意见》，《孔孟月刊》1979 年第 11 期，第 46 – 51 页。

⑤ 林佛国：《中学以上教四书合于德教论》，《学粹》1965 年第 10 期，第 20 – 23 页。

⑥ 胡玉竹：《我对现行小学教材"生活与伦理"一科类选四书菁华增加孔孟学说之实地做法》，《孔孟月刊》1977 年第 3 期，第 18 – 20 页。

⑦ 谢扶雅：《重译英文四书的一些管见》，《东方杂志》1977 年第 6 期，第 21 – 24 页。

⑧ 严家淦：《〈英译四书〉序》，《中华文化复兴月刊》1979 年第 8 期，第 2 页。

⑨ 刘启分：《比较唐吉诃德与四书之箴言》，《现代学苑》1969 年第 11 期，第 9 – 14 页。

⑩ 陈长房：《〈湖滨散记〉（Walden）中的〈四书〉引句研究》，《思与言》1978 年第 11 期，第 62 – 70 页。

⑪ 罗锦堂：《四书五经的文学价值》，《华学月刊》1978 年第 3 期，第 49 – 57 页。

丹郎的《四书与文学》①。言之不文，行而不远，四书持久深远的文化魅力其实离不开它的优美文辞，而这种文辞优美在历代文人的朝夕诵读中早就潜移默化影响着这个民族的文学趣味与审美取向。所以，没有文学研究的四书学是残缺的，四书的文学研究意义是极其重要的。

以上三个重要努力方向虽然论文总体数量并不多，但是为传统四书学的新生开创新路，必然是今后四书学发展的重要方向。

三、 钱穆与陈立夫的四书学

本期台湾四书学从学术成就来说，最优秀的代表当为钱穆先生的《四书释义》和陈立夫先生的《四书道贯》，下面分而述之。

（一）钱穆的《四书释义》

《四书释义》初版于1953年。② 不过，其中的《论语要略》成书于民国十三年（1924）；《孟子要略》成书于民国十四年（1925），都曾单独刊行过。《大学》《中庸》部分则完成于1953年。是年六月，三部分合为《四书释义》出版。1978年，该书重版，钱穆做了比较多的修订。这本书的创新之处在于将《论语》《孟子》裁为要略，分门别类论述。例如，《论语要略》的第三章"孔子之日常生活"分四个专题——平居之气象、哀乐之情感、日常之谈论、应事之态度。每一个专题从"学而""述而""子罕""乡党"等篇中选择合适的短章综合起来论述。像"平居之气象"就引用了不同篇的四章材料。

    1. 子之燕居，申申如也，夭夭如也。（述而）

    2. 子温而厉，威而不猛，恭而安。（述而）

    3. 居不容。（乡党）

    4. 子禽问于子贡曰："夫子至于是邦也，必闻其政。求之与？抑与之与？"子贡曰："夫子温、良、恭、俭、让以得之。夫子之求之也，其诸异乎人之求之与！"（学而）

---

① 李丹郎：《四书与文学》，《孔孟月刊》1979年第3期，第23－25页。

② 1953年6月，本书由台湾"中华文化事业委员会"出版。1978年6月，又由台湾学生书局改版发行。

这样的做法和先儒随文讲解很不一样，有助于学者把握书中要领，体悟篇中宏旨。至于《大学》《中庸》则备列全文，独条释义，这也是根据四书文本的不同而采用不同的阐释策略。该书"例言"在解释这么做的理由时候说：

> 本编为篇幅所限，对《语》、《孟》两书，仅载要略，虽使读者有未窥全貌之憾，然提纲挈领，别生机杼，分类相次，自成系统，使读者由是而进窥全书，易于得冰解融释之乐。至于《学》、《庸》两篇，则不仅备列全文，抑且兼罗异义。其体裁若与《语》、《孟》要略不类，其宗旨在求读者藉此以领会于原书之精旨，以及历代学者之阐究与传述，则用心实一也。①

如果我们把该书与王国维的《孔子之学说》《孟子之学说》等文章相比较，会发现，尽管两者相隔 20 年左右，但论述的框架基本相同，这可以理解为王国维开创的研究路线在钱穆先生著作中的某种继续。但王国维在论述中引入了许多西方哲人的理论来辅佐，钱穆则主要采用的是传统理论的整合与再生。换一个角度来看，我们也可以理解为四书学在与国际学术融合的道路上退步了。这一点上陈立夫的《四书道贯》要做得好些。

（二）陈立夫的四书学

陈立夫曾经担任台湾"孔孟学会"理事长、"中华文化复兴运动推行委员会"副会长。著有《唯生论》《生之原理》《孟子之政治思想》《人理学研究》等书，对提倡复兴中华文化不遗余力。陈立夫先生的四书学代表作为《四书道贯》，据台湾书目整合查询系统，《四书道贯》1966 年初版，由台北市世界书局出版。该书凡例称：

> 本书除总论及结论外，计分八篇，采用《大学》格物、致知、诚意、正心、修身、齐家、治国、平天下八目之原定顺序。其章节之分，全由著者以己意为之，然后将《四书》中固有材料，依其意义分章分节编入八篇之中，使其成为一有系统之书，以明其道一贯之理。②

---

① 钱穆：《四书释义》，北京：九州出版社，2010，第 3 页。
② 陈立夫：《四书道贯·凡例》，北京：中国友谊出版公司，2008。

书中所采用的四书原文依据朱熹《四书》定本，注释则"采用王纾运先生之《白话句解》以为解释，但未尽原意或未尽是处实多，故更正原文殊为不鲜。而其章节之旨，亦有未臻明晰者，则于章节之后复加注释之"。

这种用《大学》八条目来整合四书的做法实在是别开生面，加之陈立夫在台湾位高望重，影响力自然不是一般著者所能及，所以该书在台湾一版再版，据台湾书目整合查询系统的资料，该书再版次数达到 19 次。在大陆也已历经 3 版。

程思远在给《四书道贯》大陆版作序的时候说："立夫先生国学基础雄厚，讲解详尽，考证有据；又谙熟西方文化，对比中西以观异同，因而对现代读者尤其青年读者了解孔孟学说，增进其对传统文化的理解甚为有益。"① 该书融解四书原有章句，以《大学》的"格物、致知、诚意、正心、修身、齐家、治国、平天下"八条目来重新编排四书的内容，使四书思想成为一个体系清晰完备的系统，可谓别出心裁。② 读解中运用的是现代读者熟悉的概念术语，也易于接受。但该书如此安排的初意来自孙中山先生对《大学》的评价："中国政治哲学，谓其为最有系统之学，无论国外任何政治哲学家都未见到，都未说出，为中国独有之宝贝。"③ 因此，该书的阐发偏向政治哲学，这和作者长期主管国民党意识形态工作的职业习惯有密切的关系，如此一来，无疑缩小了对四书思想内涵的把握。在与国际学术对话的道路上，陈立夫的《四书道贯》还做了一件创造性的工作——英译。英译工作由刘琴五先生完成。此前，四书学对外推广的外译工作主要是四书文本本身，四书研究著作的英译这里可以算是第一次了④。

除了《四书道贯》之外，陈立夫先生另有两部四书学著述——《四书章句速检》《四书的常理及故事》。

《四书章句速检》1976 年由台北市世界书局出版发行。"是书乃取哈佛燕京学社由洪业、聂崇岐、李书春、赵丰田、马锡用等人所编纂之《论语引得》、《孟子引得》，益以孔孟学会所自编之《大学中庸引得》，由詹月章君

① 程思远：《序言》，陈立夫《四书道贯》，北京：中国友谊出版公司，1991。
② 以八条目的格局来阐述四书义理的，早在南宋真德秀《大学衍义》就已经有了。不过真德秀所延引的并非四书的全部文字，而且写作的目的在供君王阅读。《四库全书总目提要》评该书"大旨在于正君心，肃宫闱，抑权幸"，这和陈立夫所著有很大的不同。
③ 陈立夫：《四书道贯》，第 4 页。
④ 相关评价可以参考薛光前的《英译〈四书道贯〉的杰作——评介陈立夫著刘琴五译〈四书道贯〉》，《国魂》1972 年第 12 期，第 40 页。

协助，合而成书。"①

而《四书的常理及故事》1983 年由台北史艺杂志社出版。本年出版的实为该书的第一辑，本书共分两部分，第一部分为"四书中之常理"，计选录 27 篇。第二部分为"四书中之故事"，计选录 45 篇，合共 72 篇。"无论是常理，抑或是故事，每篇体例皆先录原文，次分注，再分译。且另造有篇名，从篇名即可揣知此篇之义旨。篇名下标明原文之出处，可便于查考。至其内容，大抵皆取四书中合于今之为人立身处世之道理，可为研读四书者之入门，亦可为当前青年品德修养之取镜。"② 是书后来在 1992年由台北史艺杂志社出版第二辑，同样分两个部分，第一部分为"四书中之常理"，计选录 53 篇。第二部分为"四书中之故事"，计选录 47 篇，合共100 篇。

1994 年，台北史艺杂志社将两辑合并出版，书中将第一辑内容定为"上篇"，第二辑内容定为"下篇"。2001 年，中国友谊出版社出版时引进的就是这个合并的版本。不过大陆版本加了两个附录。附录一是《人民日报》评论员发于《人民日报》1988 年 9 月 7 日第 1 版的文章《两岸互信合作，促进祖国统一——评国民党中评委陈立夫等人的提案》，附录二是福建社会科学院陈秀惠对陈立夫的访谈文章《中国文化与文化中国——陈立夫空中访谈录》。

总的看来，钱穆先生的《四书释义》和陈立夫先生的《四书道贯》两部书，前者以通行的现代学术阐述框架来读解四书，胜在宏阔；后者以四书固有的理论框架读解四书，胜在精微。可以说，这两部书构成了该时期四书研究并峙的双峰。

第二节　两岸四书学的互融互促（1980—1999）

"文革"结束，大陆开始改革开放，各种西方思潮在 80 年代纷纷涌入中国，传统四书学也在新的时代里迎来了新的发展机遇。而随着大陆的开放，两岸学者在四书学领域的互相沟通与借鉴渐渐成为常态。因此，可以按时间顺序把两岸四书学的发展放在一起论述了。

---

①② 《新集四书注解群书提要》，第 464、465 页。

一、 20 世纪 80 年代四书学

（一）两岸四书学专著

20 世纪 80 年代，大陆终于告别了极左思潮的影响，四书学的发展迎来了良好的时机。本时期两岸共有 20 种四书学专著。其中台湾 12 种，大陆 8 种。大陆的 8 种著作中第一部是邱汉生的《四书集注简论》[①]。剩下 7 部都是四书的白话译解著作，其中影响最大的作者是杨伯峻，他的《白话四书》由岳麓书社 1989 年出版。不过他的《论语译注》（中华书局，1958 年）、《孟子译注》（中华书局，1960 年）早已单独出版。在大陆四书学重新兴起伊始，这些译解著作无疑起到很重要的普及作用。另外，这十年里面特别有意义的事情是张岱的《四书遇》、毛奇龄的《四书索解》先后由浙江古籍出版社和中华书局出版。这两部在传统四书学史上都不是主流的著作，但它们的独具一格恰恰是新兴四书学所需要的。

我们要重点探讨的是《四书集注简论》，它是整个 20 世纪 80 年代大陆地区唯一的非译注类的四书学专著。该书共有"前论""本论""附论"三个部分。前论包括"学、庸、语、孟，四书并行"和"《四书集注》的编著"两个部分，对四书结集进行了比较深入的研究。本论有三个部分。"本论一"讨论"天理论""性论""格物致知论"，"本论二"讨论"政治论""教育论""道统论"，"本论三"讨论"所谓'万理归于一理'""人身与心性，佛性与根性""关于'净染'""朱熹认识论的华严宗印迹"等。本论从"天理论"出发探讨朱熹四书学无疑抓住了朱子学的关键。附论也有三部分，主要探讨了《四书集注》产生的历史条件以及对后世的影响。可以说，"前论""本论""附论"三个部分构筑了一个体系很完整的现代朱熹四书学研究体系，因此，邱汉生的著作在大陆四书学发展史上有重要意义。因为它是新中国成立以来第一部学术态度端正、价值立场相对平和的四书学专著，就算和台湾地区钱穆先生的《四书释义》和陈立夫先生的《四书道贯》比较起来，它也有自己鲜明的学术特点。

第一，邱著更追求宏观意义上的体系完整性。由于朱熹在四书学发展史上的决定性意义，所以，我们可以说，四书学离不开朱子学。邱著把四书和朱熹作为一个整体加以研究，而囿于《四书释义》断续的成书过程，钱穆的

[①]　邱汉生：《四书集注简论》，北京：中国社会科学出版社，1980。

著作则是把四书分立开来探讨，所以从"四书学"的宏观视角来看，邱著比钱穆的著作更为完整。虽然钱穆有论文《朱子的四书学》，研究思路也很接近，而且发表时间比邱著早了十年以上，但是，当代体系完整的朱子四书学著作却是从邱汉生的《四书集注简论》开始的。

第二，邱著更注重社会学批判。钱氏和陈氏的书重点在四书文本自身意义的阐发，邱著却一开始就把四书放在一个开阔的历史背景上来阐发，而且特别重视《四书集注》对当代生活的影响。钱穆的《四书释义》虽然也讨论历史，但讨论的主要背景是先秦历史；陈立夫先生的著作则没有特定的历史背景。由于侧重社会批判，所以，邱著虽然学术态度比较公允，但仍然摆脱不了极左思潮的影响。例如，邱著在讨论《四书集注》的政治论时就认为：一，这是"反动统治阶级的'家齐于上而教成于下'"；二，这是"镇压与欺骗两手，'教民'实质是愚民"等。"附论三"还编写了"鲁迅对理学家的鞭挞"作为全书的结尾。这些都是极左意识形态干扰下的学术畸形。

无论如何，这部著作是1980年出版的，可以想见，该书的写作要早于这个时间点，而20世纪70年代，正是中国大陆极左思潮最为疯狂的时期。在左倾思潮泛滥30年之后，邱汉生先生的著作能够把对四书学的研究态度调整到基本公允的立场，实在难能可贵。而且，从四书的结集过程和朱熹对四书的阐发来研究四书的思想体系，也是当代四书研究的深入发展。在他之后，要到20世纪90年代后期，大陆才有类似的非译注类的严格意义上的四书学专著出现，也就是说，1949年后几乎50年的时间里，大陆最有价值的非译注类四书学专著就是邱汉生先生的《四书集注简论》，那么，其重要性已经无须赘言了。

相比较而言，台湾的四书学著作虽然单纯的数量优势已经不明显，但是12部著作中，颇有特色的专著却有5部。以时间为序，第一部是夏宗陶的《四书中"者"字探讨》①，比第二期陈万鼐等人的关于四书的语言学探索的论文已经走得更深入。作者将四书中的"者"字全部提出，然后分类逐字进行分析，尤其是对《论语》中的"者"字研究特别深入。这是当代四书语言学研究的重要成果。第二部和第三部是陈立夫编写的《四书的常理及故事》和李炳杰的《四书成语谜语联语及趣闻》②。尝试用通俗有趣的方式向

---

① 夏宗陶：《四书中"者"字探讨》，台北：广文书局，1980。
② 李炳杰：《四书成语谜语联语及趣闻》，台北：正文书局，1984。

公众传播四书学，这种"寻孔颜乐处"的方法无疑更有利于儒学对民间意识形态建设的参与。尤其是李氏的书，"以轻松趣味之题材，提供一般具实用价值之常识，以引发对四书之学习兴趣，并加深对四书之了解与认识，在经典中，提供一些生活化之字辞文句；尤其妙解趣闻部分，颇有'谑而不虐'，'俗不伤雅'，而又能引发会心一笑者，故虽小道，亦不无可观之处也"。① 其实，四书生活化是四书学现代化，也是四书能否焕发新鲜生命力的关键所在。第四部是朱荣智的《孔孟伦理思想与四书教学》②，则可以视为台湾四书教育普及工作长期实践经验的一个结晶。朱著是作者平时教学心得的总结，和他 1983 年发表的论文《四书教学与公民教育》③ 相得益彰，共同向我们展示了台湾地区四书教育蓬勃生长的生命力。第五部是国语四书编辑委员会汇编的《四书批注存目及存书目录》④。该书可以看作《新集四书注解群书提要附古今四书总目》的前身。从 1986 年初具规模到 2000 年最终定稿，它的存在向我们展示了基础文献整理的困难与艰辛。除此之外，叶梦麟的

---

① 《新集四书注解群书提要》，第 530 页。
② 朱荣智：《孔孟伦理思想与四书教学》，台北：师大书苑公司，1986。
③ 朱荣智：《四书教学与公民教育》，《孔孟月刊》1983 年第 5 期，第 53 – 59 页。
④ 国语四书编辑委员会编：《四书批注存目及存书目录》，台北，编者自印，1986。

《分类四书精华》①、许景重的《四书读本译注》②、左文举的《四书归纳》③、黄锦铉等人著的《四书导读》④ 也都有相当的学术水平。

十年20部专著的存在向我们昭示了两岸四书学良性的发展势头。虽然译注性的著作占了大多数，但在四书教育弱势的当代，这些读解的广泛存在是四书普及教育相当必要的学术基础。

（二）两岸四书学论文

专著之外，本期论文的发表势头也良好。检索系统里信息完整的检索结果，大陆有7篇，台湾有26篇。虽然和台湾相比，大陆的四书学论文发表情况仍然不多，但是这已经比前面30年发表的四书学论文的两倍还要多了。这7篇论文对大陆的四书学来说，有拓荒之功，又都各具特色。

---

① 叶梦麟：《分类四书精华》（上中下），永和市金马出版社，1984。该书分为四编。第一编概论道统，第二编《论语》精华，第三编《孟子》精解，第四编《大学》《中庸》。每一编皆将原著重新归类编排，例如《论语》分为求学、修养、伦理道德、处世、丧祭、政治、军事、教育、财政、外交、其他等章。"通观全书，眉目甚为清晰，分类亦颇精审；惟其'注释'太嫌简略，'研究'亦欠深入，谓之'精华'尚嫌不足。然于初学之士，或不无登高行远之一助也。"（《新集四书注解群书提要》，第455页）

② 许景重：《四书读本译注》，台南：成大书局，1985。作者许景重，字千里，别号照庐，江苏盐城人，民国四年（1915）生。上海正风文学院毕业，后任台湾成功大学教授，主要从事中国古代诗文的教学。"《四书读本译注》，用浅近语文，阐述孔孟思想，融合汉宋之长，甄别偏差，取其中正，以明儒学。"（《新集四书注解群书提要》，第482页）

③ 左文举：《四书归纳》，台北：晓园出版社，1987。左文举，吉林省桦句县人，民国六年（1917）生，日本东京大学教育学硕士，曾任台湾逢甲大学、辅仁大学、致理商专等学校教授。全书系由《论语归纳》《孟子归纳》及《大学》《中庸》归纳等构成。左文举收集四书中主要思想用字，加以归纳，并加以分析而成。例如，《论语归纳》部分，收集《论语》中主要思想用字，采用归纳方法，再加分析，由"仁"字开始，至"恒"字结束，包括三十个字，分为十八章，并列表统计在全书各章中各为若干个。"综观全书，注释系以朱熹《集注》为蓝本，经文以《十三经注疏》及所附校勘记为准则；就其归纳所得，因检阅方便，视为另一方式之'四书引得'或'四书索引'，是其尚具参考价值之处，又全书所列，均采用'横排'方式，据编著者自谓系便于输入'电脑'处理，亦不失为一大特点也。"（《新集四书注解群书提要》，第484页）

④ 《四书导读》，台北文津出版社，1987。著作者除了黄锦铉之外，另有陈满铭、余培林、张学波等人。四人均毕业于台湾师范大学国文系，并在该系任教。黄锦铉在序言中说："是书乃'师大国文系四书教学研究会'编印四书，使同学循序渐进，下学而上达。"书中略谈四书之名义、作者、内容、篇章、传本、思想，并附参考书目（参阅《新集四书注解群书提要》，第488页）。

首先是马祖毅的《〈四书〉、〈五经〉的英译者理雅各》，发表于《中国翻译》1983 年第 6 期。这篇文章对理雅各的介绍，可以说是我们打开国门看世界之后，在西方重新发现了自我。这是大陆四书学以及儒学在"打倒孔家店"的长期压迫下重发生机的一个因缘。无独有偶，台湾学者陈立森也在 1983 年第 2 期的《民主潮》杂志上发表了《从外人的尊崇儒学谈我们的四书教学》。从世界的角度来审视我们自己的文化，这是新生的儒学必不可少的路途。

其次是谢幼田的《〈四书〉新论》①。他认为："该书（四书）概括着我们中华民族历史文化的基本特点。"评价非常高。虽然这样的"新论"今天看了感觉不新，但在极左思潮仍然影影绰绰的时候，认认真真地全面肯定四书的价值，还是需要有相当不错的学术识见的，因此它是一个时代思想风潮移易的代表。

再次是刘建国的《也谈李贽〈四书评〉的真伪问题》和朱宏达的《张岱〈四书遇〉的发现及其价值》②。四书学的发展一定要建立在坚实的文献学基础上。基础文献的发现、整理、校雠、刊行等自然是第一件应该做的事情。而李贽、张岱都是晚明人物，以他们为代表的晚明四书学一开始就得到大陆四书学研究者的高度重视，这和晚明四书学在四书学发展史上突出的地位是相匹配的。

当然，研究朱熹和他的《四书集注》也始终会是四书学的重点，本期陈焕良的《训诂在〈四书集注〉中的运用》③和黎昕的《从〈四书集注〉看朱熹对杨时理学思想的批判和继承》就是这方面研究的成果。前者从训诂的角度入手研究《四书集注》，后者则从朱熹的师承来考察朱熹思想的形成轨迹，都是平实而有分量的文章。

最后还有一篇未署作者名字的《〈四书〉何以统治文人六百年》发表于《贵州文史丛刊》1986 年第 2 期，文章下面署"摘自《光明日报》文摘报"。这篇文章只有寥寥数百字，但是提出了至今看来依然值得持久深入探讨的问题。

---

① 谢幼田：《〈四书〉新论》，《辽宁大学学报：哲学社会科学版》1983 年第 6 期。
② 朱宏达：《张岱〈四书遇〉的发现及其价值》，《杭州大学学报：哲学社会科学版》1985 年第 1 期。
③ 陈焕良：《训诂在〈四书集注〉中的运用》，《中山大学学报：哲学社会科学版》1987 年第 2 期。

当然，和台湾的四书学界相比，大陆四书研究者直到 20 世纪 80 年代依然没有清晰的四书学的学科概念，毕竟大陆四书学教育、科研薄弱的现实仍然存在。

根据检索信息，本期台湾四书学公开发表的论文在 28 篇左右。其中有两篇信息不完整。26 篇论文之中，数量最多的是教育类文章，共 9 篇，而此前 30 年同类文章只有 5 篇，由此我们可以想见本期台湾地区四书教育的蓬勃发展形势。更为可喜的是，热闹之中不乏冷静思考的人。9 篇文章中有 3 篇探讨的问题很重要。20 世纪 80 年代，作为亚洲四小龙之一，台湾地区的经济实力已经今非昔比，四书教育也进入新的发展阶段，面临许多新问题。第一，多年的普及教育之后，如何借助学术提升台湾四书教育的品位，实现学术与教育之间的信息融通呢？陈知青的《四书之学术与教育之研究》① 回应了这个问题。第二，此前台湾的四书教育的研讨基本是面对中小学阶段展开的，高等师范教育如何与基础教育的实际需要更好衔接，其实是一个迫切而又迟迟未议的问题。因此张成秋连续发文探讨新制师院的四书教学就难能可贵了②。第三，经济的高速发展刺激了人们的物质欲望，同时也带来了大量的西方文化信息，传统的儒学教育急需转型升级，以应对新的挑战。这个问题在 20 世纪 80 年代后期特别突出，戴琏璋的《儒学教育困境下的省思：以台湾中等学校的"四书"教育为例》③ 对此做了一个理性的审视。其实，如果从信息与师资两个方面一起下功夫，做好学术与教育的融通、高等师范教育与基础教育的配套的话，四书教育的发展困境是可以解决的。台湾的探索对大陆目前的四书普及教育提供了很好的指引。

另有一类文章是从朱子学的角度展开四书研究，共有 4 篇，全都分量十足。此前 30 年类似的专题论文也是 4 篇。

第一篇是黄俊杰译的日本学者大槻信良的论文《从四书集注章句论朱子为学的态度》④，目前看来，翻译国外汉学界的四书学研究论文的，这是第一篇。很早就有这样的眼界和能力，这是后来黄俊杰先生东亚儒学研究卓有成

① 陈知青：《四书之学术与教育之研究》，《马公高中学报》1983 年第 9 期，第 3 - 24 页。

② 张成秋：《新制师院的四书教学》，《国教世纪》1988 年第 2、4、6 期三期连载。

③ 戴琏璋：《儒学教育困境下的省思：以台湾中等学校的"四书"教育为例》，《国文天地》1988 年第 11 期，第 102 - 106 页。

④ 大槻信良：《从四书集注章句论朱子为学的态度》，黄俊杰译，《大陆杂志》1980 年第 6 期，第 25 - 39 页。

就的原因。

第二篇是陈光政的《朱子〈四书集注〉称引人名及所见篇章索引》①。读《四书集注》我们往往注重朱熹说了什么，而对朱熹延引他人的话则不甚关切，很大的原因不是我们不想去了解，而是朱熹读书涉猎丰富，因此注解四书时印证材料信手拈来，一一考辨出处对一般读者来说确实是很困难的，陈文的价值就在帮我们克服这样的困难，功莫大焉。本期功能类似的论文还有邵诗谭的《四书假借字汇（上、下）》②。

第三类属于义理学探讨，有钱穆的《朱子〈四书集义〉精要随札》③和钟锡瑛的《〈四书章句〉义理浅释》④。如果把这两篇和同期义理探索的论文算在一起，本期属于义理探讨的文章也有9篇。张起钧在《鹅湖》杂志上发表的《四书新讲——发扬儒学的现代精神》⑤一文振聋发聩，喊出了当代儒学最为迫切的需求。王苏则对四书的忧患意识进行深入探索，前后发表了两篇文章⑥，文中的忧患其实就是整个四书学包括儒学在当代的忧患，探讨四书中的忧患意识，有助于我们发愤图强，再造儒学乃至中华文化的复兴。

当然，中华文化的复兴不可能是关起门来的复兴，四书学作为国学的核心部分之一，必须始终保持开放与沟通的姿态，四书学与西学的对话十分必要。本期这方面的论文不多，公开发表的就是陈长房的《梭罗与"四书"英译》⑦，但重要性仍然无可置疑。

另外，胡楚生⑧和庄吉发⑨两人的研究代表了学术界对清代四书学的关

---

① 陈光政：《朱子〈四书集注〉称引人名及所见篇章索引》，《孔孟月刊》1981年第5期，第54－56页。

② 邵诗谭：《四书假借字汇（上、下）》，《孔孟月刊》1987年第5、6期连载。

③ 钱穆：《朱子〈四书集义〉精要随札》，《故宫季刊》1981年秋－冬，第1－26页。

④ 钟锡瑛：《〈四书章句〉义理浅释》，《孔孟月刊》1982年第2期，第43－45页。

⑤ 张起钧：《四书新讲——发扬儒学的现代精神》，《鹅湖》1980年第2期，第13－15页。

⑥ 王苏：《四书忧患意识探源》，《孔孟学报》1981年4期；《四书中的忧患意识》（上、下），《训育研究》1984年第6、9期连载。

⑦ 陈长房：《梭罗与"四书"英译》，《世界华学季刊》1982年第9期，第79－85页。

⑧ 胡楚生：《〈吕留良四书讲义〉与〈驳吕留良四书讲义〉》，《文史学报》1983年第6期，第1－13页；胡楚生：《吕晚村〈四书讲义〉阐微》，《孔孟学报》1983年第9期，第169－191页。

⑨ 庄吉发：《清高宗敕译〈四书〉的探讨》，《满族文化》1986年第5期，第1－8页。

注，这曾经是一个比较冷清的角落，却是传统四书学向现代四书学转型的中间环节。

总之，整个 20 世纪 80 年代大陆和台湾的四书学各自取得一些重大的突破。特别是大陆方面，开天辟地般的努力为后续四书学的发展打下了良好的基础。

二、 20 世纪 90 年代四书学

（一）两岸四书学专著

这个十年是中国政治、经济、文化、社会生活方方面面深刻转型的十年。如果说 20 世纪 80 年代是中国社会"告别"的十年，那么 90 年代则是"新生"的十年。新的文化规范正在逐步建立。四书可以在这个新生的文化建设中扮演什么样的角色，这是四书学兴起必须解决的关键性问题，中国广播电视出版社出版了一套"诸子与现代文化丛书"，立意非常好，其中就包括《四书与现代文化》①。该书出版于 1998 年，可以看作大陆学术界第一次认真地思考四书参与现代文化建设的问题。可惜，该书后续的影响并不强烈。依笔者看来，主要问题是该书泛泛发论，所以难免流于空疏。四书对现代文化建设的参与是需要长期的真修实证的功夫的。不过，该书能提出问题，这就是价值了。此外，本期侧重义理发挥的著作还有两种——李思敬的《五经四书说略》② 和蓝光中的《四书新裁》③，虽然时有新意，但整体很松散。

本期两部工具书性质的著作引人注目。一是杨鹤鸣的《首母音序四书引得》④，一是吴量恺的《四书辞典》⑤。杨著收《四书》句条一万二千余条，以每句首字的拼音字母的第一个字母为代表来排序，方便我们查找。书末附《四书》名句选等。但是，电子检索系统的日益发达，使各种人工检索的便利性相形见绌，仅提供简单检索远远不够了。

《四书辞典》是一部综合性多功能的辞书，它对《四书》分四编进行了

---

① 韩秀丽：《四书与现代文化》，北京：中国广播电视出版社，1998。
② 李思敬：《五经四书说略》，北京：商务印书馆，1991。
③ 蓝光中：《四书新裁》，广州：华南理工大学出版社，1996。
④ 杨鹤鸣：《首母音序四书引得》，石家庄：河北教育出版社，1996。
⑤ 吴量恺：《四书辞典》，武汉：湖北人民出版社，1998。

整体的阐释。第一编为《四书》全部正文的翻译；第二编对难读、难懂的词语、典故等，用词典条目的形式进行系统解释；第三编从汉唐、两宋、元明到清前期，选择有代表性的《四书》研究成果进行介绍；第四编为《四书》语句索引，按检索需要为读者逐句提供《四书》语句，供检索查阅。和杨著相比，《四书辞典》四编的结构有分工、有侧重，构成一个有机体系，既减少读者在阅读中的麻烦，也让我们一册在手便能够对四书学有一个大概的了解。

本期大陆的四书学专著共有 17 种。除了上面介绍的 5 种之外，其余皆为译注类著作。其中 3 种为选译，1 种是 20 世纪 80 年代译注的重版，学术特点都不够鲜明。

和大陆相比，本期台湾公开出版的四书学专著有 9 种。虽然大陆四书学专著在数量上开始超越台湾，但台湾依然不缺乏特色鲜明的著作。例如，蔡志忠以漫画的形式图解四书，活泼生动，他的四书读解漫画不仅在台湾地区反应热烈，而且 1990 年在上海三联书店出版之后，轰动一时，随后多次再版。本期特别值得我们关注的是两岸四书学交流活动的开始。1991 年，陈立夫先生的《四书道贯》由中国友谊出版公司出版，这是两岸政治和缓下的产物，也是两岸四书学交流的重要事件，此后，两岸四书学的发展由分立开始走向融合，台湾作者在大陆出版专著的情况越来越多了。例如，1991 年，傅佩荣先生的《四书小品》由台湾的业强出版社出版，2002 年该书由哈尔滨出版社在大陆出版，2007 年又由上海三联书店再版。可以说，正是两岸学术交流的频繁，双方互相取长补短，两岸学术的发展才迎来一个千载难逢的发展势头。而且，两岸文化交流必须寻找最大的文化公约数，那么四书就是一个十分合适的载体。2000 年以后，两岸四书学迎来爆发式发展，和这种交流是密不可分的。

（二）两岸四书学论文

和相对平淡的四书学专著相比较，本期两岸四书学论文却颇有锋芒。大陆发表的四书题名论文有 12 篇，台湾有 24 篇。大陆的 12 篇论文中最少有一半以上写得很新锐。而且随着两岸学术交流的深入，本期两岸四书学的发展开始有了许多共同的关注点。

第一，海外四书学论文，大陆有 1 篇，台湾有 3 篇。除了台湾钱满素的论文之外，其他 3 篇都是探讨日本四书学的。大陆的 1 篇是徐远和的《简论

安藤昌益的〈四书〉批判》①。这是大陆首篇海外四书学研究论文。安藤昌
益被称为"东方的卢梭",对日本的封建社会有相当深入的剖析,他的著作
中也对四书多有批判。徐文观点犀利,其实是借论安藤来反对"中国新儒家
学者对《四书》敬信如神明"的做法,这对我们检讨四书的现代价值会有
一定的帮助。本期台湾地区海外四书学论文是钱满素的《埃默森(Ralph
Waldo Emerson)与四书》②、蔡根祥的《日人内野台岭〈四书通论〉析
评——以〈论语〉"温故而知新"为例》③、郑梁生的《佚存日本的"四书"
与其相关论著》④。此外,大陆还发表了3篇探讨四书英译的论文⑤。3篇文
章说到底其实都围绕着理雅各的英译四书展开。其中,杨正典的《英文版
〈四书〉译误浅析》主要针对1898年香港出版(1914年上海中华图书馆印
行修订版)的《中西四书》中出现的译误情况进行纠正。这是大陆当代学
者在20世纪80年代关注理雅各之后,再次关注四书对外传播的问题。对这
类问题的持续关注和研讨,对今天四书学走向世界至关重要。不难看出,从
英译四书,到英译海内四书学专著,到四书与海外经典对读,到研究海外四
书学,再到相对集中精力研究日本四书学,两岸四书学界在四书学国际化的
道路上一步一步扎扎实实前进。以东亚四书学为核心的海外四书学研究成果
丰硕正是此前不断努力的结果。

第二,宋代四书学论文,大陆有2篇,台湾也有2篇。大陆2篇论文是
龚杰的《张载的"四书学"》⑥和关会民的《〈四书集注〉中的"四声别义"
类析——兼论所谓的"词类活用"》⑦。龚杰的文章从传统以朱熹为中心的四
书学中把眼光前伸,研究张载的四书学。而且,在大陆首次使用"四书学"

① 徐远和:《简论安藤昌益的〈四书〉批判》,《中国哲学史》1993年第1期。
② 钱满素:《埃默森(Ralph Waldo Emerson)与四书》,《二十一世纪》1994年第
10期,第94-105页。
③ 蔡根祥:《日人内野台岭〈四书通论〉析评——以〈论语〉"温故而知新"为
例》,《中国学术年刊》1996年第3期,第97-109页。
④ 郑梁生:《佚存日本的"四书"与其相关论著》,《"国家"图书馆馆刊》1997
年6月期,第139-168页。
⑤ 包括署名"山青"的两篇介绍性文章:《汉英四书》,《中国科技翻译》1992年
第3期;《〈汉英四书〉读后》,《上海科技翻译》1993年第1期。还有杨正典的《英文版
〈四书〉译误浅析》,《孔子研究》1992年第3期。
⑥ 龚杰:《张载的"四书学"》,《西北大学学报:哲学社会科学版》1994年第3期。
⑦ 关会民:《〈四书集注〉中的"四声别义"类析——兼论所谓的"词类活用"》,
《唐都学刊》1993年第2期。

这个术语，这可以当作大陆把四书学作为一个独立研究领域的开始。这篇论文发表后引起了台湾学术界的关注，台湾的《哲学与文化》杂志 1997 年第 10 期转载了该文。台湾的 2 篇是钟锡瑛的《〈四书章句〉义理浅释》和董金裕的《朱熹与〈四书集注〉》①。

第三，元代四书学论文，大陆有 1 篇，台湾有 2 篇。大陆是杨昶的《元代"四书"类典籍述略》②。是篇认为："当今的有关论著，言宋、明、清阐发朱子之学者颇为详尽，而于元代往往一笔带过或语焉不详。本文拟论列元代'四书'类典籍，以考察其理学传承状况的一个侧面。"因此，可以当作元代四书学基础文献整理的一个突破。同期台湾地区有 2 篇元代四书学论文也值得关注。一是吴哲夫的《刘因及其〈四书集义精要〉》③，一是廖云仙的《试析朱子〈四书集注〉于元代兴盛的原因》④。

第四，明代四书学论文，大陆有 2 篇，台湾有 2 篇，其中有 3 篇关注到四书的演义类作品。大陆的 2 篇是任冠文的《〈四书评〉辨析》⑤ 和龚维英的《〈四书人物演义〉选评》⑥。晚明时期的《四书人物演义》是一部四书学史上很独特的书，采集历代有关四书人物的传说敷演成书，是四书世俗化演绎的一个经典文本；与晚明薛应旂撰写的《四书人物考》可谓一庄一谐，相得益彰。可惜后世研究四书多在精英儒学上立论，很少注意到世俗世界对四书的接受与重构。所以龚维英的文章有特别的价值。同期台湾学者黄庆声发表的论文《论〈李卓吾评点四书笑〉之谐拟性质》，也是对四书演义类作品的研讨。

台湾另一篇明代四书学论文是林明宜的《王船山人性论之结构——以〈读四书大全说〉为主要范围》⑦。王船山是明末清初的人，历来研究者多把他划入清初思想家来考量，其实王船山生前从没有把自己当清朝人，他早年

---

① 董金裕：《朱熹与〈四书集注〉》，《"国立"政治大学学报》1995 年第 6 期，第 1 – 13 页。

② 杨昶：《元代"四书"类典籍述略》，《文献》1996 年第 1 期。

③ 吴哲夫：《刘因及其〈四书集义精要〉》，《故宫文物月刊》1990 年第 10 期，第 106 – 113 页。

④ 廖云仙：《试析朱子〈四书集注〉于元代兴盛的原因》，《勤益学报》1998 年第 11 期，第 303 – 321 页。

⑤ 任冠文：《〈四书评〉辨析》，《文献》1999 年第 1 期。

⑥ 龚维英：《〈四书人物演义〉选评》，《合肥教育学院学报》1999 年第 3 期。

⑦ 林明宜：《王船山人性论之结构——以〈读四书大全说〉为主要范围》，《思与言》1995 年第 12 期，第 29 – 53 页。

抗清，晚年逃剪发，一生事明，而且他的著作直到曾国藩发现刊行之后才在清代产生影响，清初思想家风云际会之时，他是故意缺席的，因此，把他的思想当成有清一代思想的开始，不如当作明代思想的结束。船山四书学是程朱理学一个很重要的发展，四书学的研究中朱子学是重点，船山四书学也应该是一个重点。大陆地区虽然一直关注王船山，但是把他当作一个"伟大的唯物主义思想家"来尊敬的，船山对于四书学的贡献关注不多。林文的意义在于提示了一个四书学研究的重要方向——船山四书学。大陆对于船山四书学的关注要到下一个十年才开始。

除了上述四个方面的共同关注点之外，两岸还各有自己的特色研究成果。

台湾的清代四书学研究成果也很丰富，本期共发表论文 3 篇，最具学术创新意义的应该是刘家驹的《经筵日讲——康熙皇帝所受四书五经的教育》①。因为历来研究四书多从四书自身的义理入手，对四书的教育和传播着力不多。台湾地区自 20 世纪 60 年代开始就特别注重四书教育的普及以及教学方法的研讨，但对历史上的四书教育还是缺乏认真的关注。刘文不仅研讨历史上的四书教育，更抓住了四书教育史上的一个关键环节——帝王的四书教育，正是由于帝王对四书的接受和理解，才使得四书的推广上升为国家意志。经筵日讲制度是四书成为王朝中心意识形态构件的重要通道，而康熙皇帝在历代帝王中又是践行此制度最用力而且最卓有成效的。因此，是篇应该是两岸四书学本期极为重要的学术成果。虽然文章着力还包括五经，不仅仅是四书，但这是一个极其重要的开始。

除了刘家驹的论文之外，本期台湾地区在清代四书学研究上另有 2 篇相关论文也很有意义。一是李贵荣的《李塨之四书学研究》②，一是张清泉的《四库全书经部四书类图书著录浅析》③。李塨的四书学是清代四书学承上启下的关键，颜李学派在清代之所以有重要影响和李塨的贡献是密不可分的；而且是篇标举"四书学"，和同期大陆地区龚杰的《张载的"四书学"》一样对拓展四书学研究范围，构建四书学学科意识都很重要，李贵荣的论文因

---

① 刘家驹：《经筵日讲——康熙皇帝所受四书五经的教育》，《故宫文物月刊》1993年第 3 期，第 120 – 127 页。

② 李贵荣：《李塨之四书学研究》，《高雄餐旅学报》1999 年第 10 期，第 41 – 47 页。

③ 张清泉：《四库全书经部四书类图书著录浅析》，《"国立"彰化师范大学国文系集刊》1996 年第 6 期，第 181 – 205 页。

此很有意义。张清泉的文章则对我们了解四库馆臣的四书学倾向很有帮助，四库馆臣的倾向其实就是清代官方的四书学倾向，对清代四书学的发展有强大的引领意义。

除了清代四书学，台湾地区另有 4 篇论文研讨四书的教学问题。这依然是大陆四书学研究的空白。其中，苏子敬①、林月惠②对高等学校四书教学工作的探讨更是分量十足。这是大陆地区四书学界迄今为止仍然需要大力加强的工作。

当然，大陆地区也有几篇文章值得注意。首先是任振镐的《〈诗经〉见引于〈四书〉所产生的文化意蕴》③。这篇文章深入四书文本内部，探讨四书与《诗经》的关系，其实就是四书与五经的关系的探讨，这是四书学深入发展必须解决的重要问题，因此，是篇可以作为四书学在大陆深入发展的一个阶段性标志。

除了题目包含"四书"的这些论文之外，本期大陆还有 2 篇和四书学有关的文章也值得我们关注。一是王宪明的《〈红楼梦〉中的朱子学》④，这是当代大陆第一篇把文学与四书结合起来研究的论文。另一篇是周晓立的《〈瓦尔登湖〉中的东方思想辨析》⑤，主要列举了梭罗所引用的四书中的话语，并对此做出品评。这是大陆学者关于四书学与外国文学关系展开研究的第一篇论文。当然，台湾的相关研究要早很多。1978 年，陈长房就已经在《思与言》杂志第 11 期发表了《〈湖滨散记〉（*Walden*）中的〈四书〉引句研究》，比周文的发表整整早了 20 年。

---

① 苏子敬：《文化变迁中的现代大学四书教学研议》，《鹅湖》1998 年第 6 期，第 39 – 43 页。

② 林月惠：《在解构中走向重建——师院"四书"教学的省思、建构与分享》，《通识教育》1999 年第 3 期，第 49 – 75 页。

③ 任振镐：《〈诗经〉见引于〈四书〉所产生的文化意蕴》，《南京师大学报：社会科学版》1999 年第 1 期。

④ 王宪明：《〈红楼梦〉中的朱子学》，《昌潍师专学报》1997 年第 6 期。

⑤ 周晓立：《〈瓦尔登湖〉中的东方思想辨析》，《华侨大学学报：哲学社会科学版》1998 年第 1 期。

第三节　新世纪两岸四书学研究述评（2000—2012）

新世纪以来，随着民族文化的复兴，四书学在两岸学术界开始呈现出一种爆发式的发展势头，但是四书学被压抑太久了，以今天现有的研究成果和四书学在民族文化建构中的真实分量及地位相比，我们还有好长的路途要冲刺。十年磨一剑，十几年过去了，我们需要一个深入的总结与反思来明确下一步的发展路径。因此，本节试以四书题名论著为考察中心，对新世纪两岸四书学的研究做一个回顾与反思。由于数据的采录会有一定的滞后，为尽量确保考察数据的完整，论著的时间界定选择在 2000—2012 年。2013 年以后的数据暂时不予录入。另外，为便于文献梳理，对四书题名论著的考察，我们分成专著和论文两部分来展开述评。这种统计方式既有大陆数据也包含台湾的数据，基本上可以大致反映过去十几年的四书学研究情况。

一、　新世纪两岸四书题名专著述评

本时期两岸共出版四书题名专著 85 种，其中有些作者的专著既在台湾出版，也在大陆出版，例如黄俊杰等人的著作；有些作者的专著初版选择台湾的出版社，例如大陆学者周春健的《宋元明清四书学编年》，因此，本期统计数据以专著的初版地点为准。具体统计见表附-2。

表附-2　2000—2012 年四书题名专著出版数量统计表（单位：种）

年份	2000	2001	2002	2003	2004	2005	2006	2007	2008	2009	2010	2011	2012	合计
大陆	2	0	4	3	3	4	1	3	6	5	5	5	3	44
台湾	5	1	3	2	2	1	2	6	3	2	3	4	3	37
合计	7	1	7	5	5	5	3	9	9	7	8	9	6	81

由表附-2 可以看出，2000 年以后是四书学快速发展的时期，公开发表的著作数量比以前八九十年的存世著作加起来还要多①，其中，2000—2009年 58 种，2010—2012 年 23 种，年平均出版专著的数量在 6 种以上。单从出

---

① 根据北京的国家图书馆藏书目录与台湾的图书书目资信网的目录所提供的数据综合起来看，1911—1999 年两岸共出版四书题名专著 74 种。

版专著的数量上来看，已经远远超过以往百年的任何一个时期了。再具体到这些专著的内容，还能够发现许多可喜的成就。

（一）东亚四书学研究成就斐然

共有专著 3 种，即黄俊杰的《中日〈四书〉诠释传统初探》①、黄俊杰的《东亚儒者的四书诠释》②、蔡振丰的《朝鲜儒者丁若镛的四书学：以东亚为视野的讨论》③。

东亚四书学研究目前几乎是台湾学者的专利了。黄俊杰先生的两部著作已经奠定了他在这个领域的领先地位，蔡振丰先生则紧跟其后。从前期发表论文的情况看，他们在相关领域早有相当丰富的积累。④ 东亚历史上是儒学影响的核心区，日本和韩国则是中华本土以外接受儒学影响历史最悠久、积淀最深厚的地区，从这里出发，逐步旁及东南亚、南亚、西亚，最后到欧美地区的儒学影响研究，最终可以勾画出一个以四书学为核心的儒学对人类文明进程影响的路径图。这对促进中华文明与其他文明的融会贯通无疑会有重大的意义。黄、蔡二人已著先声，可喜可贺。

（二）四书文献学成果丰富

本期两岸共有四书史料学专著 7 种，收罗深入，涵盖宽阔，为四书学的长期发展提供了有力的文献学支持。它们是台湾"国立"编译馆主编的《新集四书注解群书提要附古今四书总目》⑤，傅武光的《四书总义论著目

---

① 黄俊杰：《中日〈四书〉诠释传统初探》，台北：台湾大学出版中心，2004。

② 黄俊杰：《东亚儒者的四书诠释》，台北：台湾大学出版中心，2005。

③ 蔡振丰：《朝鲜儒者丁若镛的四书学：以东亚为视野的讨论》，台北：台湾大学出版中心，2010。

④ 例如，黄俊杰早在 1980 年就已经翻译了日本学者大槻信良的论文《从四书集注章句论朱子为学的态度》（《大陆杂志》1980 年第 6 期，第 25 - 39 页）。目前看来，这是第一篇翻译国外汉学界的四书学研究的论文，很早就有这样的眼界和能力是后来黄俊杰东亚儒学研究卓有成就的原因。

⑤ 台湾"国立"编译馆：《新集四书注解群书提要附古今四书总目》，台北：华泰文化事业公司，2000 年 5 月初版，分上下两册。上册是《新集四书注解群书提要》，该书叙录自宋以来的四书著述共 557 种；下册是《古今四书总目》，采录自宋以来四书类书目（包括仅存目录的）共 1 451 种（含年代不详的著述 6 种）。这两册书里面还包括日本、韩国四书学著述的叙录，以及从汉代以来《论语》类著述的叙录和存目。可以说，这两册书是迄今为止相关数据采录最完备的著作。

录》①，傅武光的《四书总义著述考》②，黄锦铉的《四书注者考》③，周春健的《宋元明清四书学编年》④，钟肇鹏的《四书传注会要》⑤，顾宏义、戴扬本的《历代四书序跋题记资料汇编》⑥。

以上前 4 种为台湾学者的成果，后 3 种为大陆学者的成果。其中，周著比较特别，它实际上是一部近似编年体结构的"四书学通史"，全书按照时代顺序依次考证宋元明清四书学史上的代表性事件、人物、著述，重点是官方四书学。顾著虽然名为"历代"，不过资料收集目前仅及先秦到元部分，相信后续还有新的成果出现。

（三）四书学史研究全面突破，又重点突出

本期共计四书学史研究专著 14 种，大陆 7 种，台湾 7 种。

第一，宋代四书学 4 种。按出版时间先后是：陆建猷的《四书集注与南宋四书学》⑦，陈逢源的《朱熹与四书章句集注》⑧，朱汉民、肖永明的《宋代〈四书〉学与理学》⑨，王淙德的《朱熹〈四书章句集注〉成书研究》⑩。如果把它们按四书学史的逻辑顺序排列，一部体系宏大、内涵完备的宋代四书学"著作"就隐约成型了：《朱熹〈四书章句集注〉成书研究》—《朱熹与四书章句集注》—《四书集注与南宋四书学》—《宋代〈四书〉学与理学》。

这批著作以《四书集注》为中心，从《四书集注》成书的历史背景和过程落笔，然后分析《四书集注》文本与编者朱熹的思想，进而再从《四书集注》文本出发探讨南宋四书学，最后由南宋四书学上升到整个宋代的四书学与理学的研究，堪称气足神完。

其中陆建猷的《四书集注与南宋四书学》是当代大陆第一部四书学史专著。他的博士学位论文完成于 1999 年，也是大陆第一部以四书学为专题的

① 傅武光：《四书总义论著目录》，台北：洪叶文化事业有限公司，2000。
② 傅武光：《四书总义著述考》，台北："国立"编译馆，2003。
③ 黄锦铉：《四书注者考》，台北：学海出版社，2004。
④ 周春健：《宋元明清四书学编年》，台北：万卷楼，2012。
⑤ 钟肇鹏：《四书传注会要》，北京：国家图书馆出版社，2008。
⑥ 顾宏义、戴扬本：《历代四书序跋题记资料汇编》，上海：上海古籍出版社，2010。
⑦ 陆建猷：《四书集注与南宋四书学》，西安：陕西人民出版社，2002。
⑧ 陈逢源：《朱熹与四书章句集注》，台北：里仁书局，2006。
⑨ 朱汉民、肖永明：《宋代〈四书〉学与理学》，北京：中华书局，2009。
⑩ 王淙德：《朱熹〈四书章句集注〉成书研究》，台北：花木兰文化出版社，2012。

博士学位论文。①

　　第二，元代四书学 1 种，即周春健的《元代四书学研究》②。这部书如果和他的《宋元明清四书学编年》元代部分参照来读，那么元代四书学的发展脉络就更为清晰了。

　　第三，明代四书学 7 种。传统四书学以官方儒学为研究中心，当代四书学呈现出对大众儒学的普遍关注，这一点在明代四书学研究上尤其明显。林兆恩主张三教合一，是民间崇信的宗教人士；张岱是落魄文人；蕅益是佛门学者；王夫之是明遗民，他们的四书学历来不受重视。王夫之虽然在大陆一直是研究重点，但过去研究重点是他的"唯物主义"。这些人都是晚明民间思想界的杰出代表。如果我们还相信历史是人民创造的，那么不了解这些民间思想家，就不可能了解整体社会风潮移易的大众趋向，也就不可能理解四书学发展的深刻社会动能。尤其在明代，四书学为代表的精英儒学向大众儒学扩散，此种扩散的社会机制是什么，最终又是如何达成的，这些都需要我们深入探讨。所以，本期 7 种明代四书学专著弥足珍贵，即吴伯曜的《林兆恩〈四书正义〉研究》③，罗永吉、简瑞铨的《〈四书蕅益解〉研究》④，简瑞铨的《张岱〈四书遇〉研究》⑤，季蒙的《主思的理学——王夫之的四书学思想》⑥，周兵的《天人之际的理学新诠释——王夫之〈读四书大全说〉思想研究》⑦，庄凯雯的《王船山〈读四书大全说〉研究——由心性论到知人之学》⑧，周天庆的《明代闽南四书学研究》⑨。

　　其中，季蒙、周兵、周天庆是大陆学者。周天庆的著作从地域文化的角度研究四书学，可以理解为他的著作研究了四书学如何参与地域文化建构的

────────────

　　① 以四书为博士学位论文选题的，陆建猷不是第一位。1995 年，台湾陈逢源已经发表了他的博士学位论文《毛西河四书学之研究》。

　　② 周春健：《元代四书学研究》，上海：华东师范大学出版社，2008。

　　③ 吴伯曜：《林兆恩〈四书正义〉研究》，台北：花木兰文化出版社，2007。

　　④ 罗永吉、简瑞铨：《〈四书蕅益解〉研究》，台北：花木兰文化出版社，2007。

　　⑤ 简瑞铨：《张岱〈四书遇〉研究》，台北：花木兰文化出版社，2008。

　　⑥ 季蒙：《主思的理学——王夫之的四书学思想》，广州：广东高等教育出版社，2005。

　　⑦ 周兵：《天人之际的理学新诠释——王夫之〈读四书大全说〉思想研究》，成都：巴蜀书社，2006。

　　⑧ 庄凯雯：《王船山〈读四书大全说〉研究——由心性论到知人之学》，台北：花木兰文化出版社，2009。

　　⑨ 周天庆：《明代闽南四书学研究》，北京：东方出版社，2010。

问题，也就是四书学如何"落地"的问题，所以也很重要。

第四，清代四书学 2 种。包括陈逢源的《毛西河四书学之研究》① 和高青莲的《解释的转向与儒学重建——颜李学派对四书的解读》②。毛奇龄的年龄要比颜元、李塨长，而且还曾经参与了反清斗争，对程朱理学的流弊有痛切体会，他反程朱多少带着点情绪，所以他的学说重在"破"。颜李学派兴起之时，清初大局已定，社会稳定，颜李学派没有把批判的步伐停止在反思程朱理学上，他们对陆王心学也一并批判，主张实学，主张回归孔孟，并对修齐治平有一整套系统的主张，因此他们的学说重在"立"。一破一立，构成了清初四书学发展的重要方向。陈逢源的著作和高青莲的著作抓住了清初四书学发展的关键。相比之下，清代中期的四书学发展脉络我们关注的还不多，是今后四书学史研究需要加大功夫的地方。

综上所述，新世纪以来，四书学史的研究成果在四书学领域堪称翘楚，现有专著全面覆盖了由宋到清四书学发展的各个历史时期，而且对四书学形成的宋代和四书学高峰期的明代四书学研究成果更丰富，表明整个学术界对四书学发展史的大致脉络已经有了比较清晰的把握。更为可喜的是，这批著作很多是在作者的博士学位论文基础上形成的，表明一批训练有素的中青年学者已经成为四书学研究的中坚力量，这是过去百年从未出现过的喜人局面，随着这批人学术力量的成长，我们完全可以相信未来四书学的发展前景相当广阔。

以上 24 种专著各有突破，可以说是新世纪以来两岸四书学的代表作。除了内容上的突破，新世纪四书学的发展还表现出两个不同以往的特点。

第一，台湾地区开始形成若干个四书学研究或出版的聚集点。例如，台湾大学黄俊杰先生领导的东亚儒学研究团队。黄先生的团队志向在"儒学"，由于四书学是传统儒学的重心，所以，东亚四书学自然成为东亚儒学研究题中应有之义。他们的研究成果一方面有别于旧"汉学"的研究方法，另一方面又摆脱了"国家中心主义"的传统研究格局，因此，对当前四书学的发展有强烈的方向指导意义。又如，花木兰文化出版社以学术专著出版为己任，新世纪以来台湾四书学史研究专著的 7 种中就有 6 种是该出版社出版的。台湾大学和花木兰文化出版社为什么只能说是四书学研究的"聚集点"，不能

---

① 陈逢源：《毛西河四书学之研究》，台北：花木兰文化出版社，2010。
② 高青莲：《解释的转向与儒学重建——颜李学派对四书的解读》，广州：广东人民出版社，2011。

说是研究中心呢？因为它们的四书学成果虽然突出，但并非它们的"主业"，因此，专门的四书学研究和建设其实还期待更多的关注。

第二，海外四书学著作开始在国内出版发行。例如，韩国茶山学术文化财团编写的《茶山的四书经学》一书由商务印书馆国际有限公司在 2008 年出版。虽然这仅仅是一个开始，但是从东亚开始的这种超地域的四书学研究的互动、融合、升华已经启动，未来四书学的发展必将迎来千年未有的大格局。

二、 新世纪两岸四书题名论文述评

新世纪以来，和同期四书题名专著的出版情况一样，四书题名论文的发表情况也很喜人，甚至更为凌厉。本期两岸共公开发表四书学题名论文 225 篇，平均每年发表篇目超过 17 篇，并且呈现出逐年上升的势头。从 2000 年大陆和台湾分别发表 2 篇和 1 篇到 2012 年大陆 28 篇、台湾 13 篇，四书学界的研究热情和研究能力的成长令人惊讶。（见表附 - 3）四书学已经成为学术界的一个热门研究方向。

表附 - 3　2000—2012 年两岸四书题名论文发表情况统计（单位：篇）

年份	2000	2001	2002	2003	2004	2005	2006	2007	2008	2009	2010	2011	2012	合计
大陆	2	9	6	7	11	9	12	16	18	12	10	20	28	160
台湾	1	4	2	3	1	6	5	7	8	3	6	6	13	65
合计	3	13	8	10	12	15	17	23	26	15	16	26	41	225

从研究内容来看，和同期四书题名专著相比较，四书题名论文所表现出来的研究情况既有共同点，也有不同的地方。突出的共同点体现在两个方面：第一，四书学史的研究成果同样最为丰富；第二，海外四书学也有突破，共发表题名论文 18 篇。不同的地方也有两个方面：第一，四书教育教学研究。新世纪以来四书题名专著没有四书教育教学类的著作，但四书题名论文却有数量不少的篇目涉及四书教育教学，总数达到 23 篇，尤其是大陆开始出现四书教育教学论文，虽然相关四书教育教研活动比台湾地区晚了三四十年，但毕竟开始了。第二，四书文学研究。迄今为止，仍然没有一部专著是从文学角度深入开展四书学研究的，但新世纪以来四书题名论文中却有不少和四书文学研究有关的论文。笔者将分四个方面对新世纪以来两岸四书题名论文的研究情况展开述评。

（一）四书题名论文的四书学史研究

新世纪众多的研究论文中，数量最为壮观的是四书学史的研究，两岸共发表此类论文 133 篇。其中宋代 56 篇，元代 13 篇，明代 40 篇，清代 24 篇。宋代四书学史研究中又以朱子学为重心，大陆有论文 23 篇，台湾有论文 12 篇。明代四书学史研究则以王船山为重心，台湾有 9 篇，大陆有 6 篇。这种四书学史研究中的侧重点和同期专著领域的侧重点是一样的。

在朱子研究的 35 篇论文中，从诠释学角度深入的最为大宗，共计 11 篇，台湾 2 篇，大陆 8 篇，另有大陆发表的 1 篇《朱子学、四书学与诠释学——香港中文大学"朱子与四书"国际学术会议综述》似乎可以当作本期同类论文的一个概述。是篇指出我们当前的"问题在于，对于朱子与四书的研究，究竟是西方诠释学的展开还是'朱子读书法'的重温抑或是二者的结合"①。问题的答案其实很清晰，最好是诠释学与"朱子读书法"的结合。而问题恰恰就在于如何结合上。没有西方诠释学作为"他者"，朱子读书法的价值及当代意义很难凸显；但他者的介入最终目的在于自体的完善与完成，当代中国的经典诠释方法如何可能？这已经是摆在我们面前需要尽快解答的问题了。

其实，每个时代都有自己诠释经典的境遇、理念与策略。朱熹诠释经典的境遇回避不了的是佛教的挑战，因此朱熹与佛教的关系需要仔细考辨。本期有两篇论文由此切入。一是刘泽亮的《从〈五经〉到〈四书〉：儒学典据嬗变及其意义——兼论朱子对禅佛思想挑战的回应》②，一是刘振维的《略论朱熹"人性本善"说与佛教中国化中之"佛性"的关联——以朱熹〈四书集注〉与圭峰宗密〈华严原人论〉为例》③。前者可贵之处在于以宏观思想史的脉络梳理来寻找朱熹建构四书学体系的思想因缘并确认其价值；后者可贵之处在于深入具体文本的对读，从而避免了此类问题探讨容易流于空疏的陷阱。至于朱熹诠释经典的具体理念与策略，有学者则从道统建构到儒家

---

① 张丰乾：《朱子学、四书学与诠释学——香港中文大学"朱子与四书"国际学术会议综述》，《哲学动态》2006 年第 11 期，第 70 页。

② 刘泽亮：《从〈五经〉到〈四书〉：儒学典据嬗变及其意义——兼论朱子对禅佛思想挑战的回应》，《东南学术》2002 年第 6 期。

③ 刘振维：《略论朱熹"人性本善"说与佛教中国化中之"佛性"的关联——以朱熹〈四书集注〉与圭峰宗密〈华严原人论〉为例》，《哲学与文化》2003 年第 6 期，第 43－61 页。

信仰体系的完成来展开论述。例如朱汉民①、陈逢源②、杨浩③等人的论文。尤其是台湾学者陈逢源，从公开发表的论文题名看来，新世纪以来他共有5篇题名"朱熹"的四书学论文④，这个数量在所有研究朱子四书学的学者中是最多的。

不过，当许多学者都在专注朱子四书学的时候，也有一些学者把对宋代四书学的研究扩大到更广泛的人群上。例如，肖永明除了关注朱熹之外⑤，还先后发表了张栻、胡宏、陆九渊、二程、张载等人的专篇四书学论文⑥，并有《从〈四书〉学看北宋理学、荆公新学、苏氏蜀学的异同》⑦和《北宋心性之学的发展与宋代〈四书〉学的形成》⑧等文章，在他的研究视域里，一个相当开阔的宋代四书学领域正渐次打开。除了肖永明，本期论文专注于宋代四书学的学者还有陆建猷，共发表论文8篇。作为大陆第一个以四书学为选题的博士学位论文撰述者，他的论文有相当不错的前期研究储备，所以选题可以相对开阔。例如，《宋代四书学产生的历史动因》⑨、《宗朱学派的四

　　①　朱汉民：《儒家人文信仰的完成——朱熹〈四书集注〉的思想信仰分析》，《湖南大学学报：社会科学版》2004年第5期。

　　②　陈逢源：《道统的建构——重论朱熹四书编次》，《东华汉学》2005年第5期，第223－254页。

　　③　杨浩：《孔门传授心法——朱子〈四书章句集注〉对儒家道统论的理论贡献》，《首都师范大学学报：社会科学版》2012年第3期。

　　④　另外4篇是：《朱熹〈四书章句集注〉征引书目辑考》，《政大中文学报》2005年第6期，第147－179页；《朱熹论孔门弟子——以〈四书章句集注〉征引为范围》，《文与哲》2006年第6期，第279－310页；《朱熹注四书之转折——以〈学庸章句〉、〈或问〉为比对范围》，《东吴中文学报》2008年第5期，第17－39页；《道南与湖湘——朱熹〈四书章句集注〉义理进程分析》，《东华汉学》2012年第6期，第89－129页。

　　⑤　肖永明：《朱熹〈四书〉学的治学特点》，《湖南大学学报：社会科学版》2004年第1期。

　　⑥　即《张栻之学与〈四书〉》，《船山学刊》2002年第3期；《胡宏理学体系的建构与〈四书〉》，《船山学刊》2003年第3期；《陆九渊理论体系的建构与〈四书〉》，《中国哲学史》2004年第4期；《二程理学体系的建构与〈四书〉》，《广西师范大学学报：哲学社会科学版》2004年第6期；《张载之学与〈四书〉》，《船山学刊》2007年第1期。

　　⑦　肖永明：《从〈四书〉学看北宋理学、荆公新学、苏氏蜀学的异同》，《湖南大学学报：社会科学版》2004年第5期。

　　⑧　肖永明、殷慧：《北宋心性之学的发展与宋代〈四书〉学的形成》，《中国哲学史》2008年第1期。

　　⑨　陆建猷：《宋代四书学产生的历史动因》，《西安交通大学学报：社会科学版》2001年第1期。

书学思想》①、《宗陆学派的四书学思想》② 等。他们的努力向我们展示了宋代四书学由点到面的宽广天地，证明了有宋一代四书学研究大有可为的潜力。

元代四书学目前还是整个四书学史研究相对薄弱的地方，新世纪以来发表的四书题名论文只有 13 篇，其中台湾学者廖云仙 5 篇③，大陆学者周春健 4 篇④，他们的成果成了元代四书学研究的支撑。但是，四书学的官学化、科举化却是在元代完成的，这种四书官方意识形态地位的确立深刻影响了元明清三代学术发展和社会发展的走向，因此，把元代比喻为四书学史上的"咽喉要冲"是毫不为过的。周春健和廖云仙两人的研究的重要性不言而喻了。例如，周春健有两篇研讨"延祐科举"与元代四书学关系的论文，一篇是《"延祐科举"与四书学官学地位的制度化》，另一篇是《官学地位制度化与元代"四书学"的嬗变》。前者主要论述了元代科举对四书的吸纳，后者则论述了四书进入科举之后对元代学术、元代教育和元代四书学本身的影响。这些问题的研讨对整个四书学史来说很重要。当然，我们不可能期待这两篇文章解决所有的问题，比如，儒家典籍众多，为何元代科举复兴选择了四书，而且是朱熹的注解？这当然有外在制度需要的考量，但是四书学内部发展究竟在元代为统治者做出这种选择提供了何种可能，这是我们目前仍然关注不够的。

新世纪明代四书学的研究重点在船山四书学，而船山四书学研究重点在王夫之的《读四书大全说》。首先从专著出版来看是如此。本期明代四书学

---

① 陆建猷：《宗朱学派的四书学思想》，《西安交通大学学报：社会科学版》2002年第 3 期。

② 陆建猷：《宗陆学派的四书学思想》，《西安交通大学学报：社会科学版》2002年第 4 期。

③ 即《〈新集四书注解群书提要〉、〈古今四书总目〉补正——宋末元代之部》，《中国文哲研究通讯》2001 年第 12 期；《〈四库全书总目〉元代"四书"类提要疏证》，《勤益学报》2003 年第 12 期；《论两部元代举业类〈四书〉著作——袁俊翁〈四书疑节〉与王充耘〈四书经疑贯通〉》，《兴大中文学报》2004 年第 6 期；《元代〈四书〉学的继承与开创——以元儒许谦为例》，《东海中文学报》2009 年第 7 期；《"朱注犹经"——元代〈四书〉类著作疏释风尚》，《经学研究集刊》特刊，2009 年第 12 期。

④ 即《元代新安学派的四书学》，《中国哲学史》2007 年第 2 期；《许谦与〈读四书丛说〉》，《中国典籍与文化》2007 年第 4 期；《"延祐科举"与四书学官学地位的制度化》，《内蒙古大学学报：哲学社会科学版》2008 年第 3 期；《官学地位制度化与元代"四书学"的嬗变》，《学术月刊》2010 年第 9 期。

专著 7 种，3 种是研究船山四书学的，其中又有两种是研究《读四书大全说》的。其次从论文发表情况来看也如此。本期两岸共有船山四书学题名论文 15 篇，研究《读四书大全说》的有 9 篇。这种研究局面的形成首先跟王夫之对于中国思想史的重要性有关，其次跟《读四书大全说》对于明代四书学的重要性有关。可惜，本期只有 3 篇专门研究《读四书大全说》的论文①，全部是台湾学者发表的，其中又只有一篇是研究《读四书大全说》对明代学术的影响的。可见，四书学界，特别是大陆四书学界对于《读四书大全说》对明代学术、明代社会的重要性重视不够。

从论文来看，研究《读四书大全说》的 9 篇论文中，陈来的《道学视野下的船山心性学——以〈读四书大全说〉的〈大学〉部分为中心》②影响最大，不仅大陆刊发，而且台湾《鹅湖》杂志也加以转载。一般认为王夫之的学说是反对朱熹的，陈来却认为船山"可以说是'接着'程朱讲的，但不是'照着'程朱讲的，他不是传统意义上的程朱学派，但受到程朱学派的较大影响"。他还进一步指出："船山对于儒学传统，对于儒家经典，对于孔孟程朱，都怀有真实的尊重，其传承发扬孔孟之志，亦本其真心而发，而船山的《读四书大全说》乃是对朱子学派四书诠释的'批判的总结'。"这样的分析对我们深入把握船山四书学的价值取向有很强的启示作用。陈来之外，台湾学者蔡家和对《读四书大全说》也很有研究，本期公开发表相关论文 4 篇，有 3 篇是研究《读孟子大全说》的，这其实是他专题研究的阶段性成果③。

船山四书学之外，明代四书学论文关注的热点问题还有三个：李贽四书学，共有论文 6 篇；张岱四书学，共有论文 4 篇；袁宗道四书学，共有论文

----

① 即王鹏凯《〈四书大全〉取材问题之探析》，《南开学报》2002 年第 6 期；吕丽粉《〈五经大全〉、〈四书大全〉的编修及其对明代经学的影响》，《东方人文学志》2010 年第 12 期；陈逢源《〈四书大全〉征引人物系谱分析》，《东吴中文学报》2012 年第 5 期。

② 陈来：《道学视野下的船山心性学——以〈读四书大全说〉的〈大学〉部分为中心》，《中国哲学史》2002 年第 3 期；同时刊于《鹅湖》2003 年第 6 期。

③ 蔡家和专题研究的总结性成果应该是《王船山〈读孟子大全说〉研究》，台北：台湾学生书局，2013。

3 篇。显然，李贽四书学更能引起研究者的关注。本期有 3 篇研究《四书评》①，3 篇研究《四书笑》②。前者一般认为是李贽所著，但书中所呈现出来的李贽和理学、心学、佛学的关系比较复杂，需要细心厘清。后者虽然无法确定是李贽所作，但是它对晚明社会思潮的研究却有相当独特的作用。因为不管它是在"讽喻复仇"还是"开玩笑"，它都实实在在地造成了"对'四书'经典性之松动"。

总之，和宋代四书学的研究相比较的话，明代四书学的研究虽然点上有突破，但是把类似船山四书学的成果一拿开，明代四书学的整体研究现状就很不乐观了。研究视野不够开阔、整体研究阙如等成为明代四书学研究亟待破题的任务。这在客观上当然和明代佛教、基督教等意识的掺入，心学、理学的纠结等因素造成明代四书学研究难度奇高有关，但主观上仍然是我们的努力问题。

从论文发表情况来看，清代的四书学研究也一样大量"留白"。公开发表的 24 篇论文中，个人数量最多的是朱修春，共 5 篇，其他人则没有达到 3 篇的。朱修春主要是对清初和清中期的四书学进行宏观考辨，从中抽绎出清代四书学的学术转向与道统传承。其他学者的研究共同关注超过 3 篇以上的则有两个热点。

一是李二曲四书学，共有 4 篇论文③。李二曲（李颙）是明清之际哲学家，著有《四书反身录》等，他提出"明道存心以为体，经世宰物以为用"的见解，将"格物致知"的"物"扩充到"礼乐兵刑、赋役农屯"，以至"泰西水法"等实用学问。由心学向实学转型，这是清代四书学一个重要的

---

① 即卢永和《论李贽〈四书评〉的文学化批评倾向》，《肇庆学院学报》2006 年第 1 期；杨秀华《李卓吾评点散文〈四书评·论语〉研究》，《新生学报》2008 年第 7 期；邓克铭《李卓吾四书评解之特色：以"无物"、"无己"为中心》，《文与哲》2008 年第 12 期。

② 即周家岚《论〈李卓吾先生评点四书笑〉对"四书"经典性之松动——以书写策略与题材为中心》，《中国古典文学研究》2001 年第 6 期；陈鸿麒《讽喻? 复仇? 开玩笑? ——从〈四书笑〉看晚明笑话阅读观》，《中极学刊》2003 年第 12 期；吴俐雯《李卓吾先生评点〈四书笑〉中的"塾师"》，《耕莘学报》2009 年第 6 期。

③ 即叶守桓《李二曲〈四书反身录〉中关于〈孟子〉一书之诠释》，《辅仁国文学报》2005 年第 7 期；朱康有、葛荣晋《论李二曲的心解四书》，《唐都学刊》2006 年第 6 期；叶守桓《李二曲〈四书反身录〉中关于〈论语〉一书之诠释》，《辅仁国文学报》2006 年第 7 期；杨婉培《论李二曲之"体用观"——以〈四书反身录·大学〉为讨论核心》，《思辨集》2006 年第 10 期。

方向，而李二曲等人的主张正是此种转型的开始。

二是四库馆四书学，共有 4 篇论文。《四库全书》的编纂是有清一代最为大型的文化整理活动，这套完全由朝廷规划、组织、完成的文献全面体现了官方的意识形态诉求，强烈地干预了四书学在清代的走向，所以从《四库全书》对四书学著作的编选工作入手做清代四书学研究是一个必要而且重要的工作。本期清代四书学专著重点研究的是清初四书学，清代中期四书学研究很不充分，四库馆四书学显然是清代中期四书学研究一个非常理想的切入口。

除了这两个关注热点之外，新加坡学者沈俊平对清代坊刻四书的研究从四书的传播角度入手，发表了 2 篇论文，这是四书学研究史上一个独特的方向，值得重视。

纵观新世纪以来的清代四书学研究，虽然对清初四书学有一定的研究成果，但中期和晚期四书学的研究尚未全面展开。从统计数据来看，研究前期四书学的论文有 13 篇，中期的有 7 篇（4 篇是研究四库馆四书学的），晚期的只有 2 篇①。其实，晚清四书学正当西学汹涌之时，儒学精英如何因应，他们的经验与教训是我们今天"接着讲"的宝贵资源，因此，相关研究的稀缺不能不说是重大的缺陷。

（二）四书题名论文的海外四书学研究

新世纪以来四书题名论文的海外四书学研究涉及的范围比较广泛。现有的 18 篇论文从空间上看，涉及东亚四书学（2 篇）、欧洲四书学（11 篇）、美洲四书学（5 篇）；从时间上看，横跨明代、清代、现代、当代。而且和同期海外四书学专著相比，欧美四书学所占比例远远高于东亚四书学。这表明四书学界对海外四书学的考察已经有了相当开阔的视野。

首先是传教士四书学得到高度的重视。本期共有 6 篇四书题名论文研究传教士四书学，占海外四书学研究论文的 1/3。其中，传教士个人为中心的

---

① 即钟云莺《清末民间教派人士光月老人之〈四书说约〉研究》，《清华学报》2008 年第 3 期；李幸长《凌晓楼〈四书典故核〉析论》，《人文与社会学报》2012 年第 12 期。

研究论文有 3 篇①，以传教士的四书译解作品为中心的研究论文有 1 篇②，宏观考察的有 2 篇③。西方传教士为了宣教的需要，必须学习中国传统文化，还必须深入研究作为中国人意识形态系统核心的儒学。这些努力使他们成为中西文化交流史上最早具备条件对中西文化进行较为深入、系统的比较研究的群体。他们身为非儒家文化圈的知识分子，对以四书为核心的儒学旁观照察、比较审视的成果，对我们体认儒学历史文化的价值无疑有重要借鉴作用。

其次，爱默生和梭罗对四书的接受成为研究的热点。本期共 5 篇论文涉及④。虽然对爱默生和梭罗师徒与四书的关系的研究 20 世纪 70 年代就开始了⑤，但新世纪以来仍然没有专著产生⑥，因此，四书与北美思想系统的关系也就缺乏深度的有说服力的梳理。

（三）四书教育教学论文

新世纪以来，四书题名论文不同于专著的一个突出成就是四书教育教学论文的发表数量大增。本期的 23 篇四书教育教学论文中，大陆有 15 篇，台湾有 8 篇。大陆的 15 篇中有 4 篇是报道各地开展四书教育活动的，而且有 3 篇集中在 2001 年，这让我们看到新世纪伊始四书学复兴的势头很强大。在众多论文中，郑国民先生带头的团队率先从小学语文识字教学的角度对四书

---

① 即康志杰《利玛窦对"四书"的解读与诠释》，《孔孟月刊》2000 年第 7 期；刘耘华《利安当〈天儒印〉对〈四书〉的索隐式理解》，《世界宗教研究》2006 年第 1 期；胡瑞琴《德国传教士安保罗与〈四书本义官话〉》，《鲁东大学学报：哲学社会科学版》2007 年第 3 期。

② 赵长江：《译儒攻儒，传播福音——"四书"的第一个英译本评析》，《天津外国语大学学报》2012 年第 5 期。

③ 即孔令云、谭树林《明末清初来华耶稣会士翻译〈四书〉刍议》，《文化杂志》2010 年春；胡瑞琴《西方传教士对"四书五经"的翻译》，《世纪桥》2007 年 12 月。

④ 即谢志超《超验主义〈日晷〉英译〈四书〉研究的补注》，《中国比较文学》2007 年第 2 期；谢志超《美国超验主义与中国〈四书〉的碰撞》，《湖南社会科学》2007 年第 3 期；冯舒《试析〈瓦尔登湖〉对〈四书〉的引用》，《内蒙古民族大学学报：社会科学版》2009 年第 2 期；冯舒、杜新宇《论梭罗〈瓦尔登湖〉中的〈四书〉引文》，《作家》2009 年第 24 期；李洁《梭罗对中国〈四书〉及儒家思想的认识与接受》，《苏州科技学院学报：社会科学版》2011 年第 1 期。

⑤ 例如，陈长房发表的《〈湖滨散记〉（Walden）中的〈四书〉引句研究》一文（《思与言》1978 年第 11 期，第 62 – 70 页）。

⑥ 2006 年上海师范大学博士生谢志超提交了博士学位论文《爱默生、梭罗对〈四书〉的接受——比较文学视野中的超验主义研究》。但该文目前尚未见正式出版。

和一批传统蒙学经典的用字情况进行统计①，这为四书进入小学课堂提供了非常有力的理论和事实依据。四书教学不可能取代现有的教学体系，那么，如何与现有教学体系进行融合是今后四书教育教学研究一个极其重要的方向。除了郑国民等人的小学四书教学论文，中学四书教学论文本期有 3 篇②，高校四书教学论文本期有 2 篇③，显然，四书教育教学工作已经在学校系统全面展开了。当然，伴随着四书教育活动的开展，质疑的声音一直没有停止过，本期两岸有 3 篇四书题名论文讨论四书进课堂"该或不该"的问题④。其实，四书作为中华文明的核心典籍进课堂不是"该或不该"的问题，而是如何进课堂的问题。我们应该看到，新世纪以来，在没有官方意识形态明确表态支持的情况下，四书教育教学悄然兴起并蔚然成风，这只能是民心所向、大势所趋的结果。所以，我们理解质疑的声音，但我们更应该真修实行做出成绩来。

（四）四书文学研究

新世纪以来，四书文学研究越来越引起人们的注意，本期共有 20 篇四书题名论文涉及文学研究，分为两类：一类是文学作品中的四书学。共有 4 篇，全部是研究《红楼梦》中的四书学。另一类是研究文学家的四书学。共有 15 篇，涉及的文学家按热度排名有李贽（6 篇）、张岱（4 篇）、袁宗道（3 篇）、徐渭（1 篇）、汤显祖（1 篇）。当然，这 15 篇论文也属于四书学史研究。

第一，《红楼梦》中的四书学。小说、戏曲是明清时期的大众读物，优秀者销量很大，社会影响深广，《红楼梦》更是其中的佼佼者。它们对儒学、对四书的读解往往比一本正经的四书学著作更自然深刻地影响社会公众，因

---

① 郑国民、刘彩祥、王元华、陈双新：《小学语文常用读物的字种与字量研究——"三、百、千""四书"、古诗 80 首等六种读物的用字》，《语言文字应用》2003 年第 4 期。

② 即王志斌《儒家经典对中学语文教育的价值研究——以"四书"为例》，《现代语文》2011 年第 6 期；吴冠宏《文化经典的生命教育——高中四书教材的重新启航》，《国文天地》2011 年第 12 期；徐元芹《从用字角度探讨在中学以上教材中增加四书文化经典比重的可行性》，《北方文学》（中旬刊）2012 年第 2 期。

③ 即张卫红《殊途而同本——"两岸三地高校〈四书〉教学研讨会"综述》，《现代哲学》2012 年第 4 期；郭齐勇《我开的两类"四书"课程——作为通识教育与作为专业训练的国学经典课》，《中国大学教学》2012 年第 9 期。

④ 即《四书五经又进课堂该或不该?》，《语文世界》（初中版）2003 年第 1 期；陈文新《"四书"进中学课堂确有必要》，《成才之路》2008 年第 25 期；《〈四书〉应该必读吗?——又一次争议》，《台哲会论坛·思想》2012 年第 5 期。

此它们在儒学的世俗化中扮演着极其重要的角色。1997 年王宪明先生发表了《〈红楼梦〉中的朱子学》①，从某种意义上说，可以当作《红楼梦》四书学研究的开始，而新世纪以来的 4 篇论文则可以理解为这种研究的延续。

李永宁《从"只刚念了〈四书〉"说起》，发表于《教师之友》2004 年第 10 期；潘井亚《贾宝玉为何不说〈四书〉是杜撰》，发表于《语文学习》2007 年第 5 期；张世宏《〈红楼梦〉"四书"情节的叙事智慧、文化倾向和学术背景》，发表于《红楼梦学刊》2011 年第 2 期；胡海义、吴阳《宝玉读书与曹雪芹的〈四书〉观》，发表于《内江师范学院学报》2011 年第 9 期。以上 4 篇文章和王宪明的文章一样，都从贾宝玉读书的情节出发探讨曹雪芹的四书观，而曹雪芹对四书的态度代表了他对儒学正统的态度，这对我们思考《红楼梦》的文化倾向有重要的作用。张世宏指出："小说中的这些'四书'情节并没有镶嵌植入之感，而是与作品的文化背景、人物性格等互相映照，彼此发明，既为小说的叙事艺术增辉生色，也体现了作者对于'四书'的情感态度和文化倾向，并在一定程度上反映了清初理学特别是'四书'学的学术取向。"

第二，李贽四书学有 6 篇。对此笔者在明代四书学部分已经有所论述。这里要补充说明的是，李贽是晚明"异端"思想家，他的思想对晚明文学有十分深广的影响，所以虽然他不是文学家，但他的四书学实实在在地影响了晚明文坛的文风及走向。这和李贽四书批评的文学化倾向有关。卢永和认为李贽的四书批评有文学化的批评倾向，并且认为："文学化批评的倾向主要体现为：突出批评主体的精神体验；关注行文（叙事）技巧和人物；注重文学的审美鉴赏性质。"② 文学化的四书批评，自然就把四书学导入了文学领域。

第三，张岱四书学有 4 篇。有 1 篇是研究张岱与明代心学人物的关系的③，3 篇是研究《四书遇》的④。张岱出身世家，从小就广泛涉猎经史，所以《四书遇》一书延引的材料非常丰富，书中既有明代心学，也有理学人物

---

① 王宪明：《〈红楼梦〉中的朱子学》，《昌潍师专学报》1997 年第 6 期。

② 卢永和：《论李贽〈四书评〉的文学化批评倾向》，《肇庆学院学报》2006 年第 1 期。

③ 李燕：《张岱与明代心学人物》，《科教文汇》2008 年第 20 期。

④ 它们都是台湾学者的论文，即简瑞铨《阳明学说对〈四书遇〉的影响》，《明道通识论丛》2007 年第 3 期；张则桐《从〈四书遇〉的纂述方式看张岱的思想渊源和学术倾向》，《古今艺文》2007 年第 11 期；邓克铭《张岱〈四书遇〉批注四书之特色》，《"中央大学"人文学报》2008 年第 7 期。

的言论，张岱思想和它们是怎样一种关系很值得探讨。李燕认为："明代心学影响了一代文人张岱，从张岱的作品集中可以窥见张岱对心学的领悟与接受，在张岱作品中可以发现他对明代著名的心学人物的思想进行引用及进一步的阐释。以此可以考查张岱的哲学思想中有心学思想的成分。"这里"有心学思想的成分"说得很客观，因为理学思想、佛教思想对张岱也有影响，众多思想因缘如何在张岱的思想体系中融会贯通呢？这个问题简瑞铨先生的专著有系统的研究。

第四，袁宗道四书学有 3 篇①。其中 2 篇是周群所作。周群认为："宗道诠释'四书'是公安派中惟一系统解说儒家经典的著作。宗道通过提升意念，为公安派自然抒写性情提供了重要的理论依凭。"至于袁宗道的思想根源，有学者认为是"借禅诠儒"，也有人认为是"以佛诠儒，返本归儒"，从袁宗道的说法来看，后者显然更为妥帖。袁宗道在说解四书之前开宗明义："三教圣人，门庭各异，本领是同。所谓学禅而后知儒，非虚语也。"问题在于不少人学禅而后迷禅，"今之高明有志向者，腐朽吾鲁、邹之书，而以诸宗语录为珍奇，率终身濡首其中，而不知返"。② 很明显，"知返"是袁宗道借佛诠儒的最后落脚地。落脚在儒学，而袁宗道的儒学主张，周群认为"袁宗道诠释'四书'与王门主意派形似而与王门现成派实同"。

第五，其他文学家的四书学有 2 篇。即李普文《徐渭"四书绘序"探讨》，发表于《美苑》2002 年第 2 期；黄霖《汤显祖〈四书〉评语一百五十则》，发表于《中国文学研究（辑刊）》2007 年第 1 期。徐渭用绘画的方式来读解四书，在四书学史上无疑是别开生面的。汤显祖以戏曲创作名动一时，他的四书学主张和他的俗文学创作究竟有何种关系，黄霖先生的论文为我们的研究奠定了基础。

除此之外，本期还有从宏观层面思考四书与文学关系的论文，即孙骋《论"四书"在明代科举中地位的确立及其对文学的影响》，发表于《文学教育（上）》2010 年第 6 期。虽然文章只是泛泛而论，但它从宏观的层面提出探讨"四书"在明代科举中地位的确立及其对文学的影响的问题，也算有价值了。

---

① 即周群《以佛诠儒，返本归儒——论袁宗道对"四书"的诠释》，《盐城师范学院学报：人文社会科学版》2003 年第 1 期；周群《阳明学与袁宗道的"四书"诠释》，《孔子研究》2004 年第 4 期；邓克铭《借禅诠儒：袁宗道之四书说解——以"性体"、"致知格物"为中心》，《文与哲》2010 年第 6 期。

② 袁宗道著，钱伯城标点：《白苏斋类集》，上海：上海古籍出版社，2007，第 237 页。

新世纪以来除了四书题名专著、四书题名论文以外，四书学研究在博士学位论文领域也呈现出快速发展的良好势头。两岸迄今为止共有四书题名博士学位论文 25 篇，除了台湾陈逢源和大陆陆建猷的博士学位论文写作于 20 世纪 90 年代之外，其余 23 篇全部是在 2000 年以来完成的。选题情况统计见表附 -4。

表附 -4　新世纪两岸四书学博士学位论文统计表（单位：篇）

选题	宋	元	明	清	海外	其他
篇数	6	2	8	4	2	3

从选题来看，热者恒热的情况很突出。宋代四书题名博士学位论文 5 篇是研究朱熹的，剩下一篇是陆建猷的《〈四书集注〉与南宋四书学》；明代四书题名博士学位论文 6 篇是研究王船山的，剩下 2 篇是吴伯曜的《王阳明四书学研究》和简瑞铨的《张岱〈四书遇〉研究》；由此可见，朱熹和王夫之是四书学研究的重点对象。清代四书题名博士学位论文的研究情况比较开阔，从颜李学派、毛奇龄到康有为，前中晚期的四书学代表人物都有涉及。海外四书学研究虽然只有 2 部，但谢志超的《爱默生、梭罗对〈四书〉的接受——比较文学视野中的超验主义研究》是研究欧美四书学的，这在两岸四书学史上是一种开拓；董灏智的《儒学经典结构的形成及其在近世日本的变迁——以"四书体系"和伊藤仁斋、荻生徂徕为中心》是研究东亚四书学的，和台湾新世纪以来对东亚四书学的研究算是互为照应，也不错。其余 3 篇文章选题也都比较独特。闫春的《〈四书大全〉的编纂与传播研究》侧重从传播史的角度来研究四书学，角度很好。白春雨的《儒家诚信之德及其现代意义——以"四书"为中心的阐释》则从现代需要来考察四书，正是当下要赶紧做的事。申瑞华的《〈四书〉修身思想对促进〈黄帝内经〉养生实践的意义研究》做的是性命双修的研究功夫，选题也很不错。因此，整体看来，以四书为题的博士学位论文选题和写作质量都比较高，四书学将来的持续发展是有足够的理由的。

三、 四书研究存在的问题及展望

百年来四书研究走过了相当曲折和复杂的道路。"打倒孔家店"之后，四书研究长期低迷。等到 20 世纪 60 年代，安定下来的台湾地区四书学的研究终于接上源流。但大陆要到 80 年代才重新开始四书学的研究。虽然新世纪随着华人经济圈在世界格局中的地位上升，中华文化的魅力重新焕发勃勃生机，四书作为中华传统经典的代表也重新得到许多人的重视，研究热潮日益澎湃，但在这股热潮中我们依然要清醒地看到存在的问题。

第一，重复研究的情况比较严重。例如，新世纪以来公开出版的四书注解类著作至少有 33 种，超过本期四书学专著总量的 1/3。其中，台湾地区有 14 种，大陆地区有 19 种。由于此类著作的大量出现，难免良莠不齐，为帮助读者选择此类著作，台湾甚至出现了《新译四书读本综合评鉴》① 这样的著作。我们不是不需要四书注解的著作，我们期望的是这些著作要有自己的特色，不能千人一面，大同小异。其实，四书注解领域仍然有许多工作值得深入开展。例如，我们如何根据不同的年龄差异、不同的职业需求、不同的地域文化等因素编写针对性、适应性更强的读解作品，这就是一个可以大有作为的方向。这一点台湾学者做得比较好。台湾本期 14 种注解类著作中有《儿童学四书》②、《四书精华阶梯》③ 等相对比较有特色的注解作品。又比如朱熹和王夫之成了百年四书学研究的焦点，以他们为研究中心的专著和论文占比过高。这一方面和朱熹、王夫之在四书学史上的崇高地位有关，但另一方面也透露出四书学界某种程度的创新惰性。四书学是宋元明清的"显学"，研究历史绵延千年，大师辈出，成果丰硕，对当时社会发展有深刻的影响，可以研究的点和面很多。仅仅集中研究朱熹和王夫之是无法真正把脉四书学的发展历史的。

第二，四书对当代社会生活的参与研究不够。我们研究四书必然有一个重要的目的——古为今用。四书如何参与到中国的现代化进程中，如何在我们的政治文明建设、社会生活建设、家庭生活建设、个人身心和谐建设等方面发挥作用，是我们当下迫切的研究任务。目前相关研究多数停留在泛泛而论，缺乏真修实证的功夫，四书没有足够的社会功用说服力，加上重复研究的泛滥，四书研究在新世纪的"国学热"之后，非常有可能再迎来一次退潮的考验。退潮可以"退烧"，让我们冷静思考四书学何去何从的问题。但退潮也可能让四书学从此一蹶不振，那么以四书学为代表的传统文化的现代化转型就将面临严峻考验，中华文化复兴的路径选择可能因此大相径庭。

第三，大陆四书教育长期断层，四书研究的深入发展缺乏人力资源支

---

① 江婉玲：《新译四书读本综合评鉴》，台北：三民书局，2007。
② 郭湘龄：《儿童学四书》，台北：瑞升文化，2000。
③ 朱高正：《四书精华阶梯》，台北：台湾商务印书馆，2012。

持。虽然新世纪以来一批博士学位论文撰写者在四书学领域风光八面，但是，四书学修养的缺陷却是明显的。后期的深入研讨相当困难。虽然台湾的情况比大陆要好一些，尤其是台湾一直在大中小学保持比较完整的四书教育体系。《新集四书注解群书提要》叙录的民国著作 111 种，其中竟然有 26 种《中国文化基本教材》，而这种教材一般是讲四书。四书教育的缺乏，从深层次讲，也是前面两个问题出现的根源。因为社会公众和研究者本身缺乏良好的四书教育，所以"山寨"的研究成果在社会上有市场；也因为研究者本身缺乏良好的四书教育的素养，所以真修实证很困难，研究的深入便无从谈起。从两岸四书学专著的质量来看，台湾学者的水平普遍高于大陆学者，这也和他们所受到的教育有很大的关系。

从这三个突出问题出发，四书学的发展要努力的主要方向也就明确了。首先，四书学研究者要耐得住寂寞，从真修实证的功夫做起，因为四书学首先就是一套生命哲学，它和当代、当下生活的融合是要我们细心去体验的。其次，四书学研究要加大力气在朱熹、王夫之之外建设新的研究基点。四书学对历代社会生活的参与，可以是我们丰富多彩的一个选题方向。最后，四书学的教育普及工作要下更多的力气去做。虽然现在有学者在这个方面努力，但力量很分散，如何把这些教育普及的力量聚集起来，协调协作，提升现有四书教育的水平，是我们必须努力的方向。

小　　结

纵观整个 20 世纪后半叶和 21 世纪初，四书学的发展伴随着两岸局势的分裂和斗争而展开两条不同的道路。前期，台湾地区得益于相对稳定的社会环境，以及官方对传统文化的意识形态依赖，四书学的发展比较迅速，成果相比大陆丰硕得多。大陆改革开放以后，伴随着思想大解放的潮流，四书学也迅速迎来蓬勃发展的时机。两岸四书学的发展开始互相借鉴，互相促进。其中，大陆四书学的进步更为强劲，展现出相当充沛的发展后劲，但台湾地区则始终保持稳定发展，并且逐渐形成自己的四书学优势方向和研究特色。

以 20 世纪后半叶和 21 世纪初四书学的发展来反观晚清民国四书学的发展历程，我们可以更清晰地看到民族文化复兴的大势所趋。

下编

晚清民国四书学的核心问题
——以中西化合为中心的探析

导　言

中西化合问题实为晚清民国四书学发展的首要问题，相比之下，有清一代纠缠不休的汉学宋学之争则后退了。这种后退既有外力压迫的原因，也是中国固有学术内在发展的一种必然。梁启超指出清初黄宗羲、顾炎武、王夫之等思想家对晚清思想解放运动的影响："他们所提倡的'经世致用'之学，其具体的理论，虽然许多不适用，然而那种精神是'超汉学'、'超宋学'的，能令学者对于二百多年的汉宋门户得一种解放，大胆的独求其是。"① 清初超越汉学宋学的精神在晚清复萌，所以我们在晚清民国四书学领域看到学者们对于汉学与宋学的会通，甚至王国维还提出："学无新旧也，无中西也，无有用无用也。"② 这更是一种包举宇内、囊括四海的博大学术胸襟。当然，视野可以开阔，中西化合还是需要从一些具体的科目开启，比如四书学。

晚清民国四书学的论家甚众，成果种类丰富，数量繁多，要在这些论家中选择一批作为我们深入研讨晚清民国四书学核心问题的节点，就需要有一个选择的标准。为此，笔者拟定了两个指标：第一，有较为完备的四书学论著系统。有不少学者对四书学的意见散见其各种论著中，系统性不强，故而难以列入重点讨论对象。有些学者虽有四书学专著，例如钱穆著《论语要略》《孟子要略》，但是其完备的四书学体系要到 20 世纪 50 年代才完成，故

---

① 梁启超：《中国近三百年学术史》，北京：东方出版社，2012，第 34 页。
② 佛雏编：《王国维学术文化随笔》，北京：中国青年出版社，1996，第 44 页。

也不作为重点。第二，其四书学成就足以代表晚清民国四书学在某一领域的贡献，而且论著中必须涉及中西化合问题。中西化合为晚清民国四书学无法回避的第一议题，所以虽有论者其成就足以代表此时四书学在某一领域的贡献，但是没有涉及中西化合问题，也不列入讨论重点。

根据上述两个标准，笔者选择了康有为、王国维、钱基博、马一浮、辜鸿铭、林语堂、杨文会、欧阳渐作为晚清民国四书学的重点来展开论述，他们的四书学代表了那个时代四书学中西化合的几个主要断面：康、王二人侧重四书学与西学在内容上的对照与互融，康有为选择了形而下的典章制度领域，王国维则选择了形而上的哲学领域；钱、马二人侧重四书学与西学在方法论上的互动，钱基博主张会通，马一浮则主张该摄；余下辜鸿铭、林语堂的英译四书则是国人从未有过的创举，是一项主动走出去融入西学的举措；杨氏师徒则是援佛入儒，一方面借以伸张佛学，另一方面也为儒学培植了元气。这一批人的四书学论著组合虽然还未能完全代表晚清民国四书学成就的全部，但是基本的骨架已立，其余则留待将来继续研讨了。

第一章
从典章制度到形而上学
——康有为与王国维的四书学

　　四书学为明清两代的法定"显学"，中西学术的化合自然要从这里开始。所以晚清康有为在戊戌变法失败之后谋求建构一种新的思想来支撑他的变法主张的时候，首先便是从诠释四书开始的。因为康有为是带着强烈的社会改良意愿进入四书学的，所以他所着眼的中西化合的内容侧重在典章制度上面。而王国维则是以一位哲学家的身份来进入四书学的，在他看来，"欲通中国哲学，又非通西洋之哲学不易明也"，甚至，"异日昌大吾国固有之哲学者，必在深通西洋哲学之人，无疑也"。[①] 所以他在四书学的中西化合问题上侧重的是形而上领域。

第一节　康有为四书学的社会改良路径

　　康有为在戊戌变法中主张废除八股取士，他对传统官方四书学的解体起到推波助澜的作用。在破之后，如何立？1898 年戊戌变法失败之后，康有为流亡海外，在"蒙难艰贞"中，1900 年他开始诠释四书。他在《中庸注叙》说："孔子生二千四百五十一年，康有为避地于槟榔屿英总督署之明夷阁，

---

　　① 王国维原著，佛雏校辑：《王国维哲学美学论文辑佚》，上海：华东师范大学出版社，1993，第 6 页。

蒙难艰贞，俯地仰天，乃以其暇绎思，故记。耇然念孔子之教论，莫精于子思《中庸》一篇。……因润色夙昔所论思，写付于世而序之。"① "孔子生二千四百五十一年"即1900年，也就是变法失败后的第二年，他便立即着手借注解四书来建构自己新的思想体系。

康有为的四书学著作据《新集四书注解群书提要》有《孟子微言》《孟子大义》《论语注》《中庸注》。②另据《康有为全集》还有《大学注》一书。③《中庸注》与《孟子微》同时完成于1901年，1902年他又完成了《大学注》和《论语注》，几年之间便构筑起一个新的四书学思想体系。对这批著作，康有为特别看重。1912年他在给陈焕章的信中说："吾注有《礼运》、《中庸》、《四书》、《春秋》及《礼记选》，可以宣讲、发明升平、太平、大同之义，令人不以君臣道息而疑孔教之不可行。"④康有为一共列了5项著作，其中《中庸》与《四书》重复，应该不是笔误，而是特别的提示，因为在康有为看来，"孔子之教论，莫精于子思《中庸》一篇"。康有为这封信是为鼓励陈焕章宣讲孔教而写的，他自信对儒学的重建可使儒学获得新的生命力。而他这种从"蒙难艰贞"中来的四书学体系相较于传统四书学起码有三个特色，包括把《论语》降格为曾子之学，把《中庸》确立为孔子学说的理论重心，广引西学诠释《孟子》。

一、 康有为认为 《论语》 之学实曾子之学

《论语》由于记载孔子言行最为真实丰富，所以在四书中历来也最为人所重视，是四书学体系的中坚。康有为把《论语》定性为曾子之学，明显是一种降格行为，他的企图是什么呢？这在其《〈论语注〉序》中有详细的说明。⑤

他说："《论语》二十篇，记孔门师弟之言行，而曾子后学辑之。"曾子

①　康有为：《孟子微・中庸注・礼运注》，北京：中华书局，1987，第187页。

②　《新集四书注解群书提要》，第769页。

③　现有《〈大学注〉序》一文见于《康有为全集》第6集，北京：中国人民大学出版社，2007，第355页。

④　康有为：《康有为全集》第9集，北京：中国人民大学出版社，2007，第337页。引用时标点有改动。此信将《中庸》与《四书》并列，可能是笔误，也可能在康有为心目中《中庸》为"四书"之关键，故特别提示，就其论述来看，后者更为可能。

⑤　康有为注，楼宇烈整理：《论语注》，北京：中华书局，1984。以下引用该书皆用此版本，不再出注。

后学编辑《论语》有什么问题呢？

首先，康有为批评曾子"专主守约"，所以"未尝闻孔子之大道"。他说："《论语》既辑自曾门，而曾子之学专主守约。观其临没郑重言君子之道，而乃仅在颜色容貌辞气之粗；乃启手足之时，不过战兢于守身免毁之戒。所辑曾子之言凡十八章，皆约身笃谨之言，与《戴记》曾子十篇相符合。宋叶水心以曾子未尝闻孔子之大道，殆非过也。"

其次，老师如此，学生的格局也就大致可知了。所以康有为说："曾子之学术如此，则其门弟子之宗旨意识可推矣。故于子张学派攻之不遗，其为一家之学说，而非孔门之全，亦可识矣。夫以孔子之道之大，孔门高弟之学术之深博如此，曾门弟子之宗旨学识狭隘如彼，而乃操采择辑纂之权，是犹使僬侥量龙伯之体，令鄙人数朝庙之器也。其必谬陋粗略，不得其精尽，而遗其千万，不待言矣！"

最后，他下了一个石破天惊的结论："《论语》之学实曾学也！"他说："曾学既为当时大宗，《论语》只为曾门后学辑纂，但传守约之绪言，少掩圣仁之大道，而孔教未宏矣。故夫《论语》之学实曾学也，不足以尽孔子之学也。"

这样的话就说得很重了：《论语》竟然仅是曾学！那《论语》的价值也就希微了。编《论语注》的意义又何在呢？"然而孔门之圣师若弟之言论行事，藉以考其大略。司马迁撰述仲尼弟子列传，其所据引不能外《论语》。凡人道所以修身待人、天下国家之义，择精语详，他传记无能比焉。"

再说："而《论语》本出今学，实多微言，所发大同神明之道，有极精奥者。又，于孔子行事甚详，想见肫肫之大仁，于人道之则、学道之门，中正无邪，甚周甚备，可为世世之法。自六经微绝，微而显，典而则，无有比者；于大道式微之后，得此遗书别择而发明之，亦足为宗守焉。其或语上语下，因人施教，有所为言之，故问孝问仁，人人异告，深知其意而勿泥其词，是在好学深思者矣。"

这些话前后对比似乎很矛盾，一方面说《论语》是"曾学"，太"守约"；另一方面又说《论语》"有极精奥者"，个中的企图是什么呢？

"自郑玄以鲁、齐《论》与古《论》合而为书，择其善者而从之，则真伪混淆，至今已不可复识。于是曾门之真书亦为刘歆之伪学所乱，而孔子之道益杂糅矣。晋何晏并采九家，古今杂沓，益无取焉。有宋朱子，后千载而发明之，其为意至精勤，其诵于学官至久远，盖千年以来，实为曾、朱二圣之范围焉。惜口说既去，无所凭借，上蔽于守约之曾学，下蔽于杂伪之刘说，于大同神明仁命之微义，皆未有发焉。"

总结康有为的观点：第一，《论语》是真实宝贵的，因为曾子"守约"所以不造假，不过后人掺杂进去的东西要下甄别的功夫剔除出来。然后就可以据《论语》来论孔子的学说了。第二，曾子守约，所以记述简单，孔子的微言大义就一定要靠"好学深思者"把它发挥出来。朱熹是一个很好的典范，现在要接着讲下去。第三，发明《论语》的重点在其"大同神明仁命之微义"。这样就为他发挥《论语》的思想提供了很大的空间余度，而且随着《论语》的降格，四书学固有重心自然要加以调整。钱基博认为"康有为撰《论语注》二十卷"，"此绍述何休者也"。① 何休是东汉经学家，是继汉初胡毋生、董仲舒之后最大的公羊学者。在钱基博看来，康有为只不过是借注《论语》来阐发他的公羊学罢了。而梁启超则认为："今文学之中心在《公羊》，而《公羊》家言，则真所谓'其中多非常异义可怪之论'。"② 把《论语》认定为曾子之学在当时来讲确实可称为"非常异义可怪之论"了。

二、 康有为四书学的理论重心在 《中庸》

要在《论语》中发挥其"大同神明仁命之微义"其实是困难的。因为孔子一方面"敬鬼神而远之"，对鬼神采取的是存而不论的态度；另一方面"罕言利与命与仁"，因此要借《论语》来进行相应的阐发，在材料支撑上是有先天不足的。所以，《论语》不在康有为的阐发重点就很自然而然了。而《中庸》和《论语》相比较就不一样了。

康有为在《〈中庸注〉叙》说："念孔子之教论，莫精于子思《中庸》一篇。"这是把《中庸》放在孔子学说的整个系统里面来定义它的核心地位的。康有为又说："此篇系孔子之大道，关生民之大泽。"为什么？因为《中庸》"原于天命，发为人道，本于至诚之性，发为大教之化。穷鬼神万物之微，著三世三统之变"。③ 这里《中庸》把《论语》中所缺乏的"大同神明仁命"都具备了。"原于天命，发为人道，本于至诚之性，发为大教之化"，是"仁命"。"穷鬼神万物之微"是"神明"。"著三世三统之变"是"大同"。《中庸》一书而兼具三义，所以说孔子之教论莫精于此，所以康有为便以《中庸》取代《论语》来重构四书学的理论重心。康有为这个理论重

---

① 钱基博：《四书解题及其读法》，长沙：岳麓书社，2013，第5页。
② 梁启超：《清代学术概论》，第74页。
③ 康有为：《孟子微·中庸注·礼运注》，第187页。

心最具特色的是对"神明"的发挥，而他的发挥主要做了两方面的工作：一方面是化实为虚，把实在的物性、人性虚化为神性、鬼性；另一方面是化虚为实，把对人性的普遍赞美落实为对孔子的描述。前者把儒学变成儒教，后者把孔子变成教主。

《中庸》篇首曰："天命之谓性，率性之谓道，修道之谓教。"此段文字开宗明义，是诠释《中庸》的重点所在。康有为解曰：

> 人非人能为，天所生也。性者，生之质也，禀于天气以为神明，非传于父母以为体魄者，故本之于天。易曰："乾道变化，各正性命也。"率，循也。循人人公共禀受之性，则可公共互行，故谓之道也。修，治也。道者，可行之谓，尚多粗而未精；善道者，以其法传之人人，故谓之教也。言孔子教之始于人道，孔子道之出于人性，而人性之本于天生，以明孔教之原于天，而宜于人也。①

康有为把"性"解为"神明"，此种神明"禀于天气"，为"生之质"，而此种"质"又"非传于父母以为体魄者"，那么"性"便相对于"体魄"获得了独立；而且它"本之于天"，相对于"传于父母"自然地位更为崇高；另外，此种"性"为"人人公共禀受之性，则可公共互行"。康氏对"性"的这三种诠释显然和朱熹很不一样。

朱熹说："性，即理也。天以阴阳五行化生万物，气以成形，而理亦赋焉，犹命令也。于是人物之生，因各得其所赋之理，以为健顺五常之德，所谓性也。"② 朱熹把"性"解为"理"，而"理"赋于物，于是物"各有其理"，"理"的存在形态便表现为一种特殊性，人的个体便可以突出。康有为把"性"解为"神明"，它禀受于天，"非传于父母以为体魄者"，为"公共禀受之性"，所以"神明"在存在形态上便表现为一种一般性。由此，"性"在康有为的诠释下，便具有对个体的超越性和独立性，于是由"神明"便可能演化为"鬼神"，而有了"鬼神"加持，儒学便可以演化为"儒教"，孔子之道也最终成了"孔教"。这一点康有为在诠释"鬼神之为德"章的时候就表现很明显。康有为说：

---

① 康有为：《孟子微·中庸注·礼运注》，第189页。
② 朱熹注，王浩整理：《四书集注》，第18页。

鬼从人从脑，魂气上升之形；神从列星上示，电气屈伸之义。盖在人物形声之外，窈冥空虚之中，而能发扬昭明，焄蒿凄怆者，百物之精也。神之著也，《记》曰："知气在上，魂气无不之"，鬼也；是有精爽，至于神明，神也。游魂为变，鬼也；精气为物，神也。总而言之，凡两间灵气昭明充塞，虽在人道之外，而体乎物气之中。孔子曰："气也者，神之盛也；魂也者，鬼之盛也。合鬼与神，教之至也。"因物之精制为之，极明命鬼神，以为黔首，则百众以畏，万民以服，孔子意也。佛氏专言鬼，耶氏专言神，孔子兼言鬼神，而盛称其德。惟程朱以为天地之功用，张子以为二气之良能，由于阮瞻无鬼论来，于是鬼神道息，非孔子神道设教意也。太古多鬼，中古少神，人愈智，则鬼神愈少，固由造化，然其实终不可灭也。①

康有为对"鬼神"的诠释，最少做了两个方面明显的改造。首先，《中庸》原文称"体物而不可遗"，则"鬼神"存于实在"物"中，为物之精。康有为则认为"鬼神"在"人物形声之外，窈冥空虚之中"，则鬼神独立于实在物之外。这样的诠释明显是对《中庸》经文的改造。其次，在程朱看来，鬼神不外乎是"天地之功用"，并没有什么玄虚的东西。朱熹更干脆说："鬼者阴之灵也，神者阳之灵也。以一气言，则至而伸为神，反而归者为鬼，其实一物而已。"② 他把鬼神落实到"物"上面。显然，朱熹是严厉排斥宗教迷信的。康有为抛弃了这样的诠释传统，主张"孔子兼言鬼神"，这样就完全把孔子之教和佛教、基督教混同起来了，和宋明以来理学家所遵循的现实理性主义的诠释路径完全不同了，儒学也就由此成了儒教。

有了儒教便需要一位教主，于是康有为用了化虚为实的办法来塑造孔子。

第一步先把《中庸》对天道的阐发落实到一个相对广义的"人"——"圣人"身上，由此赋予圣人超凡的能力。《中庸》第二十二章曰："唯天下至诚，为能尽其性，能尽其性，则能尽人之性；能尽人之性，则能尽物之性；能尽物之性，则可以赞天地之化育；可以赞天地之化育，则可以与天地参矣。"朱熹总结本章主旨说："言天道也。"③ 但是，康有为却把它改造成对圣人的赞颂。康有为说："阳日热力充实，则能大发其光热之性，至无穷

---

① 康有为：《孟子微·中庸注·礼运注》，第 201 – 202 页。
②③ 朱熹注，王浩整理：《四书集注》，第 26 页。

尽；光热射于诸地，地上人物赖以发生阴阳，遂其性命。"这还是在赞颂太阳的，接下来他又说："圣人含元吐精，本无量实热之诚，而大发其光力，以运持世宙，照临下土，无所收缩，尽其性也。明德既明，民皆维新，自进化于文明，尽人性也。山川、昆虫、草木，莫不得所栽培，倾覆裁成，辅相天地之宜，尽物性也。故圣王教主配天地、本神明矣。"① 这样描写的"圣人"已经不是"人"而是"神"，甚至是最高之神了。

第二步把圣人落实到孔子一人身上，从而完成对孔子的神化。《中庸》第二十六章"故至诚无息"章，朱熹的总结依然是"言天道也"②。但康有为就不是这样诠释了。他诠释"故至诚无息。不息则久，久则征"为："天行之健，自强不息，历古弥永，发扬弥昭，惟孔子以之。"他又诠释"博厚所以载物也，高明所以覆物也，悠久所以成物也"为："此言孔子与天地同用。"他还诠释"博厚配地，高明配天，悠久无疆"为："此言孔子与天地同体。"最后他还诠释"如此者，不见而章，不动而变，无为而成"为："此言孔子其身不见，而文弥章；其体不动，而物已变；其神无为，而化已成。"③通过这样的诠释，康有为就把《中庸》对天道的阐发落实到孔子一人身上。于是孔子这位圣人就成了类似西方上帝基督一样的最高神了。

第三步把《中庸》二十六章以后凡是言"天道"的都诠释成是对孔子的赞颂，甚至还把道家庄子对孔子的赞美拿来助力。《中庸》："大哉，圣人之道！洋洋乎发育万物，峻极于天。"康有为诠释为："赞叹孔子之道之大，下则能育万物，上则峻极于天也。庄子赞孔子曰：'配天地，本神明，育万物，四通六辟，其运无乎不在。其存而在《诗》、《书》、《礼》、《乐》、《易》、《春秋》者，缙绅先生能明之。'与子思略同。"④宋明以来，理学家虽然反佛老，但是对庄周的态度却相当微妙，朱熹甚至还说过不少表扬庄子的话，所以康有为想到庄周其实是很自然的。而庄周的加入，使得康有为的这一套诠释话语所塑造的孔子和孔教似乎超出了儒家正统信仰的范围而成为全民崇信。

当康有为努力把孔子塑造成全民教主的时候，梁启超却发表了《保教非所以尊孔论》一文。这篇文章发表在《新民丛报》1902 年 2 月 22 日第 2 号上。该文表明，梁启超开始在弘扬传统学术上选择一条和他的老师康有为不同的道路。康有为要把不是宗教的儒学变成宗教，以此凝聚人心，形成合

---

①③④　康有为：《孟子微·中庸注·礼运注》，第 214、217－218、219 页。
②　朱熹注，王浩整理：《四书集注》，第 36 页。

力，应对西方思潮的挑战。梁启超则要把已经有点宗教气质的儒学还原成学术，以包容的心态吸纳西学。梁启超说孔子"其所教者，专在世界国家之事，伦理道德之原，无迷信，无礼拜，不禁怀疑，不仇外道，孔教所以特异于群教者在是。质而言之，孔子者哲学家、经世家、教育家，而非宗教家也。……夫不为宗教家，何损于孔子！"这其实是对孔子非常崇高的评价，这也意味着，在梁启超心目中孔子的地位和在康有为心目中孔子的地位其实都是极其重要的。只不过他对孔子的肯定选择的是一条很现实主义的道路。这其实也是历史上大多数儒家学者的选择。

综上所述，《中庸》其实成了康有为改造儒学、倡立孔教的重要理论工具。康有为把"孔子之教论"之"精"置于"《中庸》一篇"，至于孔子教论在社会实践层面上的展开，则把这个阐发的重心放到《孟子微》上。

三、 康有为广引西学阐发 《孟子》

在屡战屡败的社会现实面前，引入西学改造四书学其实是自然而然的选择，这一点在康有为阐发《孟子》的时候表现特别明显，而且他的阐发重点集中在社会建设上。朱熹的《四书集注》说："孟子'性善'、'养气'之论，皆前圣所未发。"① 但康有为则说："孟子一生学术，皆在'道性善'、'称尧舜'二语，为《孟子》总括，即为七篇总提。"② 显然，"称尧舜"是康有为新添的内容，而且在他的论述中，"道性善"其实是"称尧舜"的学理基础，所以重点在"称尧舜"。他说：

> 盖天之生物，人为最贵，有物有则，天赋定理，人人得之，人人皆可平等自立，故可以全世界皆善，恺悌慈祥，和平中正，无险诐之心，无慾欲之气。建德之国，妙音之天，盖太平大同世之人如此。尧舜者，太平大同之道也。③

显然，因为人性善，所以才能有"建德之国"，有"妙音之天"，也才能有尧舜之世。而人性善是天赋的，那么问题重点就在于如何去建设尧舜之世了。因此，康有为《孟子微》对西学的征引主要集中在社会建设方面，心

---

① 朱熹注，王浩整理：《四书集注》，第 216 页。
②③ 康有为：《孟子微·中庸注·礼运注》，第 7 页。

性的讨论并非重点。另外，西学在康有为诠释《论语》《中庸》的时候虽然也有所涉及，但分量很少，或许因为这两部著作比较多的是在心性学理上展开；而《孟子》涉及相当多的社会建设的具体构想，所以康有为大量征引西学诠释《孟子》。这种诠释重点的选择也表明他坚持的是一种"中学为体，西学为用"的中西化合策略。

具体来说，《孟子微》有三方面的特色。

第一，康有为把孟子思想的源头接续到《春秋》上面，这样就为《孟子微》的诠释重点找到学理依据。一般认为，孟子是接着孔子讲的，因此人们往往把《孟子》某种程度上当成《论语》的进一步发挥。但是，在康有为眼里，既然《论语》为曾子之学，过于平实，那么孟子的思想就应该另有所本。康有为把这个"本"由子思上溯子游，然后再由子游上溯孔子，这样就打破了传统"孔、曾、思、孟"的传承统系。他在《〈孟子微〉自序》中说：

> 《春秋》本仁，上本天心，下该人事，故兼据乱、升平、太平三世之制。子游受孔子大同之道，传之子思，而孟子受业于子思之门，深得孔子《春秋》之学而神明之。故论人性，则主善而本仁，始于孝弟，终于推民物；论修学，则养气而知言，始于资深逢源，终于塞天地；论治法，则本于不忍之仁，推心于亲亲、仁民、爱物，法乎尧舜之平世。盖有本于内，专重廓充，恃源以往，浩然旁沛滀汗，若决江河波涛澜汗。传平世大同之仁道，得孔子之本者也。①

这里，康有为特别指出：《春秋》"兼据乱、升平、太平三世之制"，而孟子"传平世大同之仁道，得孔子之本者也"。显然，康有为认为《春秋》的重点在"三世之制"，这也是孟子得传孔子之道之"本者"，所以《孟子微》主要就此三世之说进行阐发。这种针对不同文本选择诠释重点的诠释策略是很高明的。在康有为之后，钱基博比较了《论语》和《孟子》两个文本的不同，他说：

> 盖《论语》之论政也，祖述尧舜，宪章文武，尚王而未言制；而《孟子》则明王道而言制之所宜。治地莫善于助，仁政必始经界，班爵

---

① 康有为：《孟子微·中庸注·礼运注》，第 1–2 页。

制禄，敷言秩如；盖《论语》二十篇之所未有！徒以井田封建，所言殊于《周礼》，知于古未必有征；特《孟子》托古改制之乌托邦尔！①

钱基博此论虽然不是为康有为而发，但他看到《孟子》对孔子王道在"制"上面的发挥，由他的观点出发来观照康有为对诠释重点的选择，应该说《孟子微》是相当精当的。特别是钱基博最后的结论一言中的，恰好说到康有为诠释《孟子》的关键——康有为正是一位托古改制的政治家，而且他失败了，他的理想实实在在的成了"乌托邦"。

第二，《孟子微》以傅立叶的空想社会主义理论附会孟子的均产思想，并为当时生产力的发展提出解决方案。

孟子多次阐述他的均产思想，甚至具体到设想每家每户应该有多少只鸡、多少头猪。例如，《孟子·尽心上》之"孟子曰伯夷辟纣"章曰："五亩之宅，树墙下以桑，匹妇蚕之，则老者足以衣帛矣。五母鸡，二母彘，无失其时，老者足以无失肉矣。百亩之田，匹夫耕之，八口之家足以无饥矣。所谓西伯善养老者，制其田里，教之树畜，导其妻子使养其老。"康有为在诠释这段文本的时候先指出井田之法源于孔子，他说：

> 不忍之心在亲亲，孝弟是也；不忍之政在仁民，井田是也。孔子之道，内外本末并举，既仁于父母，思锡其类，四海之内皆兄弟也。一夫失所，若纳于隍，思所以安乐平均之。故创为井田之制，令人人得百亩之地而耕之，五亩之宅而桑之，上可养父母，下可畜妻子，中可以养生送死。田产平均，人人无甚富贫，升平之制也。②

孔子的这些思想在《论语》中并没有表现出来，对此，康有为指出："井田之法，以《春秋公羊》宣十五年'初税亩'，何君注述口说最详。"也就是说，孔子井田均产的思想是在《春秋》里面阐发的。他还说："孟子学孔子，开口即言仁政，及叩仁政之实，告齐、滕改旧制，而力行以救生民者，则只此井田而已。"③显然，康有为看来，孟子从孔子那里学来井田均产的思想，然后进行具体的阐发，而孟子阐发的这种思想和西方现代社会实践是相吻合的。他说：

---

① 钱基博：《四书解题及其读法》，第43－44页。
②③ 康有为：《孟子微·中庸注·礼运注》，第16－17页。

英人傅氏言资生学者，亦有均民授田之议。傅氏欲千人分十里地以生殖，千人中士农工商之业通力合作，各食其禄。此则孔子分建之法，但小之耳，终不能外孔子之意矣。盖均无贫、安无倾，近美国大倡均贫富产业之说，百年后必行孔子均义，此为太平之基哉！①

康有为此间论述当为延引法国空想社会主义者夏尔·傅立叶的思想，而傅立叶为法国人，故"英人"当为"法人"。夏尔·傅立叶为自己的理想社会设计了一种叫作"法朗吉"的"和谐制度"，是一种工农结合的社会基层组织。"法朗吉"通常由大约一千六百人组成。在"法朗吉"内，人人劳动，男女平等，免费教育，工农结合，没有城乡差别、脑力劳动和体力劳动的差别。② 康有为把傅立叶的这种关于未来社会的设想用来比附孔孟的井田均产思想，这在 1900 年前后不能不说是相当进步的。并且他还据此指出美国社会均贫富产业的思潮是未来"太平之基"，评价不可谓不高。虽然美国最终并没有真正实现均贫富，但是美国社会建基于此的社会制度设计无疑为美国在随后的民族竞争中超拔而出做出关键的贡献，可以说，历史发展最终至少部分证实了康有为的远见。

从均产的思想出发，康有为还针对中国当时由于人口与土地的矛盾制约社会发展的现状拟设出路，他说："贞观之治，号称甚盛，实行井田之效也。""然近者中国生人太繁，分田不足，亦实不能行矣。若移民东三省、新疆以实空虚，则犹可行。至各国殖民之地，若新辟之美洲，草昧之巴西，则固可行之。"③中国的人口在清代有大规模的增长，人口与土地的矛盾问题较以往各朝要突出，康有为的策略应该说还是实事求是的。中国民间自发的"闯关东"、新中国成立以后的"西部大开发"都可以当作康有为思想的某种证实。至于康有为提出的主动移民到美洲、巴西等地的想法或许太超前了，时至今日，仍然没有实现的可能。

第三，《孟子微》以西方政治制度比附孟子的选贤任能思想，并以此阐述康有为政治改革策略的合理性。如果说对傅立叶思想的延引主要是从经济基础层面展开康有为的社会理想的话，那么，对西方政治制度的延引则是从上层建筑层面着手展开康有为的社会理想。

在《孟子·梁惠王下》之"孟子见齐宣王曰所谓故国者"章里，孟子

---

① ③　康有为：《孟子微·中庸注·礼运注》，第 19 页。

②　参见李凤鸣《空想社会主义思想史》，上海：上海人民出版社，1980，第 167 页。

阐述了自己选贤任能的思想，他说："左右皆曰贤，未可也；诸大夫皆曰贤，未可也；国人皆曰贤，然后察之；见贤焉，然后用之。左右皆曰不可，勿听；诸大夫皆曰不可，勿听；国人皆曰不可，然后察之；见不可焉，然后去之。左右皆曰可杀，勿听；诸大夫皆曰可杀，勿听；国人皆曰可杀，然后察之；见可杀焉，然后杀之。故曰，国人杀之也。如此，然后可以为民父母。"康有为诠释这段文字说：

> 此孟子特明升平授民权、开议院之制，盖今之立宪体，君民共主法也，今英、德、奥、意、日、葡、比、荷、日本皆行之。左右者，行政官及元老顾问官也；诸大夫，上议院也。一切政法，以下议院为与民共之，以国者，国人公共之物，当与民公任之也。孔子之为《洪范》曰"谋及卿士，谋及庶人"是也，尧之师锡众曰，盘庚之命众至庭，皆是民权共政之体，孔子创立，而孟子述之。惜后世人君，为老子、韩非尊君卑臣，刑名法术，督责钳制所乱，此法不行耳。然斟酌于君民之间，升平之善制也。①

如此看来，孟子早于西方两千年便阐述了议院制度的基本运作模式，所以孟子之学说，孔孟之道值得大力弘扬了。或者反过来说，推行君主立宪制，设议院，授民权便是在弘扬孔孟之大道！而此种大道已经被西方社会实践证明是行之有效的。由此，康有为便建立了自己维新变法的道统依据。

为了便于人们理解君主立宪制的实质，康有为还用店主与伙计的关系来诠释在君主立宪制之下的君与民的关系。他说：

> 盖国之为国，聚民而成之，天生民而利乐之。民聚则谋公共安全之事，故一切礼乐政法皆以为民也。但民事众多，不能人人自为公共之事，必公举人任之。所谓君者，代众民任此公共保全安乐之事。为众民之所公举，即为众民之所公用。民者如店肆之东人，君者乃聘雇之司理人耳。民为主而君为客，民为主而君为仆，故民贵而君贱易明也。众民所归，乃举为民主，如美、法之总统。然总统得任群官，群官得任庶僚，所谓"得乎丘民为天子，得乎天子为诸侯，得乎诸侯为大夫"也。今法、美、瑞士及南美各国皆行之，近于大同之世，天下为公，选贤与

---

① 康有为：《孟子微·中庸注·礼运注》，第20页。

能也。孟子已早发明之。①

康有为的此种论述在盛行"君为臣纲"的礼法制度下，不能不说有石破天惊的革命性意义。虽然他仍然主张君主立宪，但是在"君者乃聘雇之司理人耳"的定位下，此时的"君"已经和传统意义上的皇帝有本质上的区别了。这样的想法是康有为在经历了戊戌变法失败之后，于颠沛流离、"蒙难艰贞"之中的反思，此种反思的深刻程度可能连康有为自己都缺乏信心，所以康有为在《新民丛报》上刊发了第一版的《孟子微》"序言"及"总论"一部分之后就停止了后续内容的发表。这批著作一直等到辛亥革命建立共和制度之后才陆续出版，并做了一定程度的修改。或许他正是顾忌自己思想所涉及的内容过于激烈的缘故。

第四，《孟子微》以西方文化制度比附孟子的与民同乐思想，从生活方式的变革来寻找社会变革的路径。他说：

> 孟子一切皆与民同，特托文王以明公园。以国者，民之公也，即园者，亦当与民共之。今各国都邑皆有公园，聚天下鸟兽草木，识其种别，恣民游观，以纾民气，同民乐，甚得孟子之义。但今之公园禁人采取，孟子则听取刍荛雉兔，宽严广狭不同。盖今各国，升平制也，孟子之说，太平大同制也。大同之世，人人以公为家，无复有私，人心公平，无复有贪，故可听其采取娱乐也。升平世则未至是矣。且太平世游乐更多，园囿更宜广大，凡山水佳胜，海岛清深之所，皆可为公园。大地既一，则推至千数百里可也。升平尚未能推之。公学校、公图书馆、公博物院、公音乐院，皆与民同者。凡一切艺业观游，足以开见闻，悦神思，便民用者，皆有公地以与民同，此乃孟子之意。孟子之学全在扩充，学者得其与民同之义，固可随时扩充而极其乐也。②

康有为的论述，今天读来依然具有激动人心的魅力。当今世界，许多地方的公园、学校、图书馆、博物馆和音乐厅都向公众免费开放，纳入社会公益和福利事业之中，这可以说是康有为所看到的孟子"与民同乐"理想在当今社会的实现。

---

① ②　康有为：《孟子微·中庸注·礼运注》，第 20－21、99 页。

四、 康有为四书学化合中西的历史意义

从降格《论语》到推尊《中庸》，进而广引西学辅翼《孟子》，康有为对四书学传统体系所做的每一个动作都是开创性的。当然，康有为的新四书学体系究竟是成功还是失败，当前学术界的看法见仁见智。

有人认为康有为对儒家学说的这种改造是"创造性"的。其创造性体现在三个方面：其一，用西方的进化论重新解释儒家的"三世说"，借以阐明实行君主立宪政体的历史必然性；其二，用资产阶级政治学说重新阐释《论语》和《孟子》，为君主立宪张目；其三，用近代经济思想重新阐释《论语》和《孟子》，倡言工商和均平。①

也有人认为这种改造是失败的。"康有为的这种解经方式，我们可以概括为：大胆的假设，并不小心的求证。而这种汪洋恣肆的注经方式，带有极大的主观性，自然也难以经历时代的考验。因此他的《论语注》、《孟子微》诸书，比不上同时代刘宝楠的《论语集注》、程树德的《论语集释》和焦循的《孟子正义》精审而具有参考价值，遑论朱熹的《四书章句集注》。"②

其实，改革就一定会有一个开始，而开始一定是不成熟的。判断一个改革的开始是否成功，最重要的不是看这个开始累积了多大的成就，而是看这个开始能否指示一个正确的方向。四书学经历了近千年的发展之后，内部诠释空间已经接近极限，引入西方思想打开诠释空间是时代给予四书学新生的不二之选，也是四书学新生的唯一正确方向。当年宋代诸子正是在佛学的挑战下建构起四书学体系的。从这个方向的辨认上来说，康有为无疑是对的，刘宝楠、程树德、焦循等人的成就固然不低，但他们代表终结，不代表开始，他们的四书学研究和康有为是没有可比性的。所以，学者们也看到了"学术层面的改革没有成功，却大大促进了清末思想界的进化，间接促进了社会的转型，真可谓'失之东隅，收之西隅'"。③

楼宇烈先生说："康有为也许可以说是近代中国尝试着使传统文化，特

———————————

① 参见唐明贵《康有为对〈论语〉和〈孟子〉的创造性解释》，《阴山学刊》2004年第1期，第81-85页。

②③ 姜广辉、李有梁：《康有为的经学近代化改革及其失败》，《中国哲学史》2013年第2期，第122页。

别是儒家孔孟学说，向近代转化、为近代社会服务的第一位探路人。"① 这"第一位探路人"的性质决定了我们必须从一个新的维度去评判康有为的功绩。所以，无论从社会变革的角度，还是从四书学自身发展的角度来看，把康有为发起的变法运动和他的四书学研究当成晚清民国四书学转型的开始显然是妥当的。

尤其重要的是康有为四书学展示了中国社会主义道路的内生必然。康有为把自己的空想社会主义理想建立在四书学诠释基础上，这就为其社会理想接续上深厚的历史渊源，而随后的历史发展证明了康有为社会理想还是有相当大的现实合理性和历史必然性。对此，康有为的学生梁启超有深刻的论述，他说：

> 所谓"经世致用"之一学派，其根本观念，传自孔孟，历代多倡道之，而清代之启蒙派晚出派，益扩张其范围。此派所揭橥之旗帜，谓学问有当讲求者，在改良社会增其幸福，其通行语所谓"国计民生"者是也。故其论点，不期而趋集于生计问题。而我国对于生计问题之见地，自先秦诸大哲，其理想皆近于今世所谓"社会主义"。二千年来生计社会之组织，亦蒙此种理想之赐，颇称均平健实。今此问题为全世界人类之公共问题，各国学者之头脑，皆为所恼。吾敢言我国之生计社会，实为将来新学说最好之试验场，而我国学者对于此问题，实有最大之发言权，且尤当自觉悟其对此问题应负最大之任务。②

梁启超这段话发表时间是在 1920 年，当时中国还没有社会主义政党，他的论断应该没有受到任何政治派别的干扰，所以基本上是客观公允的。另外，梁启超的论述并非专指其师，但是他对中国历史上经世致用派与社会主义的关系的揭示显然适用于康有为。康有为有《大同书》一种，系统阐述其社会理想。梁启超评价该书说："其理想与今世所谓世界主义、社会主义者多合符契，而陈义之高且过之。"③ 所以，我们甚至可以说，梁启超首先在其老师身上发现了经世致用派与社会主义的关系。而对康有为的《大同书》，"其弟子最初得读此书者，惟陈千秋、梁启超，读则大乐，锐意欲宣传其一

----

① 楼宇烈：《康有为与儒学的现代转化》，《孔子诞辰 2540 周年纪念与学术讨论会论文集》（下），上海：上海三联书店，1992，第 2149 页。

②③ 梁启超：《清代学术概论》，第 106 - 107、82 页。

部分。有为弗善也，而亦不能禁其所为，后此万木草堂学徒多言大同矣"。①可见，康有为社会理想对当时的影响之大。

康有为的四书学与《大同书》在其关于社会理想的理论中所扮演的角色是不同的。四书学由于其强大的历史合法性惯性，成为康有为借以建立其社会理想道统合法性的根基；而《大同书》则成为康有为社会理想的具体展开，两者缺一不可。可惜，当代学术界往往只注意到康有为《大同书》的革命性意义，没有注意到其四书学对其社会理想在道统合法性上的支撑，由此，也就容易忽略中国的社会主义道路在"一声炮响"这个外因之下内在的文化学理逻辑。

第二节　王国维四书学的形而上学路径

如果说康有为的四书学是融汇中西诠释四书，以复古求创新的话，那么王国维的四书学就是企图化四书学为西学，以西化求生存。康有为借西学诠释四书学偏重经世致用的典章制度；王国维诠释四书的思想武器来源于康德、叔本华、尼采等人，偏重于形而上学、伦理学。而且，康有为虽然引入了新鲜的西方思想，但是他对四书的诠释方式基本上还是传统的随文附注的注疏模式，王国维则全然打破了固有的诠释模式，无论精神还是形式，王国维的四书学研究都走得更远了。我们甚至可以说，王国维的四书研究可以看做儒家文明对西方文明的主动化合，是四书学史上第一次在国际学术视野下全面观照四书的开山之作。

王氏在1904—1908年连续发表了一系列文章，标志着一个新四书学学术范式的开始。它们是：《孔子之美育主义》②、《子思之学说》③、《孟子之

---

① 梁启超：《清代学术概论》，第82页。

② 原文发表于《教育世界》69号，1904年2月，现见于《王国维哲学美学论文辑佚》，第254－257页。

③ 原文发表于《教育世界》104号，1905年7月，现见于《王国维哲学美学论文辑佚》，第72－76页。

学说》①、《孟子之伦理思想一斑》②、《孔子之学说》③ 等。这5篇文章以孔子、孟子为研究重点，全面涵盖《论语》《孟子》《大学》《中庸》，以西方学术范式为标准构建了一个崭新的四书学体系。④

一、　四书学新领域的开拓与新范式的建构

传统四书学关注的重点不外乎内圣外王两大端，而对于四书所包含的教育理念则有言诗教者，有言乐教者，有言礼教者，独王国维首先拈出"美育"一词而概括之。王国维1904年发表的《孔子之美育主义》一文首先在选题上就迥异前人。西方"美育主义"的引入在传统四书学中标新立异，从而把孔子的学说与现代社会思潮融会贯通起来。其次，文章不仅列举了陶渊明、苏轼、邵雍等人的思想，而且还列举了康德、叔本华、席勒、拜伦、夏夫兹伯里、哈奇生、芬特尔朋等人的学说来对比论述孔子的美育思想，第一次把四书学放在一个中西化合的美育语境下阐述。这两点都是四书学发展史上的突破。而他在1906年发表的《孟子之伦理思想一斑》又明确地从西方现代伦理学的视角切入，对孟子的思想进行研究，这也是对传统四书学研究领域的重大开拓。

除了研究领域的开拓，王国维四书学的贡献更在于四书学现代学术范式的建构，这一点尤其以《孔子之学说》一文最为集大成。先看该文的整体结构：

叙论
第一编：形而上学
第一章：天道及天命

---

① 原文发表于《教育世界》104号，1905年7月，现见于《王国维哲学美学论文辑佚》，第77-82页。

② 原文发表于《教育世界》130号，1906年8月，现见于《王国维哲学美学论文辑佚》，第83-91页。

③ 原文发表于《教育世界》161-165号，1907年11月至1908年1月，现见于《王国维哲学美学论文辑佚》，第23-71页。

④ 王国维另有《论性》（刊于《教育世界》70-72号，1904年1-2月，后收入《静庵文集》），《释理》（刊于《教育世界》82、83、86号，1904年7-9月，后收入《静庵文集》），《原命》（刊于《教育世界》127号，1906年5月，后收入《静庵文集续编》）等文章，就这些文章的主要内容来看可以当作一系列讨论四书学专门问题的论文，囿于本书整体结构，暂不针对这些论文展开论述。

第一节：有形之天；第二节：无象之天；第三节："天人合一"与
"仁"之观念。

第二编：伦理说

第二章：道德之标准

第一节：社会之仁。

第三章：德

第一节：德之意义与仁之内容；第二节：德之种类。

第四章：教育

第一节：人格之完成德之修养；第二节：政事家。

第五章：政治

第一节：道德的政治、先王之道、礼乐刑政。

第三编：结论①

第一，从结构形式上看，文章分编、章、节，显然有鸿篇巨制的规划。
第二，文章从形而上学、伦理学、教育学、政治学等现代学术范畴论述四
书，这是学术界第一次从西方学术规范的视野下对四书进行全面的审视。第
三，从篇幅上看，另外四篇文章篇幅总和还不及此篇的一半。第四，这篇文
章的发表时间在王国维四书学系列文章中是最后完成的，因此思虑更深，带
有对前面诸篇总结概览的意味。第五，此篇虽题名为"孔子之学说"，考其
论述所涵盖内容则以《论语》《孟子》《大学》《中庸》最为主要，所以把它
视为一篇研究四书学的论文是没有问题的。而且，此种突破固有四书学诠释
模式的文章，把四书置入一个更加开阔的视域里加以审视，对四书学的突破
是有大功劳的。可惜后来，由于王国维本人学术兴趣的转移，哲学研究不再
是其研究的重点；但是由他开创的四书研究新的学术范式在四书学史上无疑
有着继往开来的重要作用。

二、 以 《中庸》 为儒教哲学之渊源

与以往从史料考证上确定四书内部关系的做法不同，王国维一开始
就选择从形而上学的内在逻辑出发推论四书的内生关系，此为认识四书
关系的重大突破。而此种方法的运用首先在阐发《中庸》的意涵上得到

① 王国维原著，佛雏校辑：《王国维哲学美学论文辑佚》，第 23 – 68 页。

发挥。王国维说：

> 孔子之学说之根柢，仁也。仁者不可名状，又人之所以不可不仁，不能由理论证明之，譬诸无基础之宫室，此其缺点也。比之老子自宇宙之根本说来者，甚为薄弱。老子之说出，孔子之说危，此必然之势也。于是子思乃从宇宙说起，以证人伦之为宇宙必然之法则。《中庸》之本意即在于此。曾子，孔子之徒也，故用社会上之文字而谓之曰"忠恕"。然子思用更普遍之文字而谓之曰"诚"。前者社会问题，后者宇宙问题也。此二者虽不必相矛盾，决不可同类视之也。故吾人以《中庸》为反于孔子之正传，乃孔子学派对老子而欲保其独立之位置而作者也。然《中庸》实儒教哲学之渊源，通孟子而至宋代，遂成伟大之哲学者也。①

孔子对"仁"的论述集中见于《论语》。据笔者统计，从词语出现的频率上来看，"仁"在《论语》中共出现 109 次，"义"共出现 24 次，"礼"共出现 73 次，"智"共出现 36 次，"信"共出现 38 次。从这些简单的数据上我们也能够感觉到孔子对"仁"的重视，因此，王国维说"仁"是孔子学说的根柢是恰如其分的。而且，鉴于"仁"在《论语》中的核心地位，这段文字可以看作对《论语》与《中庸》关系的认识。此段文字重点提出了三个观点：第一，《中庸》构纂目的在于"从宇宙说起，以证人伦之为宇宙必然之法则"，如此则孔子"仁"的理念得到了形而上学上的学理支撑。第二，《中庸》的核心理念为"诚"，和"忠恕"并不同类。如此，子思是否师承曾子存很大疑问。第三，《中庸》的道统意义在于上接孔子，为其"正传"，下通孟子，乃至宋代，于是《中庸》成为儒教哲学之渊源。

王国维此种对《中庸》的重视显然和康有为相似。康有为曰："念孔子之教论，莫精于子思《中庸》一篇。"又曰："此篇系孔子之大道，关生民之大泽。"此是对《中庸》之于孔子学说核心地位的确认。这和王国维把《中庸》视为"儒教哲学之渊源"是一致的。另外，康有为也认为子思的思想出于曾子，他给《中庸》的思想寻找到一个源头：

> 郑康成曰："《中庸》者，孔子之孙子思作之，以昭明圣祖之德也。"天下之为道术多矣，而折衷于孔子；孔子之道大矣，荡荡如天，民难名

---

① 王国维原著，佛雏校辑：《王国维哲学美学论文辑佚》，第 73 - 74 页。

之，惟圣孙子思，亲传文道，具知圣统。其云"昭明圣祖之德"，犹述作孔子之行状云尔。子思既趋庭捧手，兼传有子、子游之统，备知盛德至道之全体。原于天命，发为人道，本于至诚之性，发为大教之化。穷鬼神万物之微，著三世三统之变。①

显然，康有为把有子和子游当作子思承继乃祖思想的关键节点。这和以往的认识是不同的。而他的理由部分来自郑玄，部分则源于他认为《论语》为曾子所传，"专主守约"，和《中庸》显然是不同的思想体系。王国维也不赞同子思接续曾子思想的说法。他除了指出"忠恕"和"诚"在本质上的不同外，还指出韩愈、朱熹以子思承续曾子之误。他说：

> 子思不知学于何人，意七十子之徒皆其师乎？唯韩愈《送王埙序》曰："子思之学盖出曾子。"此不过想象之说，故以"盖"字疑之。伊川信之，至朱子遂去"盖"之一字。观《檀弓》：曾子谓子思曰："伋"，汝云云，语气虽似师弟，然观其下文所述，乃敌体之问答，不能以《檀弓》之词而遂断为曾子之门人也。②

王国维认为，子思学于曾子之说只是韩愈的想象、朱熹的武断。如果根据《檀弓》的内容，则子思不仅不会学于曾子，甚至他的理念与曾子还是对立的。然而，子思学于何人呢？王国维并没有说明。这是他比康有为要严谨的地方。

另外，对《中庸》的研究，王国维着重在论述其阐发"宇宙必然之法则"的内涵，以及揭示《中庸》作为"儒教哲学之渊源"的意义，整个地把《中庸》当成儒家形而上学的理论系统来研究。而康有为则着重要在《中庸》中发明其"穷鬼神万物之微，著三世三统之变"③。也就是说，他是从典章制度方面入手去阐发《中庸》的。他说：

> 宋、明以来，言者虽多，则又皆向壁虚造，仅知存诚明善之一旨，而遂割弃孔子大统之地，僻陋偏安于一隅。后进承流守旧，画地自甘，

---

① 康有为：《孟子微·中庸注·礼运注》，第 187 页。
② 王国维原著，佛雏校辑：《王国维哲学美学论文辑佚》，第 73 页。
③ 康有为：《孟子微·中庸注·礼运注》，第 187 – 188 页。

不知孔子三重之道，通变因时，并行不悖之妙，气弊水浅，不足以容民畜众，则群生将困，而不得被其泽。耗矣哀哉！圣道不明，为害滋大，予因此惧。幸仲尼祖述尧舜之旨，犹存大义；子思昭明祖德之说，尚有遗言。敢据兹义，推阐明之，庶几孔子之大道复明，而三重之圣德乃久。①

在康有为看来，以往的《中庸》研究"仅知存诚明善之一旨"，而"不知孔子三重之道，通变因时，并行不悖之妙"。他把"三世三统之变"的价值看得远远高于"存诚明善"。这是康有为作为一位社会活动家的当然立场，也由此解说，《中庸》便成了康有为阐发其社会理想的理论依据了。

三、 孟子对子思、孔子思想的形而上学发展

在王国维看来，《中庸》用"诚"为孔子学说提供了形而上学的学理支撑，《孟子》则以"性善"为《中庸》的"诚"做了进一步的形而上学的学理阐发。

首先，王国维认为："孟子之继承子思之学说，决无可疑者。"② 对此，王国维除了以文本的直接对照证明孟子对子思思想的承继之外，又从形而上学角度揭示孟子对子思思想的发展。他说："孟子与子思同以'诚'为人之性。然'诚'者何？毕竟谓伦理的法则之渊源耳。伦理的法则，社会之所谓善也，故孟子从师说而断人性为善。"③ 也就是说，孟子"从师说"，从子思那里接续了一个"诚"的理念，并且以"性善"来辅证它。

那么，孟子又是如何来证明"性善"的呢？王国维认为，孟子分别用"演绎法"和"归纳法"进行证明。他说："孟子不但用演绎法以证人性之善，又以归纳法证明之，即于经验上证人性之善。"④ 王国维还列举了孟子从经验上去证人性之善的例子。即：

> 今人乍见孺子将入于井，皆有怵惕恻隐之心，非所以内交于孺子之父母也，非所以要誉于乡党朋友也，非恶其声而然也。由是观之，无恻隐之心非人也，无羞恶之心非人也，无辞让之心非人也。无是非之心非

---

① 康有为：《孟子微·中庸注·礼运注》，第 187－188 页。
②③④ 王国维原著，佛雏校辑：《王国维哲学美学论文辑佚》，第 78－79 页。

人也。此世俗之所谓人情，而孟子名之曰："不忍人之心"。①

这是从经验上证性善，即是归纳法的运用。而从"不忍人之心"基础上进一步的推论则是演绎法了，王国维接着说：

> 更进而论之曰："恻隐之心，仁之端也；羞恶之心，义之端也；辞让之心，礼之端也；是非之心，智之端也。人之有是四端也，犹其有四体也。"（按，《公孙丑》上）即谓仁义。②

演绎法和归纳法是西方形而上学领域最常用的逻辑推理办法，王国维把它们延引到中国哲学的领域，用以解释孟子的推论方法，从而把四书学和西方学术标准概念进行对接，这在四书学发展史上确实是创造性的。不仅如此，王国维还进一步指出孟子的"性善"理念于子思的"诚"理念在继承之外还有矛盾，这样对思孟关系的认识就更为深刻了。他说：

> 如此立论，于是孟子之说又不得不与子思生同一之矛盾。夫人性固善，然人类日常之行动，何以往往逸于伦理之轨范乎？天下之变乱纷纷不已，非证明此事实乎？若此等变化之根柢不在吾人之心性上，则社会的现象何以有此方面乎？③

这其实是主张人性善者一直以来所面临的现实困难。王国维认为，孟子解决这一问题的办法是引入"欲"：欲的遮蔽使得善无法完全发挥。而对欲的消极认识和积极认识正是孟子与荀子的不同。

如此细致入微的形而上学分析方法，把孟子与子思的思想关系做了相当深入的剖析，既揭示了孟子对子思思想的继承，也阐述了孟子对子思思想的发展，还剖析了孟子性善论所存在的现实困境，由此得出孟子为子思学派的传人这样的结论，比之以往的史料考证无疑更加深刻了。对此，梁启超也说：

> 《中庸》一篇，郑玄谓为子思作，我们虽不必遽信，但至少是子思

---

① ② ③　王国维原著，佛雏校辑：《王国维哲学美学论文辑佚》，第78－80页。

一派所作。孟子受业子思之门人，所受影响更为明显。①

显然，梁启超也看到了孟子受到子思明显的影响，但是他并没有展开深入的说明；同时王国维与梁启超两人都看到孟子思想对孔子思想的发展以及此种发展的重要意义。王国维说："谓吾人于理想之性本有仁义之德，此即孟子性善论之根据。吾人于此，谓孟子实发孔子子思所未发之思想，而明取性善论者之地位，可也。"② 而梁启超也说："孟子以为人类本来是好的，本着良知良能，往前作去，不必用人家帮忙，不必寻章摘句、繁文缛节的讨麻烦，自己认清，便是对的。这种学说，可谓对于孔子学说的一种补充，扫除章句小儒的陋习，高视阔步的来讲微言大义，我们可以说儒家至孟子，起一大变。"③显然，在对孟子思想的价值肯定上，梁启超的表述要更为充分一点，但王国维是站在一个哲学家的立场上来讨论这样的问题的，所以"明取性善论者之地位"看似平淡，其实也揭示了孟子思想之于子思、之于孔子的一大变化。

四、 孔子学说的形而上学意涵

在王国维思想系统里面，他虽然受到西方学者的影响，在对孔子思想的形而上价值评价上比较谨慎，但他还是把孔子当成哲学家来看待，他说："夫中国一切学问中，实以伦理学为最重，而其伦理学又倾于实践，故理论之一面不免索莫。然吾人欲就东洋伦理根本之儒教，完全第一流之道德家孔子之说，于知识上研究之，亦非全不可能也。"④这一点他和康有为把孔子视为教主不同，却和梁启超的认识一致了。梁启超也注意到孔子学说的形而上学意涵，他在讨论"《论语》之内容及其价值"的时候就开列有"哲理谈"一条，并指出："虽著语不多，（因孔子之教，专贵实践，罕言性与天道。）而皆渊渊入微。"这一点上，他们和西方学者，尤其是黑格尔对孔子的偏见很不一样。黑格尔评价《论语》说：

里面所讲的是一种常识道德，这种常识道德文明在哪里都找得到，

---

①③　梁启超:《清代学术概论·儒家哲学》，天津：天津古籍出版社，2003，第126、127页。

②④　王国维原著，佛雏校辑:《王国维哲学美学论文辑佚》，第88、24页。

在哪一个民族里都找得到，可能还要好些，这是毫无出色之点的东西。孔子只是一个实际的世间智者，在他那里思辨的哲学是一点也没有的——只有一些善良的、老练的、道德的教训，从里面文明不能获得什么特殊的东西。①

黑格尔认为孔子的学说"思辨的哲学是一点也没有"，这样的评价对孔子的偏见是很显然的。理解了这样的西学背景，然后我们才能理解王国维说"完全第一流之道德家孔子之说，于知识上研究之，亦非全不可能也"这句话的意义所在。那么，王国维如何阐发孔子学说的形而上学意涵呢？对此，王国维主要集中在"天道及天命"问题上来加以阐发。

首先，王国维指出，孔子"仁"的观念是从"天道绎之而得"的。他说孔子"综合尧舜三代先王之道而组织之，即欲依客观之礼以经纶社会也。至其根本原理则信天命，自天道绎之而得'仁'，即，从'天人合一'观以立人间行为之规矩准绳"②。这样就把孔子学说的核心理念与形而上的天道连接起来，为他进一步在形而上学上发挥孔子思想的意涵奠定了基础。

其次，既然孔子"仁"的观念是从天道演绎来的，那么孔子的天道观就成了必须展开论述的内容了。但是孔子之言性与天道在孔子的弟子们看来已经是不可得而闻了，王国维又如何加以阐发呢？依笔者看来，王国维对孔子天道观的论述策略包括以下这四个方面。

第一，跳出《论语》的局限，从更广阔的典籍领域里寻觅孔子对天道的论述。王国维说，要研究孔子"当先研究夫子所研究之《诗》《书》《易》《礼》等古书，及夫子之遗书《大学》《论语》《孝经》，子思之《中庸》，孟子之书等，以考察其说。夫子晚年所最研钻者为《易》，读之'韦编三绝'。虽有谓《易·十翼》非孔子之作者，然余欲述孔子之形而上学，姑引用而论断之"③。既然在《论语》中夫子言性与天道的内容较少，那么孔子的其他著述呢？这样的做法的确给人豁然一亮的感觉。与孔子有关的著述，王国维大致把它们分成三类。第一类是孔子研究并整理过的著作，孔子对这些著作进行过整理，那么这些著作也可以代表孔子的思想观念。第二类是孔子自己的著作，当然是我们论述孔子思想最重要的依据。这类著作中，王国

————————

①　黑格尔：《哲学史讲演录》第 1 卷，贺麟、王太庆译，北京：商务印书馆，1983，第 119 页。

②③　王国维原著，佛雏校辑：《王国维哲学美学论文辑佚》，第 24 - 25 页。

维把《大学》也列入孔子遗书的范围，这是他迥异前人的地方。不过，联系他对子思思想源流的探讨，我们就不难理解了：既然子思的思想与曾子的思想相敌对，而孟子承继子思、孔子的思想，那么在孔、思、孟那里已经有一个完整的思想承继统系的情况下，那有什么理由认为《大学》是曾子所作呢？当然，王国维对此并没有展开论述，但结合《子思之学说》《孟子之学说》两篇文章来看，王国维的意图是很明显的。第三类是孔子后学者的论著，他们继承了孔子的思想，他们的发挥也可以当成是孔子思想的进一步发展，因此也有助于我们理解孔子的天道观。另外还有一种，王国维是把它当成佐证来处理的，这就是《易·十翼》。有了这些著作的支撑，孔子的天道观就可以得到较为全面的认识与把握。

第二，细分天道与天命，尤其是对"天命"的论述为从"天道"演绎到"仁"提供学理路径。王国维说："儒家'天道'、'天命'之天之观念，其意义有数种，今分之为有形之天，无象之天二者，更分无象之天（为）主宰之天、自然之理法、宇宙之本原及命四者。'天道'云者，乃自然理法宇宙本原之活泼流行之原动力也；'命'者，则其实现以分诸人者也。"[1] 我们一般把天道与天命视如一体，王国维则先把"天"分成"有形"与"无象"两种，然后又在"无象"之天中分出四类，"命"在儒家天道观中的学理位置一下子就清晰了。王国维进而指出，"天道"是宇宙的原动力，而天命则是天道在人身上的实现，由此，人身上所具的便有了宇宙意义，孔子对人的论述也便具有形而上学价值。

第三，把"仁"与"天人合一"观念结合起来。他借助对《中庸》的演绎指出：

> 吾人之道德性自先天有之，决非后天者也。故宇宙之根本原理之纯[绝]对的"诚"，能合天人为一。天道流行而成人性，人性生仁义。仁义在客观则为法则，在主观则为吾性情。故性归于天，与理相合。天道即诚，生生不息，宇宙之本体也。至此儒教之天人合一观始大成。吾人从此可得见仁之观念矣。[2]

因为"诚"，所以天人能合一；因为天人合一，所以天道能成人性，而人性生仁义。如此，王国维完成了把孔子的"仁"和"天道"嫁接起来的

---

① ②　王国维原著，佛雏校辑：《王国维哲学美学论文辑佚》，第 26、38 页。

形而上学通道建构。在这个基础上，王国维又进一步指出"仁"作为形而上学范畴的特性。他说：

> 夫"仁"为平等、圆满、生生、绝对的之观念。自客观的观之，即为天道，即自然理也，实在也。自主观的解之，即具于吾性中者也。其解虽有异，至究竟则必须此两者合而为一，始能至无差别绝对之域。故仁之观念为生生的理，普遍于万物，不能为之立定义也。①

"仁"从客观看来是天道，从主观看来是人性，对"仁"的理解必须合而为一才是完整的。这样"仁"就不是普通的道德伦理范畴了，黑格尔所谓孔子思辨哲学"一点也没有"的论断显然是武断了。而且，为什么我们在《论语》中见不到孔子对"仁"的清晰定义呢？"仁之观念为生生的理，普遍于万物，不能为之立定义也"。"仁"是一个类似"道"那样的普遍性的哲学范畴，所以它是无法被定义的。那么这个无法定义的"仁"又如何可能实现呢？

第四，把"忠恕"当作达成"仁"的途径。在王国维看来，"诚"与"忠恕"在儒学系统里面的功能是不同的："诚"把"仁"与"天道"结合起来，"忠恕"则是"仁"在现实社会中的实现和展开。他说：

> 融合天人，以"仁"贯之。其欲达之之方法则为"忠恕"。忠尽我心，恕及于人之道，是为社会的仁之发现。能超然解脱，悠然乐者，即得达此仁之理想之人，安心立命之地，皆自此理想把持之。②

此间"忠尽我心"是天性的体现，"恕及于人之道"则是"仁"的达成。达成了"仁"的人生会是怎样的光景呢？王国维以《论语》"莫春者春服既成"章说明之，并进一步指出："顺应自然之理法，笃信天命，不为利害所乱，无窒无碍，绰绰裕裕，浑然圆满，其言如春风和气。吾人至此，能不言夫子'仁'之观念为最高尚远大者乎！"③把夫子的"仁"的观念当成最高尚远大的目标来看待，那就不仅仅是相信，而是信仰了。

总之，王国维选择了一条有别于康有为的形而上学路径，从《中庸》出发，及于孟子，然后再回归到孔子的思想上来，抓住了"诚""性善""仁"

---

①②③　王国维原著，佛雏校辑：《王国维哲学美学论文辑佚》，第38－39页。

和"忠恕"几个核心概念，以西方形而上学为参照，建构了一个儒家学说的形而上学系统。虽然梁启超说："单用西方治哲学的方法，研究儒家，研究不到儒家的博大精深处。"① 但是，西学的参与毕竟是四书学、儒学乃至整个中国传统学术在晚清民国无法回避的趋势，"单用"自然是不对的，但"不用"可能有更大的问题。

本章小结

康有为和王国维代表了四书学领域向西方学习的开始，但是他们选择的路径却颇为不同：康有为选择了典章制度的方向，努力在中西化合之中寻觅建构他有关社会发展的三世三统说的学理依据；王国维则选择了一个形而上学的方向，企图把儒家学说诠释成足以与西方哲学并肩而立的思想系统。他们的努力为晚清民国四书学的发展分别开了形而下与形而上的道路，其创新性是前无古人的。

---

① 梁启超：《清代学术概论·儒家哲学》，第 103 页。

第二章
从会通到该摄
——钱基博和马一浮的四书学

在康有为和王国维之后，四书学的发展经历了新文化运动"打倒孔家店"的猛烈冲击，发展有所停滞。但是，这种徘徊进退的局面其实也有利于四书学内部做进一步的整合；而且越是激烈的批判越是可以帮助四书学做更深刻的反省，最终推陈出新，实现跨越式的发展。钱基博和马一浮的四书学正是在这样的背景下开始中西化合的路径。

第一节　钱基博四书学的会通策略

钱基博（1887—1957），字子泉、哑泉，号潜庐，江苏无锡人，著名学者、古文学家、文体学家、文学史家。① 相较于他的学术成就，钱基博在当今更广为人知的是他为中国当代学术界培养了一位杰出的大学者——钱锺书。其实，钱基博自身的学术成就相当丰硕，足以跻身晚清民国以来一流学术大师的行列。他自称"基博论学，务为浩博无涯涘，诂经谭史，旁涉百家，抉摘利病，发其闳奥"②。"旁涉百家""浩博无涯涘"正是钱基博治学

---

① 当前有关钱基博的生平研究，以吴忠匡先生所写的《吾师钱基博先生传略》最为真切，而吴忠匡先生此文后来亦收入傅宏星所著《钱基博年谱》一书，故有关钱氏生平资料此年谱为最全面。傅宏星：《钱基博年谱》，武汉：华中师范大学出版社，2007。

② 转引自吴忠匡《吾师钱基博先生传略》，《中国文化》1991年第4期，第190页。

的主要特色——"会通"。这一点在他的四书学上表现尤为明显。

一直以来,学术界对钱基博的学术成就重视很不够,相关研究也曾经很冷清。根据"中国知网"的数据,2000年以前公开刊发的题名包含"钱基博"的文章只有4篇。这种情况到了2007年以后开始有了明显的变化。这一年,华中师范大学召开了一个"钱基博与国学"学术研讨会,钱基博研究开始受到学术界较高的重视。根据"中国知网"的数据,从2007年到2014年,题名包含"钱基博"的公开发表文章已经达到59篇。而同期题名包含"钱穆"的公开发表文章数量则达到230篇。就算钱基博和钱穆的学术成就真的有高低,但差异如此悬殊其实还是表明钱基博研究的空间仍然巨大。

钱基博一生最服膺的人有两位,一位是郑玄,一位是陈澧。两人都是博学鸿儒,而且他们最主要的贡献都在经学上,所以经学是钱基博最为用功的领域,成就也最为丰富。但是就现有的钱基博研究论文来看,数量最多的却是文学角度的研究,有关钱基博的经学研究论文数量还很少,而专门论述他的四书学研究的论文就更付诸阙如了。钱基博的经学著作中,与四书学直接相关就是《四书解题及其读法》[1],因此笔者的论述也以此为中心来展开。

一、 《四书解题及其读法》 的撰述缘起

《四书解题及其读法》序言作者附署时间为"民国十八年",这表明该书完成于民国十八年(1929)。但正式出版要迟至1933年12月,收录在王云五先生主编的"万有文库"中,列为第一集一千种,由商务印书馆印刷发行。这一版的版权页上明确标有"中华民国二十二年十二月初版"的字样。不过梁启超说钱基博的《〈论语〉解题及其读法》在《清华周刊》上发表过。[2] 梁启超是在他的《要籍解题及其读法》序言中说这话的,而此书初版于民国十四年(1925)十二月,所以钱基博的《〈论语〉解题及其读法》的

---

[1] 《新集四书注解群书提要》第453页有此书提要。钱基博另有《古籍举要》一书,书中也有涉及四书的条目。

[2] 梁启超:《要籍解题及其读法》,北平:清华周刊丛书社,1925,第3-4页。

发表时间也应该在这段时间之前。①

　　该书考证了四书以及《孝经》的作者、版本，以及四子书隶属四书（或经）的始末，并根据每一部著作的不同归纳了有针对性的"读法"（研究方法）。书前有作者序，叙述了历代研究四书之源流、变迁。据书中序言交代："余以十四年讲学北平，遇梁任公，贻以《要籍解题》一册；中《论语》《孟子》，意有异同，别纂为篇，任公不之忤也！十六年在上海，成《中庸解题》；今秋病不能事，养疴杜门，发箧得向时肄诵《大学》本，籀绎其指，条次成文，而后《四书》之篇第备。"显然，本书著述缘起是作者不同意梁启超在《要籍解题》中论述的《论语》《孟子》部分，所以写了一篇商榷的文章。随后又补写了《中庸》《大学》两个部分。

　　除了商榷于梁启超的学术目的之外，是书的写作，作者还带着深重的社会思考。他说："髫岁服习，初不经意；而今四十岁，饱更世患，民治革政，共而不和，争民施夺之既久，寖寻以至今日，又见有专无制，哀哉耗已！末法披昌，人将相食！穷则反本，重温故书；然后知圣人忧世之情深，仁民之道大也！"②

　　其实除了学术和社会目的之外，《四书解题及其读法》的产生也是钱基博大学课堂教学的需要。在钱基博众多的著作中，有一个明显区别于同时代其他学者的特色，那就是他结合自己的日常教学心得花了大量心血撰述的一批经典要籍解题书籍。③《四书解题及其读法》便是这些书籍当中的一种。这些经典要籍解题书籍大概可以分成两大类。

　　一类是对具体典籍学习研究的指导。这类书大致可分为四类：第一为经学类，有《四书解题及其读法》《〈周易〉解题及其读法》《读〈礼记〉卷头解题记》等；第二为史学类，有《〈文史通义〉解题及其读法》；第三为诸子学类，有《读〈庄子·天下篇〉疏记》《〈老子·道德经〉解题及其读法》《〈孙子章句〉训义》等；第四为文学类，有《〈古文辞类纂〉解题及其

　　①　目前笔者仍未能确定钱氏此文发表于《清华周刊》的具体哪一期。大成老旧刊全文数据库也没有相应的数据。而据傅宏星《钱基博年谱》附录一《钱基博先生著作编年》"1925 年"条记录："《〈论语〉解题及其读法》刊于《南通报》，1925 年 10 月 27 日—31 日、11 月 1 日—6 日。"则钱氏此文首发可能是在《南通报》上，是否后来又刊发于《清华周刊》，抑或是梁启超记忆有误，目前仍只能够存疑。

　　②　钱基博：《四书解题及其读法·序》，长沙：岳麓书社，2013。

　　③　对钱基博经典要籍解题著述方面的研究，涂耀威有《钱基博经典要籍解题著述发微》一文（载于《华中师范大学研究生学报》2008 年第 2 期，第 97–100 页）可供参阅。

读法》《〈文心雕龙〉校读记》《〈诗品〉校读记》《古诗十九首解题及其读法》等。

另一类是对传统学术的通论。这一类可分为两种：一种是对历代有关经、史、子、集等传统学术论述的文献选编，例如《国学必读》《国学文选类纂》等；一种是钱基博对传统学术的理解，例如《古籍举要》。

钱基博的这两大类著作"不断总结自己的治学经验，注意从门径上指点学生，特别是注意方法与能力的训练"，这些经典要籍解读书系的编撰，"曾帮助不少青年人跨进国学的门槛，至今仍可作为整理与研究古代典籍的参考"①，这其实也可以看到钱基博作为一名教育家的真诚与自觉。他曾感慨："今日之教学，所以不如孔子者，非无言教言学之人，而不厌不倦之诚，有不如孔子者也！世有知言，当恍然于所以而知自省矣！"②

因为是基于教学的需要，所以这些著作行文大多数平实晓畅，但是这并没有影响到它们的学术品位。钱基博不仅追求会通，启迪后学，而且还特别注意辨章学术，考镜源流。在这批著作中，与四书学直接相关的是《四书解题及其读法》，而大量论述涉及四书学的则有《古籍举要》。③ 因此，有关钱基博四书学的讨论，笔者将以《四书解题及其读法》为主，《古籍举要》为辅来展开。

二、《四书解题及其读法》的教材特性

钱基博对自己的学问是颇为自信自负的，他曾经说："我数十年来，就是最近新文化呼声日高的二三年，治中国古代的经部子部，自信确有心得，不但不是现在一般'抱残守缺'的国粹先生们所能梦见，也与康南海、章太炎和胡适之许多新国故家的阐发不同。"④ 这里所说的不同，在笔者看来一方面是钱基博不排斥西学，学术思想开放而有别于"国粹先生们"；另一方面是康南海等人皆有意王霸，求仕进闻达而有别于钱基博诂经谭史，笃意学

---

① 章开沅：《诂经谭史，言传身教——纪念钱基博先生诞辰 100 周年》，《实斋笔记》，上海：东方出版社，1998，第 21 页。
② 钱基博：《四书解题及其读法》，第 27 页。
③ 钱基博：《古籍举要》，长沙：岳麓书社，2010。按：是书序言所署时间为"十九年八月"（1930），而《四书解题及其读法》为"十八年十二月"（1929），盖前后相续，而《古籍举要》比《四书解题及其读法》范围更广。
④ 傅宏星：《钱基博年谱》，第 55 页。

术。例如，同样是研讨四书，康有为求的是"王统"，而钱基博求的则是"道统"，因此康有为的四书学多所发挥，一派"六经注我"的气象，钱基博的四书学则实在得多了。从整体来看，钱基博的《四书解题及其读法》立足于教学需要，形成三个鲜明的特征。

第一，摆脱随文附注方式，读解独立成文。此前康有为的四书学虽然在思想内容上有所突破和创新，但是形式上仍然是传统的随文附注的方式。王国维的四书学论著虽然独立成文，思想也是开创性的，但是和四书文本的对应关系相当淡化，已经完全可以抛开四书经文另起炉灶了。《四书解题及其读法》一书采用的方式相当中庸，它一方面完全独立成文，另一方面又严格按照四书原有的理论格局来结构全书，《大学》《论语》《孟子》《中庸》依次论列。这种方式非常有利于现代大学的课堂教学需要：独立成文则章有专题，方便组织教学研讨；遵照《四书》原有的理论格局则方便学生随时参合经文，深入读解。

第二，结构端正严整、纲举目张。因为是出于课堂教学的需要来撰写，而课堂教学要求有特定的学时规范，所以《四书解题及其读法》首先呈现出来的第一个特色便是结构上的端正严整、纲举目张。全书包括《大学》《论语》《孟子》《中庸》《孝经》五个部分，每个部分又都包括解题及隶经始末、作者、本子、读法四个部分。这四个部分根据所论述具体内容的特点而又有相应的调整。例如，《论语》《孝经》是首先成为"经"的，所以不存在"隶经始末"的问题，相应部分就只是"解题"。又比如，《孟子》是四书中唯一有明确作者的，所以又在四个部分论述之外根据《史记》补充了"《史记》之孟子"一个部分。当然，对于全书来说，这些调整所占部分并不多，所以仍然属于"微调"，没有影响全书端正严整的结构特色。

这种纲举目张、端正严整的结构形式对于初学者来说非常便于迅速抓住学习的重点，也便于迅速了解典籍的整体概貌。这不仅和康有为的四书学著述不同，就算是钱穆的《四书释义》虽然也源于课堂教学，但经过他的后期修订，思想上更加沉闳厚重，但也越来越远离课堂，最终演变成专供案头研读的东西了。

第三，内容简洁明畅，直达阃奥。为适应现代大学的课堂教学需要，《四书解题及其读法》在内容上改变以往四书学著述考证繁冗、义理艰深的作风，删繁就简，直达阃奥。例如，本书的《序》在不足三千字的篇幅里面除了交代撰述的缘起之外，还简明扼要地梳理了四书学的发展脉络，甚至可以说，钱基博的这篇序言就是一部四书学简史。而这部简史之所以"简"而能成"史"就在于他能抓住四书学发展的主要理路，同时又概览众流。具体做法就是既推宗朱子，又不拘门派。推宗朱子，确定了一个重要的四书学元点，头绪再多也可以一以贯之，以简驭繁；不拘门派，又拓展了四书学的学术广度，避免整体读解格局的狭隘化。

首先，钱基博推宗朱子。他说《四书》成编，"自朱子始"，"四书之学，朱子实以名家！"这就明确了朱子在四书学发生上的元点地位，其余各家必须围绕这个元点来定位自己在四书学史上的地位。而且，"朱子为宋学大宗，而其解经则壹依汉儒家法"①。如此，朱熹不仅开创了四书学，而且融汉学宋学于四书集解当中，钱基博俨然是把朱熹推尊在集汉学宋学于一身的高度上的。这样的评价清醒地看到朱熹开创的四书学对两汉经学传统的继承，也企图开辟一条融通汉学、宋学的道路。

其次，钱基博不拘门派，雅纳众流。因为他的企图在融通汉学、宋学，所以在推尊朱熹之外，能够以较为客观的心态来看待各家各派。他说："《四书》之学，朱子实以名家！而后来绍明其学者，皈依攸同，蹊径各别；核而为论，不出二派。"一派"以朱诂朱，是为正宗"，另一派"旁采众家，参证同异，以折衷于章句、集注"②。虽然前一派为正宗，钱基博也只是简列其名而已，并未考辨其法脉流变的异同。后一派虽为旁支，但其中流派众多，所以钱基博仔细甄别，用心梳理。而这些隶属旁支的四书学著作"或旁采博搜，以朱子为折衷；或拾遗补阙，匡朱子所未逮"③，既然朱熹的四书学有"遗"，有"阙"，有"未逮"，那么这些著述的价值也就不容置疑。

当然，雅纳众流的结果必然头绪繁多，条理性何在呢？对此，钱基博把众多"旁支"进行多个层次的分类。第一个层次分成三类：①发明义理；②训诂考证；③其他。"其他"一类情况复杂，于是又再分门别类，一类是"无心与朱子立异而颇不合于朱子者"，一类是"立意与朱子为难而别标眉目者"。前者也情况复杂，所以又分成四类：①"与朱子同时而不相为谋者"；②"与朱子同门异户，而传郭忠孝、郭雍之学，于程门别树一帜者"；③"与朱子道不同，故不为谋者也"；④"折衷朱陆之间者"。这样层层梳理下来，宛如层层剥笋，在深入揭示四书学内部演化肌理的同时，四书学的发展脉络也就条分缕析，一目了然了。

如此细致的梳理明显看出钱基博对四书学"旁门左派"的重视，表现了他兼容并包的学术态度，这对于拓宽学生的学术视野是特别重要的。

---

①②③　钱基博：《四书解题及其读法·序》。

三、 融通汉宋的四书学诠释策略

汉学为清代学术主流，在四书学领域表现明显。钱基博说："清儒解经，憙称汉学，以自别于朱子；而门户蹊径，又自不同。"在仔细梳理清代从汉学立场诠释四书的著述之后，钱基博发现："特是《论》《孟》多专家，而《学》《庸》罕兼及；此乃汉学门户，所为与朱子不同者也。"① 显然，"四书"作为一个整体性的学术范畴在清代有解体的倾向，甚至宋学也有被整体抛弃的危险。曾国藩就指出："乾隆中叶，海内魁硕畸士，崇尚鸿博，繁称旁证，考核一字，累数千言不能休，别立帜志，号曰'汉学'。深摈有宋诸子义理之说，以为不足复存。"② 汉学宋学，一重训诂，一重义理，本来不可偏颇，因此，钱基博的四书学诠释采用了一种融通汉学与宋学的策略。

（一） 以学统与道统并列达成汉学与宋学融通的学理基础

对荀子学说的尊崇是汉代学术的一个特点，但是朱熹等人在建构四书学体系的时候却有排斥荀子的倾向。《四书集注·孟子序说》引用韩愈的话说："孟氏醇乎醇者也。荀与扬，大醇而小疵。"然后又延引程颐对这句话的评论："韩子论孟子甚善。非见得孟子意，亦道不到。共论荀扬则非也。荀子极偏驳，只一句性恶，大本已失。扬子虽少过，然亦不识性，更说甚道。"③显然，相比于韩愈，程颐对荀子的批评更为严厉，"一句性恶，大本已失"，荀子学说的价值就值得怀疑了。因此当清代汉学家发起对荀子学说的尊崇，对程朱四书学的挑战便到来了，其中，汪中便是清代荀学兴起的开创者。梁启超说："乾隆间汪容甫（笔者按，即汪中）著《荀卿子通论》、《荀卿子年表》，于是荀子书复活，渐成为清代显学。"④ 钱基博要在四书学中融通汉学和宋学，那么如何因应当时的尊荀潮流是他不能不考虑的一个问题。

钱基博在简述四书学史的时候特别征引了汪中的《大学平义》一文。他说：

> 江都汪中好为诋诃，撰《大学平义》一篇，乃居为奇货，谓："曾

---

① 钱基博：《四书解题及其读法·序》。
② 曾国藩：《曾国藩全集·诗文》，长沙：岳麓书社，1986，第 246 页。
③ 朱熹注，王浩整理：《四书集注》，第 215 页。
④ 梁启超：《中国近三百年学术史》，第 276 页。

子受业于孔门，而子思则其孙也。今以次于《论语》之前，无乃慎乎。"而不知朱子之旧不如此！①

汪中的《大学平义》见于其《述学》一书，此书不仅尊荀，而且对于墨子、老子也多加褒扬，这与朱子力排杨墨、老庄的立场无疑是大相径庭的。不过，钱基博对汪中的观点并非一概否定。汪中认为荀子才是得周公、孔子真传的人，他说："荀卿之学，出于孔氏，而尤有功于诸经。"为什么呢？"盖自七十子之徒既殁，汉诸儒未兴，中更战国、暴秦之乱，六艺之传赖以不绝者，荀卿也。周公作之，孔子述之，荀卿子传之，其揆一也。"②

钱基博没有否定荀卿传经的功劳，不过也没有把六艺之传全部归功于荀子。他把孔子的六艺之学分成道统和儒学两大块。其中，《易》和《春秋》是道统，《诗》《书》《礼》《乐》是儒学。孟子传道统，荀子传儒学。他说，孔子之后，"子思、孟轲衍其道统，则曰：'天命之谓性，率性之谓道。'（《中庸》）'尽其心者，知其性也，知其性，则知天矣。'（《孟子·尽心上》）是'道法自然'之意也。荀卿传其（笔者按，指孔子）儒学，则曰：'《书》者，政事之纪也。《诗》者，中声之所止也。《礼》者，法之大分，类之纲纪也，故学至乎《礼》而止。'（《荀子·劝学》篇）是《诗》《书》《礼》之教也。汉代经生，近承荀学。宋儒理学，上衍道统。"③显然，在钱基博看来，孔子六艺之学分传孟、荀，则孟学、荀学皆不可废，汪中的说法是偏颇的，程朱排斥荀学的态度却也不可取。如此一来，钱基博其实是在传统四书学的孔孟道统之外又并列了一条孔荀的学统，而且企图把道统与学统融通起来。

当然，伴随荀子地位的隆升，孟子学说必然面对更多的挑战，钱基博对于孟子所竭力排斥的杨、墨④就另有看法。他认为：

孟子以杨朱为我为充塞仁，而斥之曰无君；墨子兼爱为充塞义，而斥之曰无父。其毕生心事，在距杨、墨。杨朱拔一毛而利天下不为，即

---

①　钱基博：《四书解题及其读法·序》，第 2 页。

②　汪中撰，戴庆钰、涂小马校点：《述学》，沈阳：辽宁教育出版社，2000，第 77－78 页。

③　钱基博：《古籍举要》，第 106－107 页。

④　《孟子·滕文公下》有言："杨氏为我，是无君也。墨氏兼爱，是无父也。无父无君，是禽兽也。"

其无君之罪案。君之为言群也，不必作君主解。然杨朱旨在存我，而以侵物为贱，以公天下之身、公天下之物为至人，语见《列子·杨朱》篇，则是为我，而非无君也，未尝充塞仁也。墨子兼爱，以兼相爱、交相利为言。利我之道，即存爱他。故必先从事乎爱利人之亲，然后人报我以爱利吾亲，语详《墨子·兼爱》篇，则是兼爱，而非无父也，未尝充塞义也。杨朱为我，而尊重个人之自由，有似法兰西之民主政治。墨子兼爱，而流为极端之干涉，颇类苏俄之劳农政治。①

在孟子看来，杨朱无君、墨子无父，是他终生义正词严排斥的异端。钱基博此处却为他们周全维护，明显已经受到汪中的影响。经此批判，则孟子之学说并非完美无瑕，以荀子相折中就有了十分的必要，道统与学统的融通也成了必然的要求，宋学与汉学的融通有了必要的学理基础。而把道统与学统融通起来，钱基博看来还要引《孝经》来辅四书。

（二）以《孝经》附四书实现朱子与汉儒的互补

汉代学术以经学为主，而经学所研究的对象有"五经""六经""六艺"等名目，对这些名目之间的关系，马一浮说："六艺者，即是《诗》、《书》、《礼》、《乐》、《易》、《春秋》也。"② 只是后来《乐经》散失，仅存《乐记》一篇，乃并入《礼记》中，后遂有"五经"之名。但是，"六艺"又指礼、乐、射、御、书、数。《周礼》："养国子以道，乃教之六艺：一曰五礼，二曰六乐，三曰五射，四曰五驭，五曰六书，六曰九数。"③ 其实，五经、六艺皆是儒门教育之本，其道本一，倘若析而言之，则言"五经"重在知，言"六艺"重在行。郑玄在《六艺论》中说："孔子以六艺题目不同，指意殊别，恐道离散，后世莫知根源，故作《孝经》以总会之。"如此，《孝经》总会六艺，而六艺之学便是经学，由此《孝经》成为汉代经学的总关键，讲汉学就离不开《孝经》了。钱基博要融通汉学宋学自然也离不开《孝经》。钱基博说："惟朱子特标《四书》以约《五经》之指归，而汉学则揭《孝经》以见《六艺》之总会。"④ 朱熹标《四书》以约《五经》重点在

---

① 钱基博：《古籍举要》，第 114 页。

② 滕复编：《默然不说声如雷——马一浮新儒学论著辑要》，北京：中国广播电视出版社，1995，第 12 页。

③ 崔高维校点：《周礼》，沈阳：辽宁教育出版社，1997，第 24 页。

④ 钱基博：《四书解题及其读法·序》。

阐发五经的微言大义，而汉学标举《孝经》则重点在揭示六艺在日用之常的实践，而知行本不可偏执。这是钱基博引《孝经》辅四书的第一个理由。

"《孝经》者，六艺之总会，大道之本萌也；故以附于篇，匪惟征汉宋之异学，抑以明至德之由苗。"①"大道之本萌""至德之由苗"是钱基博引《孝经》辅四书的第二个理由。显然，钱基博欲以《孝经》来补《四书》之不足，所以他接着又分析了朱子之学与汉学的不同。"朱子精阐之以天人性命之奥，汉儒体验之于人伦日用之常，一则发微以阐显，一则言近而指远。以立言论，朱子入微，而汉儒为粗；就体用言，朱子蹈空，而汉学平实。辞趣不同，而要归之于修身以立命，尽己以淑群，则无乎不同！"②以汉学之"平实"来补朱子之"蹈空"就是钱基博附编《孝经》的意图了。

这种对《孝经》的重视显然和梁启超很不一样。梁启超说《孝经》"书中文义皆极肤浅，置诸《戴记》四十九篇中犹为下乘，虽不读可也"③。这是在《要籍解题及其读法》一书中说的，而此书当时流行极广。因此，钱基博把《孝经》附编在四书之后在当时是有很强的针对性的。

当然，晚清民国引《孝经》补四书并非钱基博的独唱，马一浮也有这样的主张。④不过在四书的诠释策略上，钱基博和马一浮对待汉学和宋学的立场却有些不同。

马一浮和钱基博都属于晚清民国时期绝意仕进、笃志学术的代表性人物。马一浮在学术上推尊朱子，而且严守朱子家法，甚至达到严防死守的地步。例如，赵顺孙的《四书纂疏》、胡炳文的《四书通》都是四书释史上恪守朱子家法的代表性著作，《四库全书总目》评价它们："大抵《四书》经文非其所论，惟以合于《注》意与否定其是非，虽坚持门户，未免偏主一家。"⑤但就算两家这样恪守朱子门户，马一浮也要分出高低来，他说："学者欲详究朱子《章句集注》之义，唯求之赵氏《纂疏》、胡氏《通》（笔者按，胡炳文《四书通》）二家为较备矣。"但赵顺孙与胡炳文的著作又"不可同年而语"，当中，马一浮特别推崇赵顺孙的著作，因为"是书备引朱子之说，以翼《章句集注》"。而且该书"所旁引者"黄干等"一十二家"，

---

①②　钱基博：《四书解题及其读法·序》。

③　梁启超：《读书指南·要籍解题及其读法》，北京：中华书局，2010，第48页。《读书指南》一书其实是梁启超《国学入门书要目及其读法》和《要籍解题及其读法》之合集。

④　详见本书下一节《马一浮四书学的该摄系统》的相关论述。

⑤　永瑢等：《四库全书总目》，第299页。

"亦皆为朱子之学者，不旁涉也"。相反，胡炳文的著作所旁引的既有宗朱学者的言论，也有宗陆学者的言论，所以显得芜杂。如此，要理解《四书集注》的真意，在马一浮看来《四书纂疏》是最好的辅助书籍了。所以他说："朱子有功于四书，格庵又有功于朱子。"①

相比于马一浮纯之又纯的诠释家法，钱基博的四书诠释就开放得多了，其会通的特色甚为鲜明。

（三）兼综汉宋的四书学诠释实践

这一点首先在处理《大学》古本和朱熹本的问题上表现得最明显。钱基博说："要之《大学》一书，以《注疏本》为最古，以《朱熹本》为最通行，一汉一宋如日月之经行中天！"② 这里《注疏本》即是古本《大学》——最权威的本子，亦是汉学派所采用的本子。他把《注疏本》和《朱熹本》相提并论，赞为"如日月之经行中天"，那就是缺一不可了。

但是，对于主张古本《大学》的人来说，朱熹对《大学》篇章所做的调整应该如何去理解呢？对此，钱基博先以郑玄《注疏本》中分章的做法来证明朱熹分章的渊源，然后再以《中庸》证《大学》，以明朱子篇章顺序之不谬。他说："《中庸》之言自明诚，犹《大学》之言知至而后意诚也！何疑于朱熹之退《诚意章》于后乎！"③ 朱熹把《大学》"诚意章"调整到他自己补写的"格物致知"章之后，这引起后人的许多指摘。但是，如果以《中庸》的思路来理解《大学》的话，则应当如此。

其实，《大学》与《中庸》原本只是《礼记》中普通的两篇，彼此之间并没有密切的必然关联。但是，朱熹把《大学》《中庸》编入四书体系，那么两个文本之间的关系就必须有所体现，《大学》最终的篇章顺序就必须为四书的整个思想体系的神完气足服务，调整变得理所当然。就此，钱基博指出：

> 盖舍格物而言明德，象山之学也；离明德而言新民，永嘉之学也（永嘉之学薛季宣、陈傅良、叶适为著，其学主礼乐制度，以求见之事功而推原以为得统于程氏）；则是《大学》者，朱熹之学所自出也。④

这里，钱基博指出格物之说之于朱子《大学》的重要性，进而《大学》对于朱子学术体系的重要性。简言之，无《大学》则无朱子学矣！钱基博精

---

① 马一浮：《〈四书纂疏〉札记》，《古籍研究》1995 年第 1 期，第 6 - 7 页。
②③④ 钱基博：《四书解题及其读法》，第 8、10、12 页。

准把握了《大学》朱熹本在朱熹四书学体系中的关键作用，直截了当地划出朱熹四书学与其他门派之间的界线，无疑给予我们一把读解朱熹四书学体系的金钥匙。

在具体诠释中推尊朱熹的时候，又如何兼综汉宋呢？钱基博把朱熹对四书文本的诠释当作一个兼综汉宋的成功实践，这样便克服了汉学与宋学的对立。一般认为，汉学重训诂，宋学重义理，清代儒学对训诂更是特别重视，这也是他们轻视朱熹的重要理由。要兼综汉宋就一定要在训诂问题上打通。《大学》一书既然是朱熹四书学的关键，那么朱熹在训诂上如何打通汉宋呢？

钱基博说："按《大学》训诂之聚讼者，不出三事。"哪三事呢？一曰"明明德"。二曰"亲民"。三曰"格物"。在钱基博看来，在这三处最引发聚讼的地方，朱熹的训诂其实也是在融通郑玄、孔颖达等人的训诂基础上产生的。例如，朱熹对"明明德"的训诂："上'明'之解，用《郑注》而特分明了当；'明德'之训，取《孔疏》而更鞭辟入里。"所以说朱熹的训诂"古训是式，岂曰苟焉而已！然后知熹弥纶群言，研精一理为不可及也"。①

在钱基博看来，朱熹兼综汉宋的诠释实践，不仅《大学》如此，四书的其他文本亦然。比如《论语》。钱基博先仔细比较了郑玄、何晏、皇侃、刑昺等人训诂的承续关系，然后说：

> 然窃以为不如朱熹《集注》之博学详说融会诸家而以反说约也。惟何晏《集解》，集汉魏诸儒之解而明其训诂；而朱熹《集注》，则集宋儒诸家之注而籀其义理。言非一端，有并行而不悖者焉。独是朱熹《集注》亦多采何晏《集解》，然不称某氏曰者，多所删改故也。②

何晏的《集解》"集汉魏诸儒之解而明其训诂"则可视为汉学之大宗，而朱熹不仅"集宋儒诸家之注"，而且"亦多采何晏《集解》"，如此，朱熹的训诂兼综汉宋是不可置疑的。既然《四书集注》兼综汉宋，那么在四书学中孜孜以求汉学与宋学之分别也就没有多大的意义了。

（四）思想渊源：师法陈澧

钱基博追求汉学与宋学的会通，其思想深受陈澧的影响，这在《古籍举要》之"序言"中可以明显地看出来。陈澧的书斋号为"东塾"，钱基博就把自己的书斋号为"后东塾"；陈澧的书名为《东塾读书记》，钱基博就把

---

① ② 　钱基博：《四书解题及其读法》，第 10 – 11、23 – 24 页。

自己的书名为《后东塾读书记》。他分析陈澧作《东塾读书记》的动机说：

> 陈氏何为而作《东塾读书记》也？曰以救敝也。曷言以救敝也？清儒喜言东汉许、郑之学，至嘉、道之世，极炽而敝。于是专求古人名物制度训诂书数，以博为量，以窥隙攻难为功，其甚者欲尽舍程、朱而宗汉之士，枝之猎而去其根，细之搜而遗其巨。①

以救清代学术之弊端来赞许陈澧，这样的评价把陈澧放在一个挽狂澜于既倒的位置上面，难怪他要"后东塾"了。而对陈澧的学术路径，钱基博说："陈氏之指，在融通汉宋。"② 具体一点就是："兼综汉、宋，不为墨守，以为清学出朱子之道问学以上窥许、郑，又谓汉儒亦明义理，力祛汉宋门户之见。"③ 对此，钱基博在《四书解题及其读法》一书中是完全采纳了。他说："朱子为宋学大宗，而其解经则壹依汉儒家法。"④ 以这样的立场去理解朱熹和四书，无疑就是"兼综汉、宋"了。这是钱基博在路径选择上对陈澧的继续。而在具体践行中，他也遵循陈澧的策略。陈澧"遵郑康成《六艺论》，以《孝经》为道之根原，六艺之总会，而冠于编"⑤。也就是说，陈澧遵循郑玄的实践路线，首重《孝经》，钱基博在诠释四书的时候，也延引说："郑玄《六艺论》则谓：'孔子以六艺题目不同，指意殊别，恐道离散，后世莫知根源，故作《孝经》以总会之。'"⑥ 显然，钱基博引《孝经》来附四书，其实就是他对郑玄、陈澧路线的继续。

不过，对于陈澧的思想，当时是有不少批评的。例如，章太炎说：

> 晚有番禺陈澧，当惠、戴学衰，今文家又守章句，不调洽于他书，始鸠合汉、宋，为诸《通义》及《读书记》，以郑玄、朱熹遗说最多，故弃其大体绝异者，独取小小翕盍，以为比类。此犹剪毫于千马，必有其分寸色理同者。澧既善傅会，诸显贵务名者多张之。弟子稍尚记诵，以言谈剿说取人。⑦

---

①③⑤⑥ 钱基博：《古籍举要·序》。

② 钱基博：《古籍举要》，第156页。

④ 钱基博：《四书解题及其读法·序》，长沙：岳麓书社，2010。

⑦ 章炳麟著，刘治立评注：《訄书》，北京：华夏出版社，2002，第52—53页。

"剪毫于千马，必有其分寸色理同者"的评价已经很尖刻了，但章太炎意犹未已，攻其说，还鄙薄其人。不过，我们不要忘记章太炎作《訄书》的思想立场——革命。为了革命，需要在思想文化上对作为官方意识形态核心的程朱理学进行总清算。其具体策略便是以汉学来打倒宋学，所以立论尖刻乃至偏激便在所难免了。

相比之下，钱基博对汉学家的批评，即使在最激烈的地方也很有分寸感，例如，他说："古人言各有当，汉学家每执一以解之，其意主于破宋人之说，其辞务博辨广征，案往旧造说以眘人而夺之，而遂不顾畔道离经矣。"① 一句"古人言各有当"便把许多的纷争消弭于无形，由此也可以看出钱基博对自己兼综汉宋立场的自信。

四、 旁采佛老的四书学诠释胸襟

钱基博四书学诠释融通汉宋其实还是儒学内部的打通，旁采佛老就有在传统学术系统上打破儒道佛对立的意义了。有关理学与佛老的关系，历来聚讼纷纭，钱穆说："今人又谓宋代理学渊源实自方外，所谓方外，即指道释两家言。然当时理学家主要宗旨正在辨老释。"他又进一步指出："北宋诸儒乃外于释老而求发扬孔子之大道与儒学之正统。理学诸儒则在针对释老而求发扬孔子之大道与儒学之正统。"② 总之，理学（自然包括四书学）与佛老的关系在早期其实是势如水火的。这在朱熹诠释四书的时候表现得很突出。

在《中庸章句序》中，朱熹便指出："异端之说日新月盛，以至于老、佛之徒出，则弥近理而大乱真矣。"甚至在儒学内部"倍其师说而淫于老、佛者，亦有之矣"。③ 所以朱熹再三延引程颐的话严守儒佛之别。如《论语集注》云："程子曰：'佛氏之言，比之杨、墨，尤为近理，所以其害为尤甚。学者当如淫声美色以远之，不尔，则骎骎然入于其中矣。'"④ 又如《孟子集注》亦云："程子曰：'杨、墨之害甚于申、韩，佛氏之害甚于杨、墨。盖杨氏为我疑于义，墨氏兼爱疑于仁，申、韩则浅陋易见，故孟子止辟杨、墨，为其惑世之甚也。佛氏之言近理，又非杨、墨之比，所以为害尤

---

① 钱基博：《古籍举要》，第 163 页。
② 钱穆：《朱子学提纲》，北京：生活·读书·新知三联书店，2002，第 16–17 页。
③④ 朱熹注，王浩整理：《四书集注》，第 16–17、59 页。

甚。'"① 如此再三申诫，严防死守的用意是很明确的。在四书学、理学萌生之初，这种自我身份的矜持和确认无疑有固本强基的功效，四书学在明清两代发展成为显学和早期的这种努力是分不开的。但情况后来发生了转变，为什么呢？

首先，在朱熹之前四书未成体系，各书的诠释与佛老长期错杂。例如，钱基博对《论语》诠释史上的这种情况就有揭示。他说何晏的《论语集解》"大都集孔安国、包咸、周氏、马融、郑玄、陈群、王肃、周生烈诸家所说而辅以玄谭"。其后，"梁皇侃采魏晋诸儒之说而为之义疏，亦涉清玄，而殆有甚焉！何晏辅会《老》《易》，而侃则采及佛氏"。直至"邢昺之疏，盖因皇侃所采诸儒之说而加刊定者也；于《侃疏》之语有涉玄者，皆删弃之，有廓清之功矣"。② 佛老与儒学属于道并行而不相悖，它们在中国思想史上壁垒森严相互戒备的状态是较少的，互促互融才是常态。因此，尽管刑昺做了"廓清"，程朱做了鞭挞，佛老与儒学长期互融的状态是很难改变的。③

其次，在朱熹之后，尽管有赵顺孙等人严守朱子家法，力辟佛老，但是儒学特别是四书学在明清悬为功令，威势隆盛。清代郑燮在《焦山读书寄四弟墨》一文中说："况自昌黎辟佛以来，孔道大明，佛焰渐息。帝王卿相，一遵六经四子之书，以为齐家治国平天下之道。此时而犹言辟佛，亦如同嚼蜡而已。"④ 此间重点的信息有三：一是韩愈始辟佛，二是此后"佛焰渐息"，三是"此时而犹言辟佛，亦如同嚼蜡而已"。简而言之，在郑燮看来，辟佛已久，现在不用辟佛了。这表明儒学在清代的隆盛——其已经牢牢占据了意识形态的主场，此时儒家学者反倒可以有更从容的自信心来看待佛学，进而吸纳佛学。袁宗道说："三教圣人，门庭各异，本领是同。所谓学禅而后知儒，非戏语也。"⑤ 而佛教内部也有人引儒解佛，甚至认为"须藉《四

① 朱熹注，王浩整理：《四书集注》，第 291 页。
② 钱基博：《四书解题及其读法》，第 22－23 页。
③ 按照余英时先生的说法，宋代僧人智圆和契嵩等人结合《中庸》来诠释佛学，他们的论述影响了宋代理学家，甚至影响了后来四书学的形成。参见余英时《朱熹的历史世界：宋代士大夫政治文化研究》（上）之《绪说》四《道学家"辟佛"与宋代佛教的新动向》，北京：生活·读书·新知三联书店，2004，第 64－108 页。
④ 吴泽顺编注：《郑板桥集》，长沙：岳麓书社，2002，第 174 页。
⑤ 袁宗道著，钱伯城标点：《白苏斋类集》，第 237 页。

书》，助显第一义谛"。① 辟佛老其实已经不再是严重的问题了。

当然，晚清民国儒学已经不再隆盛，相反在钱基博的年代"打倒孔家店"风气正盛，四书学、儒学乃至整个中国传统学术正受到西学的严峻挑战，时势所迫，国学内部的融通已经不能再成为问题了。晚清杨文会等人发起从佛教立场来融通三教的风潮，一时间佛学甚至有胜于儒学的势头。而杨文会就以佛学为本，对孔孟、老庄诸家进行涵容会通，撰写了《〈论语〉发隐》《〈孟子〉发隐》《〈道德经〉发隐》《〈南华经〉发隐》等一系列著作。谭嗣同、梁启超、章太炎、康有为等人无不受其影响。一时间，"晚清所谓新学家者，殆无一不与佛学有关系，而凡有真信仰者率皈依文会"。② 钱基博的《四书解题及其读法》对四书的诠释恰恰也受到了这一风潮的影响，所以他采取了这一立场——旁采佛老，诠释四书。

（一）引佛解儒

先看钱基博对佛学的引用。在《四书解题及其读法》中，引佛解儒主要有三处。第一处引佛解儒，以明"明明德，亲民，止于至善"之意；第二处引佛解儒，明"子曰"之由来；第三处引佛解儒，揭示《中庸》以"诚""明"互修的意义。要理解钱基博这三处引佛解儒的意义，我们可以把它们和晚明高僧蕅益的《四书禅解》以及同时代欧阳竟无等人的四书学著述做一个对读。蕅益的书是佛学系统内第一部全面系统引佛解儒的四书学专著，其流风所及延至晚清民国杨文会、欧阳竟无等人③，这些人的著述便构成一个

---

① 智旭著，施维、周建雄整理：《周易·四书禅解》，成都：巴蜀书社，2004，第225页。另，晚明僧人智旭，字蕅益，他诠释《四书》的著作包括《〈大学〉直指》《〈中庸〉直指》《〈论语〉点睛》《〈孟子〉择乳》四部，是佛教内部第一次系统延引佛学诠释四书的著作。

② 梁启超：《清代学术概论》，第99页。相关论述还可参见张华《杨文会与中国近代佛教思想转型——有音如雷，有气如霞》一书（宗教文化出版社，2004），孙勇才《佛教与清季民初的江南国学——以杨文会为中心》一文（《东方丛刊》2008年第4期，第188－196页）。

③ 杨文会（1837—1911），字仁山，号深柳堂主人，自号仁山居士，安徽石埭（今石台）人。欧阳渐（1871—1943），字竟无，江西宜黄人。杨文会为晚清佛学复兴第一人，欧阳竟无是其学生，为民国佛学中坚。杨文会著有《〈论语〉发隐》《〈孟子〉发隐》等（参见杨文会撰，周继旨校点《杨仁山全集》，合肥：黄山书社，2000）；欧阳竟无著有《〈中庸〉读》《〈大学〉王注读》《〈论语〉课》《〈孟子〉课》等（参见欧阳渐《欧阳渐大德文汇》，北京：华夏出版社，2012）。杨、欧阳两人的四书学在下一章有专题研讨。

完整的参照体系，来辨析钱基博引佛解儒的价值。

第一处引佛解儒，以明"明明德，亲民，止于至善"之意。钱基博说：

> 学之为言觉也。（《白虎通·辟雍》）大学者，大觉之谊也。儒者之称大学，悬为治学者至高之鹄的；犹之释氏标佛为最高境诣，以树进修之鹄。佛，正音佛陀，汉言觉也。觉具三义：一者自觉，悟性真常，了惑虚妄；二者觉他，运无缘慈，度有情界；三者觉行圆满，穷原极底，行满果圆。（《翻译名义集·十种通号》第一）此之谓佛，亦此之谓"大学之道"。"在明明德"者，自觉也。"在亲民"者，觉他也。"在止于至善"者，觉行圆满也。佛之教人也，则曰"唯行菩萨行者，得成佛；其修独觉禅者，永不得成佛"。何谓菩萨行？菩萨，正音菩提萨埵。菩提，此谓之觉；萨埵，此曰众生。以智上求菩提，用悲下救众生（《翻译名义集·三乘通号篇》第五），故曰菩提萨埵。傥证之于《大学》：由格物，而致知，而诚意，而正心，而修身；以智上求菩提也；"在明明德"之事也。由齐家，而治国，而平天下；用悲下救众生也；"在亲民"之事也。如是者为菩萨行；而成佛者舍是莫由！伊尹曰："天之生斯民也，使先知觉后知，使先觉觉后觉也。予，天民之先觉者也；予将以斯道觉斯民也！非予觉之而谁也！"（《孟子·万章上》）是谓菩萨发心。而独觉禅者，以自证自果为满足者也；譬之吾儒，则言必信、行必果之硁硁然小人矣！独觉禅之所以永不得成佛者，以自觉而未能觉他也。言必信、行必果之所以为小人之硁硁者，以独善而未能兼善也。必明德、亲民而止于至善，斯为大学之究竟义。[①]

通篇论述多借佛语，以阐明"大学"之究竟意义。而考其究竟之处有三：

一是以"觉"训"学"，此从儒学系统内之《白虎通》来。朱熹训"学"为"效"，他说："学之为言效也。人性皆善，而觉有先后，后觉者必效先觉之所为，乃可以明善而复其初也。"[②] 如此，学成了外求的东西。而

---

① 钱基博：《四书解题及其读法》，第3-4页。
② 朱熹注，王浩整理：《四书集注》，第48页。

《白虎通》曰："学之为言觉也，悟所不知也。"① 这里以"觉"与"悟"训"学"，强调的是学之自明其性，由此也就开了后代儒佛融通的机括。不过，把"觉"引入四书系统来训"学"，钱基博并非第一人，比他稍前的康有为便如是解了。康氏《大学注》现已亡佚，但其《论语注》在诠释"学而"章时也引"《白虎通》曰：'学者，觉也。'"② 不过，康有为最后把"学"与时势联系起来，强调学以应时；钱基博强调的是学与心性的关系，这是他们的不同。

二是以"觉具三义"训三纲领，此当从蕅益和尚来。蕅益称："'学'者，觉也，自觉觉他，觉行圆满，故名'大学'。"又说："此中'明德'、'民'、'至善'，即一境三谛；'明'、'亲'、'止'，即一心三观。'明明德'即自觉，'亲民'即觉他，'止至善'即觉满。"③ 不过，比钱基博稍后，虽然与蕅益和尚同宗佛法，欧阳竟无却把对"大学"的训诂重点放在"大"上，他延续的是王阳明"大人之学"的理路。

三是以"菩萨行"训八条目，此处则可以算是钱基博的新解。蕅益于八条目的诠释则有些方枘圆凿，强为佛解。例如，其解"正其心"为"大圆镜智"，解"诚其意"为"平等性智"，解"致其知"为"妙观察智"等④，释义愈解愈玄，已经从引佛解儒演变成了引儒解佛，和"助显第一义谛"开方便法门的初衷渐行渐远了。相比之下，钱基博"以智上求菩提"解格物到修身，"用悲下救众生"解齐家治国平天下，与晚清民国"人间佛教"运动的精神息息相通，是其妙融儒佛处。这样的诠释与欧阳竟无有异曲同工之妙。欧阳竟无称："格致诚正修者，忠也；齐治平者，恕也。先修其身，乃至先致其知，致知在格物者，忠也；而后家齐，乃至而后天下平者，恕也。自明不已，所以亲民，止是修身、止是诚意者，忠而后恕也。惟囊括宇宙、包并六合者能恕，惟大公无我者能恕，惟舍己从人者能恕，惟顺其几之自然者能恕，惟行其所无事者能恕。"⑤ 显然，欧阳竟无也是把八条目两分成"忠"与"恕"，然后"忠"为"知"，而"恕"为"行"。这和《大学》内圣外王的理路是一致的。对比之下，我们发现，钱基博引佛解儒，虽通篇佛

---

① 班固：《白虎通义》，王云五主编"万有文库"第二集七百种，上海：商务印书馆，1937，第209页。
② 康有为著，楼宇烈整理：《论语注》，北京：中华书局，1984，第1页。
③④ 智旭著，施维、周建雄整理：《周易·四书禅解》，第349－350、351页。
⑤ 欧阳渐：《欧阳渐大德文汇》，第479页。

语，但意指在儒学；欧阳竟无以儒释儒，虽不见佛语，但"顺其几之自然""行其所无事"归结却在佛学根柢上。所以如此，正见道并行而不相悖也！

第二处引佛解儒，推究《论语》之记者，明"子曰"之由来。钱基博说：

> 记言之弁以"子曰"，如佛经之冠以"如是我闻"；所以明师说，绝杜撰。《智度论二》载："佛入灭时，阿难请问四事，其第四问：'一切经首置何字？'佛答：'以后一切经首，当置如是我闻，一时佛在某处，与某某众若干等，何以故？过去诸佛经初皆称是语；未来诸佛经初亦称是语；现在诸佛末后涅槃时，亦教称是语。'"将以溯师承之所自，征见知之有人。……特著"子曰"者，所以见门人相与辑而论纂，"非夫子之言"不辑也！①

这种诠释是钱基博的创见。历来儒家训"子曰"皆重在明其真假，未论及虚实。钱基博借佛家为类证，从"子曰"之"虚"处见"实"，申明其"溯师承之所自，征见知之有人"的真意义；并由此得出结论：《论语》"非夫子之言"不辑！反过来从虚实处见其真假。由此也可见，佛就算不可以与儒融通，也足以成为解儒的"他山之石"。

第三处引佛解儒，揭示《中庸》以"诚""明"互修的意义。钱基博说：

> 《中庸》一书，内贯《易》理，外通道佛。佛教者，智信圆融之教也。世界诸宗教，无不根植于信，而见破于智，以故宗教与科学不两立，乃至与哲学亦相违牾。惟佛教则不然！其利乐有情，始于由智生信；复终于由信转智。②

强调宗教和科学、哲学"不两立"，佛教又与一般的宗教不一样，这样就把佛教和宗教、科学、哲学相区别开来。钱基博此种认识多多少少有欧阳竟无影响的影子。但是，佛教由智生信，由信转智，最终归结在智，这又留下了和哲学、科学相融通的空间，所以钱基博潜在的意思是要表达佛教是倾向于科学的宗教，并由此最终与一般宗教不同，这又是他和欧阳竟无观点相异之处。

---

①② 钱基博：《四书解题及其读法》，第 19 - 20、67 页。

　　欧阳竟无 1922 年春在南京高等师范学校哲学研究会上讲演《佛法非宗教非哲学而为今时所必需》，同年 4 月整理为单行本《佛法非宗教非哲学》发行。① 欧阳竟无在演讲中开宗明义指出："宗教、哲学二字，原系西洋名词，译过中国来，勉强比附在佛法上面。但彼二者，意义既各殊，范围又极隘，如何能包含得此最广大的佛法？正名定辞，所以宗教、哲学二名都用不着，佛法就是佛法，佛法就称佛法。"② 这里先从概念的来源指出宗教与哲学是后起的外来概念，皆不可以倒过来涵摄佛法，然后斩钉截铁指出："佛法就是佛法，佛法就称佛法。"接着，欧阳竟无还从不同的角度分析了佛法与宗教、佛法与哲学不同的诸种原因。欧阳竟无的这些主张其实是佛学系统内部在基督文明、科学理性浪潮冲击下产生的一种协调策略。这里我们需要注意的是，欧阳竟无主张的是"佛法非宗教非哲学"而不是"佛教非宗教非哲学"，也不是"佛学非宗教非哲学"，一字之差，大相径庭。欧阳竟无强调佛法而淡化佛教、佛学，这是他把佛法与宗教、哲学严格切割的良苦用心所在。

　　钱基博所讨论的却是佛教、佛法并称，因为他接着前面的讨论又说：

　　　　佛法以中道为究竟义，吾儒以中庸为第一谛。中庸之以"诚""明"互修，犹佛法之贵"智""信"圆融。"自明诚谓之教"，教之始于由智生信也。"自诚明谓之性"，道之终于由信转智也。③

　　前面钱基博讲"佛教"由智生信，由信转智，这里又讲"佛法"和中庸一样由智生信，由信转智，智信圆融。显然他借鉴了欧阳竟无的观念，但是把佛法与佛教视如一体，因为他的立场在儒家儒学，他的目的在借佛解儒，他并没有为佛学正名的初衷。相比之下，他以"智信圆融"诠释诚明之道，与蕅益的诠释更为接近一点。

　　蕅益的诠释则以"始觉"训"明"，以"本觉"训"诚"，他说：

　　　　"自诚明"者，犹《大佛顶经》所谓"性觉必明"。此则但有性德，

　　① 参见欧阳渐《欧阳渐大德文汇》，第 80 - 102 页。当时因为时间关系只能讲"佛法非宗教非哲学"这个主题，"佛法为今时所必需"部分由其弟子王恩洋续补。同年 4 月这两个部分在广州惠爱中路壬癸坊即庐印行合为单行本，即《佛法非宗教非哲学》。
　　② 欧阳渐：《欧阳渐大德文汇》，第 80 页。
　　③ 钱基博：《四书解题及其读法》，第 67 页。

而无修德。凡圣平等，不足为贵，直须以始觉合本觉，"自明"而"诚"，则修德圆满，乃为修道之教。①

藕益诠释的重点在"觉"，而没有智就不会有觉；同时，既然觉了，自然也就信了，所以"觉"包括智与信。正是在这个意义上说，钱基博的诠释与藕益相通。在"打倒孔家店"的风潮中，"智""信""觉"三字无疑正是那个时代的对症良药。

（二）以道解儒

中国传统文化的内核其实是由儒和道一阳一阴组成的结构，即所谓的儒道互补，所以钱基博用以道解儒的方式来诠释四书其实是自然而然的事情，这一点在朱熹建立四书学体系的时候就已经有所体现了。

朱熹创立的四书学对于佛学的态度是旗帜鲜明地反对的。但是，朱熹对待老庄道家的态度就比较微妙了。熊铁基先生曾有论述："自唐以来就有一个儒家排斥佛老的问题。说朱熹'抗衡释道'也是有根据的，他既痛恨佛教、道教发展之影响国计民生，也反对人们'溺于老佛之说'。但应该具体分析，首先他抗衡释道重点在释，所谓'辟佛'，而道又主要是道教。其对于老子、老学，倒是另眼相看的。"②

我们再进一步看，则还会发现，在朱熹建构四书学体系的时候，在他对待道家学派的态度上，对不同的人，朱熹的态度也是不同的。具体来说，在《四书集注》中，我们看到朱熹排斥佛教、老子、杨朱，但是我们并没有看到他排斥庄周。在《四书集注》中甚至没有把庄子和老子并称"老庄"，而是把老子与佛家并称"老佛"或者"佛老"，从而把庄子从道家系统中相对独立出来，甚至把他也纳入四书诠释系统中去。查《四书集注》全书，直接征引庄子的便有 8 处，而且基本上是作为正面材料使用的。朱熹对庄子学说的态度于此可见一斑。刘固盛就指出："从朱熹平时的议论中可以看出，他对庄、老都十分重视，对庄、老的优点和长处都加以肯定，而于庄子，他经常不自觉地流露出溢美之情。"他还指出："朱熹肯定庄子，研究庄子，其重要的目的便是为了将庄子思想吸收到他的理学体系中去。"③ 那么，具体到四

---

① 智旭著，施维、周建雄整理：《周易·四书禅解》，第 338 页。
② 熊铁基：《从"存天理，灭人欲"看朱熹的道家思想》，《史学月刊》1999 年第 5 期，第 43 页。
③ 刘固盛：《朱熹论庄思想述析》，《孔子研究》2007 年第 2 期，第 36、44 页。

书学，朱熹如何把庄子的思想吸纳进来的呢？此种吸纳又对钱基博以道解儒产生了什么影响呢？我们从朱熹《四书集注》中对庄子的征引切入来看看。

《四书集注》从《庄子》书中直接征引的8处材料大概可以分成两种类型，一种为考据类，另一种为义理类。

首先是考据类的征引，共有5处。其中《论语集注》2处，分别是：

（1）《论语·雍也》之"雍也可使南面章"，引《庄子》书考证"子桑伯子"其人。朱熹曰："子桑伯子，鲁人，胡氏以为疑即庄周所称子桑户者是也。"①

（2）《论语·雍也》之"孟之反不伐章"，引《庄子》书考证"孟之反"其人。朱熹曰："胡氏曰'反即庄周所称孟子反者是也。'"②

《孟子集注》有3处，分别是：

（1）《孟子·滕文公章句上》之"墨者夷之章"，引《庄子》考证"墨子"其事。朱熹曰："《庄子》曰：'墨子生不歌，死无服，桐棺三寸而无椁。'是墨之治丧，以薄为道也。"③

（2）《孟子·告子章句下》之"宋牼将之楚章"，引《庄子》书考证"宋牼"其人其事。朱熹曰："时宋牼方欲见楚王，恐其不悦，则将见秦王也。遇，合也。按《庄子》书：'有宋钘者，禁攻寝兵，救世之战。上说下教，强聒不舍。'《疏》云：'齐宣王时人。'以事考之，疑即此人也。"④

（3）《孟子·尽心章句下》之"万章问孔子在陈章"，引《庄子》书考证"琴张"其事。朱熹曰："琴张，名牢，字子张。子桑户死，琴张临其丧而歌。事见《庄子》。虽未必尽然，要必有近似者。"⑤

以上5处考证的材料基本都是尊重庄子对所论人物其人其事的论说的，也就是说，在朱熹看来，《庄子》书属于言而可信的。

其次是义理类的征引，共有3处。其中《论语》1处，《孟子》2处。

（1）《论语·宪问》之"蘧伯玉使人于孔子章"，延引《庄子》阐发蘧伯玉之精神。朱熹曰："按庄周称'伯玉行年五十而知四十九年之非'。又曰：'伯玉行年六十而六十化。'盖其进德之功，老而不倦。是以践履笃实，光辉宣著。"⑥

（2）《孟子·万章章句上》之"万章问曰或曰百里奚章"，延引《庄子》褒扬百里奚之人格。朱熹曰："庄周曰：'百里奚爵禄不入于心，故饭牛而牛

---

①②③④⑤⑥　朱熹注，王浩整理：《四书集注》，第88、93、280、360、398、168页。

肥，使穆公忘其贱而与之政．'亦可谓知百里奚矣。"①

（3）《孟子·尽心章句下》之"孟子曰梓匠轮舆章"，延引《庄子》提示"斫轮之意"。朱熹曰："尹氏曰：'规矩，法度可告者也。巧则在其人，虽大匠亦末如之何也已。盖下学可以言传，上达必由心悟，庄周所论斫轮之意盖如此。"②

以上3处皆是从义理上引庄周为同调的，即：在朱熹看来，庄周之言不仅就其指示的事实来看是可信的，而且就其阐发的义理来看也是可信的。

相比之下，朱熹对老子的态度就相当消极了。《四书集注》一书中除了把老子与佛家并称"佛老"之外，直接提到老子的仅有两处。一处是在《论语序说》引用司马迁《史记·孔子世家》的资料来介绍孔子生平，朱熹转引，孔子"适周，问礼于老子"③。这其实是儒道互补一个很重要的历史情节，也是后世儒家对道家必须保留一定尊重的地方。但朱熹并没有就此发挥，略带而过。另一处提及老子在《论语·宪问》之"或曰以德报怨章"，朱熹曰："或人所称，今见《老子》书。"④ 老子主张"报怨以德"，此处被朱熹借孔子的话点名批评了。

朱熹诠释四书所体现出来的对待道家的态度在钱基博那里既有继承，也有调整。钱基博继承了朱熹引庄学入四书学的策略，但并不排斥老学，甚至他还企图调和孟子与墨子、杨朱的学说。

从《四书解题及其读法》一书看来，钱基博延引老庄之学共有5处，其中庄学的有3处，老学的有2处。其中，延引庄学的3处皆直接来自《庄子》一书，其一为引用《庄子·天下篇》2处⑤，其二为引用《庄子·齐物论》1处⑥。而对老学的延引则来自王弼《老子注》⑦ 和韩非《解老》⑧。这5处对老庄学说的引用态度都是正面的，而从内容来看，又可以分成两类。

第一，征引《齐物论》《解老》阐发中庸的意义。钱基博把庄子《齐物论》和孔子的《乾文言》连接起来，认为它们都能够准确把握"中庸"精髓。钱基博说："孔子知其意而特发'中庸'之义于《乾文言》"，"庄子知其意而特发'中庸'之义于《齐物论》"，"虽为言不同，而言'中'言'庸'则一。然则《中庸》之书，盖道出于《易》，而旁通于道佛书者焉"。⑨ 这里把庄子与孔子对接的做法其实朱熹已经做了。朱熹说：

---

①②③④　朱熹注，王浩整理：《四书集注》，第332、387、42、169页。
⑤⑥⑦⑧⑨　钱基博：《四书解题及其读法》，第47-48、70、49、52、70页。

庄子，不知他何所传授，却自见得道体。盖自孟子之后，荀卿诸公皆不能及。如说："语道而非其序，非道也。"此等议论甚好。度亦须承接得孔门之徒，源流有自。①

朱熹认为庄子对道体的认识"承接得孔门之徒，源流有自"，甚至超越了荀卿等人，如此，庄子在儒学史上的地位就非同凡响了。

或问："《中庸》说道之费隐，如是其大且妙，后面却只归在'造端乎夫妇'上，此中庸之道所以异于佛老之谓道也。"曰："须更看所谓'优优大哉！礼仪三百，威仪三千'处，圣人之道，弥满充塞，无少空阙处。若于此有一毫之差，便于道体有亏欠也。若佛则只说道无不在，无适而非道；政使于礼仪有差错处，亦不妨，故它于此都理会不得。庄子却理会得，又不肯去做。如《天下》篇首一段皆是说孔子，恰似快刀利剑斫将去，更无些子窒碍，又且句句有着落。如所谓'《易》以道阴阳，《春秋》以道名分'，可煞说得好。"②

朱熹从中庸之道切入把庄子和孔子联系起来，明显有高看庄子的意味，因为《天下》篇虽然论述六经，但是并未直接提及孔子。而且，庄子虽然说："《诗》以道志，《书》以道事，《礼》以道行，《乐》以道和，《易》以道阴阳，《春秋》以道名分。"但《天下》篇最终归结在老聃、庄子、惠施的言论上。所以，朱熹才说"庄子却理会得，又不肯去做"。朱熹把庄子和孔子联系起来，是把庄子作为孔子后学的身份来追认的，而钱基博把庄子《齐物论》篇和孔子《乾文言》并列起来，却是把庄子作为同样阐发中庸之道的学者来看待的。显然，朱熹企图把庄子纳入孔学统系，钱基博意在阐发《中庸》旁通佛道。两者的不同还是很明显的。

另外，钱基博在诠释《中庸》的时候还延引韩非子的《解老》篇，这种做法朱熹是没有的，甚至他认为韩非的学说是"浅陋"的。在《孟子集注》中，朱熹引用程颢的话说："程子曰：'杨、墨之害甚于申、韩，佛氏之害甚于杨、墨。盖杨氏为我疑于义，墨氏兼爱疑于仁，申、韩则浅陋易

---

① 黎靖德编，杨绳其、周娴君校点：《朱子语类》第 1 卷，长沙：岳麓书社，1997，第 329 页。

② 朱熹撰，黎靖德类编：《朱子语类》，济南：山东友谊出版社，1993，第 2528 页。

见，故孟子止辟杨、墨，为其惑世之甚也。佛氏之言近理，又非杨、墨之比，所以为害尤甚。'"① 朱熹把诸种异端学说进行罗列，就其为害儒学的严重程度分成三等，申不害、韩非子的学说属于"浅陋"一类，所以不必特别在意。也正因为"浅陋"，所以朱熹在建构四书学体系的时候并没有把韩非的思想引入进来。钱基博却用韩非读解《老子》的文字来诠释"中庸"，他说：

> 韩非《解老》曰："物之一存一亡，乍死乍生，初盛而后衰者，不可谓常；唯夫与天地之剖判也俱生，至天地之消散也不死不衰者，谓常，而常者无攸易"，故曰"不易之谓庸"。②

钱基博以韩非的话来诠释中庸之道恒常不变的特性，这种恒常特性与天地"俱生"，后天地而"不死不衰"。最后的结论"不易之谓庸"是程颐的话，钱基博又归结到朱熹的四书学思想上来了。韩非的《解老》和《喻老》两篇文章可以说是历史上第一次对老子学说的系统深入的诠释，虽然韩非诠释老子的目的在助力于建构自己的法家思想体系，但是韩非的这两篇重要著作依然可以视若老学的代表性篇章。所以，钱基博虽然引用的是韩非的话，但他所要说明的却是中庸之道与老庄学说的融通不碍。

第二，征引《天下篇》《老子注》融通孟子学说与道家、墨家学说。对庄子《天下篇》的重视，朱熹和钱基博是一致的。朱熹褒扬《天下篇》，说："《天下》篇首一段皆是说孔子，恰似快刀利剑斫将去，更无些子窒碍，又且句句有着落。如所谓'《易》以道阴阳，《春秋》以道名分'，可煞说得好。"而钱基博虽然没有在《四书解题及其读法》中明确褒扬《天下篇》，他却有《读〈庄子·天下篇〉疏记》③ 一书，深入地对《天下篇》的内容进行研究，而且在《四书解题及其读法》中两处引用《天下篇》对墨子的思想进行评点。一处是：

---

①　朱熹注，王浩整理：《四书集注》，第291页。
②　钱基博：《四书解题及其读法》，第52页。
③　钱基博：《读〈庄子·天下篇〉疏记》，上海：商务印书馆，1930。是书阐述《庄子·天下篇》的意义，兼有对文字的注释。全书105页，约3万字，共4篇：《总论》《墨翟禽滑厘宋鈃尹文》《彭蒙田骈慎到关尹老聃》《庄周惠施公孙龙》。书末附《太史公谈论六家要旨考论》。

按《庄子·天下篇》云"墨子真天下之好","宋钘、尹文子闻其风而悦之，作为华山之冠以自表"，"见侮不辱，救民之斗，禁攻寝兵，救世之战，以此周行天下，上说下教，虽天下不取，强聒而不舍者也"。①

另一处是：

按《庄子·天下篇》曰"墨子其生也勤，其死也薄，其道大觳。使人忧，使人悲，其行难为也。恐其不可以为圣人之道，反天下之心。天下不堪，墨子虽独能任，奈天下何"！②

这两处按语出现在"孟子之读法"之"第三考其辨诸子"部分。孟子、朱熹都批评墨子和杨朱无父无君，钱基博却为墨子、杨朱多方辩解。这两处对《天下篇》的引用就颇见用心。前一处引《天下篇》的话来突出墨子学说的"真天下之好"，后一处引《天下篇》的话来说明墨子学说"其行难为也"，这两处引文的意思结合起来就是：墨子学说是好的，只是实行起来太难了。其实，《天下篇》在"墨子虽独能任，奈天下何"之后，还有一句从儒学立场看来特别重要的话："离于天下，其去王也远矣。"因为大概只有墨子自己能够做到，所以"离于天下"，和普通老百姓的生活相去太远，结果"其去王也远矣"。做不到"王"，那么这种学说的终极意义就很有限了。钱基博把这一句话省略了，表明他还是认为墨子的学说是很有意义的。所以他说：

孟子之言仁义，盖即兼权杨墨之说，何者？"义"从我羊，谊取"善我"；非即"杨氏为我"之指乎？"仁"从人二，训为"人偶"；非即"墨子兼爱"之义乎？盖孟子之所为"距杨墨"者，恶其"执一"也。"所恶执一者，为其贼道也，举一而废百也。"③

这里，钱基博把"兼爱"和"仁"联系起来，同时指出，孟子所排斥者在于墨子的"执一"。那么墨子错在"执一"而非"兼爱"，墨子的学说就有了基本的意义，墨子的学说和孟子的学说就有了融通的可能。

---

①②③ 钱基博：《四书解题及其读法》，第47、48、48页。

同时，钱基博还注意到一个特别的现象：

> 是孟子言仁义，而距杨墨者，谓其"充塞仁义"也。然老庄绝仁弃义，而孟子不置一辞者，何哉?①

墨子的"兼爱"可以融通"仁"，杨朱的"善我"可以融通"义"，但孟子却对他们的学说展开激烈的批评；老庄主张"绝仁弃义"，孟子却"不置一辞"，这的确是一种特别的现象。钱基博对此的解释是：

> 於戏! 孟子不云乎："仁也者人也，合而言之道也。"……而王弼《老子注》曰："仁义礼知不能独用，必资道以用之"，与孟子如出一吻。②

原来，孟子与老庄在"道"的主张上是一致的。所以他排斥杨墨，却对老庄"不置一辞"。这个看法显然比陈澧要高明一些。钱基博引陈澧的话说："陈澧《东塾读书记》曰：孟子'距杨墨'（《滕文公》下），杨朱。老子弟子，距杨朱，即距道家矣!"③ 从上面的分析我们其实可以看到，"距杨朱"和距道家还是很不一样的，虽然杨朱是老子的学生，但是道家学派的代表人物毕竟还是老子、庄子两个人，而对这两个人，特别是道家学派的集大成者庄周的学说，不仅孟子，后代的朱熹也没有排斥的意思，陈澧的说法其实是草率的。

五、 钱基博四书学对西学的误读与误解

钱基博说："我现在治西洋的历史哲学、伦理哲学，功夫也比从前进了，有了许多参互比较的材料；因此，格外显得出中国古代学说的真价值，所以我'信而好古'的情绪一天浓挚似一天。"④ 此番言说出于民国九年（1920），而《四书解题及其读法》完成于民国十八年（1929），自然，钱基博对西洋哲学的研究有更多深入的地步，所以在著述中延引西学参证儒学也就很自然了。

然而，恰恰因为钱基博先生"信而好古"的情怀日益浓烈，所以西学作

---

①②③　钱基博：《四书解题及其读法》，第47—49页。

④　钱基博：《复裘葆良先生》，转引自傅宏星《钱基博年谱》，第55页。

为儒学参照的"他者"，在钱氏的思想体系中地位并不崇高，误读与误解也时有发生。《四书解题及其读法》在《四书》部分就引用了法国学者库赞（古惺）与德国哲学家康德的相关论述来阐发孟子的人性论。

> "孟子道性善"，世人之所知也；而孟子之所以道性善者，则或世人之所未知。其一"孟子道性善"之方法。"孟子道性善"之方法有二：一以"故"言性。孟子曰："天下之言性也，则故而已矣！"①

为了说明孟子这个观点，钱基博先用朱熹的注解来诠释，然后又用法国哲学家库赞的理论来辅助诠释，但是效果并不好。下面是钱基博转引的内容：

> 此其说可以法兰西学者古惺（Coucin 一七九二——一八六七）② 之论心理学明之，古氏以为"哲学必自事实始，此事实乃供给哲学以入思辨之境涯之机会者也。心理学不过为入形而上学之桥梁，形而上学乃最优之科学也，科学之科学也。科学之对象为实体，乃至不变化永久之实在也，而其研究之方法，则依观察，而观察之工夫，则不能有何等之科学。故可谓吾人乃观察精神之事实，而穷究其所以蕲到达绝对之原理；心理学之方法乃充此职役者也，易言以明之，即以后天之方法，得认先天之原理者也"。语见北京大学出版《西洋伦理学史》。③

《西洋伦理学史》一书是日本人吉田静致原著，当时北京大学教授杨昌济从日文翻译过来的。仔细对比一下，笔者发现，钱基博此处引文与原文之间其实有不少的出入，最重要的是节略了三句话（以钱基博为学之严谨当不是漏引），结果文意有了相当大的差异。笔者把杨昌济《西洋伦理学史》原文列出来对读一下，黑体字句子即为钱基博节略的。

> 哲学必自事实始，此事实乃供给哲学者以入思辨之境涯之机会者

---

① ③　钱基博：《四书解题及其读法》，第44页。

②　这里人名拼写有误，应该为 Cousin，即 Victor Cousin，现在一般汉译为"维克多·库赞"。库赞是法国折中主义哲学家。1830 年前后，他在哲学课程中加入了心理学，使心理学成为这门课程最重要的部分。按，钱基博所引内容出自杨昌济译著《西洋伦理学史》，然该书把 Cousin 汉译为"苦晢"。

也。心理学不过为入形而上学（本体学）之桥梁。**形而上学与心理学之间有不可越之溪谷。**形而上学乃最优之科学也，科学之科学也。科学之对象为实体，乃常不变化永久之实在也。**上文所言因果性之原理实为绝对之原理。**科学以绝对为研究之对象，而其研究之方法则依观察。无观察之工夫则不能有何等之科学，**故可谓吾人乃穷宪来于观察之范围内精神之事实之根抵而其终遂致达绝对之原理。**心理学之方法乃充此职役者也。易言以明之，即以后天之方法得认先天之原理也。①

在这段话的前面，库赞举了一个例子："予之意志动予之腕"，结论是"若认腕之运动之原因为意志，是既自经验之心理学一转而入于形而上学矣。入思辨之境涯矣。然其研究之始常在于观察事实"②。由"一转而入"我们可以看出，库赞认为，由经验之心理学到形而上学之间是一种"跳转"切换的关系：认识到了，你就进入形而上学领域；没有认识到，你永远只能在经验之心理学领域徘徊。这其实类似于中国传统的"顿悟"：悟了你就成佛，未悟你依然为众生。把握这一点对我们讨论钱基博节略的问题至关重要。

先看第一句话。钱基博把"形而上学与心理学之间有不可越之溪谷"略去，虽然上下文语气上没有明显断续的痕迹，但是，库赞此句强调了形而上学与心理学之间的巨大甚至本质的区别，这和前文论述的"一转而入"是互相照应的。没有了这一句，我们就很容易把心理学当成通达哲学的入门领域。由心理学到哲学就变成一个渐进的过程，显然这是背离了库赞原意的。

再看第二句话。由于省略了库赞所讨论的例子，所以"上文所言因果性之原理实为绝对之原理"一句就不得不节略。③ 但此一节略，上下文之间就变得不可理解了。我们来细读一下库赞的原话：

> 形而上学乃最优之科学也，科学之科学也。科学之对象为实体，乃常不变化永久之实在也。**上文所言因果性之原理实为绝对之原理。**科学以绝对为研究之对象。

---

① 杨昌济著，杨佩昌整理：《杨昌济：西洋伦理学史》，北京：中国画报出版社，2010，第140页；杨昌济：《西洋伦理学史》，长春：时代文艺出版社，2009，第177页。以上两个版本都和钱基博所引的文章明显不同。

② 杨昌济：《西洋伦理学史》，第177页。

③ 由此也可以看出，钱基博不是无意漏引，而是有意节略的。

库赞仔细甄别了两种"科学":一种是普通科学,一种就是科学之科学。所以他说:"科学之对象为实体,乃常不变化永久之实在也。"此间的"科学"是指普通的科学。接着他说:"上文所言因果性之原理实为绝对之原理。科学以绝对为研究之对象。"这里的"科学"应该是指"科学之科学",它的研究对象是"绝对",也就是"绝对之原理",不是直接的实体。如此,两种科学在研究对象上才有本质的区别,形而上学与心理学之间也才有"不可越之溪谷"。钱基博节略了第二句话,使得承接这句话的"绝对"很突兀,从而让人极容易误解为此"绝对"是指一种绝对的实体,那么形而上学作为"科学之科学",其高于一般科学的地方在哪里呢?这就难解了。

因为库赞认为形而上学是以绝对之原理为研究对象,所以他才说:"故可谓吾人乃穷究来于观察之范围内精神之事实之根抵而其终遂致达绝对之原理。"这个句子比较复杂,其主干是:"吾人终遂致达绝对之原理"。我们最终把握绝对原理的途径是什么呢?"穷究来于观察之范围内精神之事实之根抵",即来自于穷究根底。穷究什么根底呢?"观察之范围内精神之事实"。虽然库赞穷究的是"事实",不过这是一种"精神之事实",也就是非直接之实体,而是一种"绝对之原理"。显然,库赞的话层层相应,逻辑性非常强,钱基博的节略基本上已经让这段话变得面目全非了。

当然,钱基博是故意节略的,那么这种节略就一定别有用意,所以需要我们回过头来看看节略后的文章究竟传达了什么意思。

节略了三句话之后,整个文势就指向了最后一句话:"易言以明之,即以后天之方法得认先天之原理也。"在钱基博看来,"后天之方法"就是"故","先天之原理"就是"性","以后天之方法得认先天之原理"就是以"故"言"性"。而"后天之方法"就是"心理学之方法"。但问题是孟子之所谓"故"是"心理学之方法"吗?对此,我们可以借助朱熹的注解来看一看。钱基博说:

> 朱熹注:"性者,人物所得以生之理也;故者,其已然之迹,若所谓'天下之故'者也。言事物之理,虽若无形而难知;然其发见之已然,则必有迹而易见。故天下之言性者,但言其故而理自明;犹所谓'善言天者必有验于人'也。"此孟子以"故"言性之说也。①

---

① 钱基博:《四书解题及其读法》,第44页。

这里的结论"此孟子以'故'言性之说也"表明：钱基博是赞同朱熹对孟子以故言性的理解的。那么，朱熹所谓的"故"是什么？是"已然之迹"。朱熹认为，事物之理因为"无形"所以"难知"。那么"易见"的"迹"必然相对是有形的。有形之"迹"是什么？那就是"物"。这一点我们可以在朱熹为《大学》补写的"致知在格物章"得到理解。朱熹说：

> 所谓致知在格物者，言欲致吾之知，在即物而穷其理也。盖人心之灵莫不有知，而天下之物莫不有理，惟于理有未穷，故其知有不尽也。是以大学始教，必使学者即凡天下之物，莫不因其已知之理而益穷之，以求致乎其极。至于用力之久，而一旦豁然贯通焉，则众物之表里精粗无不到，而吾心之全体大用无不明矣。此谓物格，此谓知之至也。①

朱熹的重要观念是"即物而穷其理"，这是一个需要"用力之久"才能实现的"豁然贯通"。也就是说对"性"的领悟是一个渐进积累的过程，这是和佛家讲顿悟有明显区别的儒家理论方法，显然朱熹不会认可在"故"与"性"之间存在一个"不可越之溪谷"。因此，把库赞的话和朱熹的话合在一起来诠释孟子以"故"言性是不合适的。

文章另一处延引康德的理论和孟子的理论相对照，辨析两者思想的不同也不妥帖。钱基博说：

> 德之哲家康德曰："世界无制限纯粹之善，惟具'善意志'而已。'何谓善意志？'曰：'为理性之故而从理性之意志，是已。为义务之故而行义务之意志，是已。此乃不为感情所驱使，而率由理性之命令之意志也，非可由感情欲望而决定者也。傥以悲悯之情，而为施予之慈，是则情感之驱迫而然，不得为道德之行为也！必绝情祛欲而后可以言道德。'"则是谓情感与理性不相容也。②

钱基博不知道康德其实是一个"二元论"者，所以误以为康德宣扬"善意志"便必须"绝情祛欲"。其实，康德虽然宣扬善意志，但是他也说：

---

① 朱熹注，王浩整理：《四书集注》，第8页。
② 钱基博：《四书解题及其读法》，第46页。

"幸福只有在与理性存在者的德性严格成比例，因而使理性存在者配得幸福时，才构成一个世界的至善！"① 此种"严格成比例"的说法表明康德企图在情与理之间寻找一个合理的平衡。钱基博的误读是可以理解和原谅的，因为囿于当时的条件，他还无法阅读康德的原著。康德《道德形而上学原理》一书最早的汉译本由唐钺在 20 世纪 30 年代根据 T．K．阿博特 1911 年的英文译本译出来，此时，钱基博《四书解题及其读法》一书已经完成。

钱基博在延引西学诠释四书的时候所走的弯路很有时代性、代表性。它表明中西文化的融通其实是一个艰难的过程，需要下许许多多的精细工夫。但是，中西融通，借力人类历史上其他民族的优秀精神资产为我所用这个大方向不会有错，从这个方面理解钱基博的错误就很容易了——误解总是理解的开始。

第二节　马一浮四书学的该摄系统

和钱基博的会通相比，马一浮的四书学也有"会通"，但这种"会通"是统摄在四书之下的，所以有些专断的味道。马一浮对朱熹的四书学推崇备至，他说："为学必先治经，治经必先四书，四书必以朱子《章句集注》为主。"他还说："经义如日月，朱注如江河。"② 评价之高实在无以复加。正是基于对四书的推尊，马一浮精心营构了一个由四书统领的宏大的学术该摄系统。③ 此系统分为三个层级：最高一层为四书，其中又以《论语》为根本；中间一层为六艺，即六经；最基础一层分两个平行板块，一是国学，一是西学。系统中上一层该摄下一层，层层该摄，构成一个机理严密的学术体系。当前学术界能看到马一浮"六艺统摄于一心""六艺该摄诸学"的思想系统，却还没有注意到"六艺"与"心"之间其实还有一个由四书、《孝经》组成的该摄构造，由这个构造，"心"与"六艺"之间才形成一种可以

---

① 康德：《纯粹理性批判》，邓晓芒译，北京：人民大学出版社，2004，第 617 页。

② 马一浮：《四书纂疏跋》，《志学月刊》1942 年第 10 期，第 7 - 8 页。

③ 朱熹也使用"该摄"一词："或问：'横渠先生清虚一大之说如何？'曰：'他是拣那大底说话来该摄那小底。'"（《朱子语类》卷九十九《张子书二》）后来《宋史·李侗传》叙述李侗跟随罗从彦学习，"从彦令静中看喜怒哀乐未发前气象，而求所谓'中'者，久之，而于天下之理该摄洞贯，以次融释，各有条序，从彦亟称许焉"。由此看来，"该摄"首先是以大摄小，其次是能够一以贯之，还要有条理性等。

检诸义理、验之行迹的真实统摄关系①，并由此，六艺该摄一切学术才有了坚实的学理支撑。

一、 以 《论语》 为四书学根本

在朱熹那里，四书学有其严密的理论系统，他说："某要人先读《大学》，以定其规模；次读《论语》，以立其根本；次读《孟子》，以观其发越；次读《中庸》，以求古人之微妙处。"② 其间，《论语》 被视为"根本"，其在朱熹四书学中的核心地位是毫无疑问的。因为《论语》是迄今为止记载孔子言行最为可靠的资料，确立了《论语》的根本性地位也就确立了四书学在儒学中的正统地位。然而，晚清以来，对四书学的内在重心多有调整。例如，康有为把《论语》降格为曾子之学，并且认为："孔子之教论，莫精于子思《中庸》一篇。"③ 如此，四书学的重心有巨大的位移。他的学生梁启超则认为："《论语》为二千年来国人思想之总源泉。《孟子》自宋以后势力亦与相埒。"④ 虽然没有把《论语》降格，但是以《孟子》为势力"相埒"一方，显然四书学的内部权重也要相应调整。而与康梁同时的王国维也认为要研究孔子的思想"当先研究夫子所研究之《诗》《书》《易》《礼》等古书，及夫子之遗书《大学》《论语》《孝经》，子思之《中庸》，孟子之书等，以考察其说"⑤。《论语》也只是王国维学术视野中考察孔子思想的众多路径之一。章太炎则干脆说："《论语》者晻昧。"⑥ 那绝对是离经叛道要革命的样子了。相比之下，马一浮却始终坚持《论语》的根本地位不动摇。

---

① 例如，成中英先生分析马一浮"心统六艺"思想的时候批评说："没有任何分析的解说与阐释，因而其说显得笼统而模棱，必须加以疏导才能见其真章。马氏有整合宋之理学与明之心学之意，或可归宗于阳明。"成先生也未能注意到马一浮在"心"与"六艺"之间的该摄构造（见成中英《马一浮的"六艺心统说"与儒家经学的哲学意涵：从"经典诠释"到"本体诠释"》，《杭州师范大学学报：社会科学版》2009年第2期，第29页）。也正因为"心统六艺"说过于笼统，故本书以四书为该摄系统最上一层来论述。

② 黎靖德编，杨绳其、周娴君校点：《朱子语类》，第222页。

③ 康有为：《康有为全集》，北京：中国人民大学出版社，2007，第369页。

④ 梁启超：《读书指南》，第3页。

⑤ 王国维原著，佛雏校辑：《王国维哲学美学论文辑佚》，第25–26页。

⑥ 章太炎：《章太炎全集》（三），上海：上海人民出版社，1984，第134页。

首先，马一浮以《论语》该摄六经。这就划设了《论语》之于儒学的直接作用领域，从而也为六经的思想系统设置了一个总括。他说："六艺皆孔氏之遗书，七十子后学所传。欲明其微言大义，当先求之《论语》，以其皆孔门问答之词也。"① 马一浮先肯定"六艺皆孔氏之遗书"②，这可以当作对疑古论的一种回应。如此则六艺的学术品位便明确了，至于六艺中掺杂情况显然是"后学所传"，瑕不掩瑜，无关宏旨，如此来认识六艺，其崇高便无可置疑。然后再点出要明了六艺的微言大义，那就要求之《论语》，这样一来，《论语》为六艺"大义"所在，其地位自然超越在六艺之上。当然，马一浮没有直接说《论语》该摄六艺。我们的论断基于三个理由。第一，既然"六艺皆孔氏之遗书"，而"六艺统摄于一心"，那么孔氏之心何以见之，曰见之《论语》也。因为《论语》"皆孔门问答之词"，它是孔子师生思想言论最直接最权威的底本，是圣心最真实的体现。第二，马一浮还说："《论语》记孔子及诸弟子之言，随举一章，皆可以见六艺之旨。"③那意味着《论语》不仅整体上，而且是随便一章都可见六艺之心。第三，马一浮认为，《论语》为六艺之"大义"所在，而"大义者，圆融周遍之义，对小为言"④，"对小为言""圆融周遍"正是"该摄"。因此，我们可以说《论语》该摄六艺。

马一浮以《论语》来该摄六艺，这从他的《论语大义》一书的结构体系可以更清楚地看出来。《论语大义》一书除了前面所附的"群经大义总说"作为"绪言"之外，其主体包括十个部分，分别为：

> 论语大义一（诗教），论语大义二（书教），论语大义三（礼乐教上），论语大义四（礼乐教中），论语大义五（礼乐教下），论语大义六（易教上），论语大义七（易教下），论语大义八（春秋教上），论语大义九（春秋教中），论语大义十（春秋教下）。⑤

由此目录可见，《论语》一书而兼括六艺，因此马一浮的《论语大义》其实是把《论语》对"六艺"的"该摄"做了非常具体的文本阐发。也就

---

①③④⑤　滕复编：《默然不说声如雷——马一浮新儒学论著辑要》，第148、33、173、167－226页。

②　梁启超等人就颇不以为然，例如，梁启超有《要籍解题及其读法》（收入《读书指南》，北京：中华书局，2010）一书，对此多有辩证。

是说,他的心统六艺,其实是圣心统六艺,具体义理落实便有《论语》该摄六艺。

当然,马一浮始终没有直接说《论语》该摄六艺。那是因为《论语》在该摄六艺上起主要作用,但不是全部作用,它对六艺的该摄需要四书系统的支持,需要《孝经》的辅翼。

我们先看四书系统对《论语》的支持。确定了《论语》作为六艺的义理总括之后,《论语》在四书中的根本性地位其实已经毋庸费言。对其余三书与《论语》的关系,马一浮在《通治群经必读诸书举要》中有清晰的阐发。他说:

> 据《论语》以说六艺,庶几能得其旨。孟子、荀卿皆身通六艺,然荀卿蔽于修而不知性。唯孟子道性善,言王政,为足以继《论语》。先儒取戴记《大学》《中庸》二篇以益之,谓之四书,万世不可易矣。朱注字字称量而出,深得圣人之用心。故谓治群经必先求之四书,治四书必先求之朱注。[①]

有清一代尊荀运动中,荀卿大有把孟子取而代之的趋势。此间,马一浮以"性善""王政"为标准,定位了《孟子》承继《论语》的正统地位,《大学》《中庸》则成为孔孟的辅翼。如此一来,四书内部也形成一个以《论语》统领的密不可分的思想系统,而有了《孟子》《大学》《中庸》的辅翼,《论语》对六经微言大义的阐发便更完整了,从这个意义上可以说《论语》对六经的该摄可以视如四书对六经的该摄,这也就是"治群经必先求之四书"的道理。

马一浮此种四书学内部系统构成的安排其实是严格遵照程朱四书学的路径而来的。程颐说:"学者当以《论语》、《孟子》为本。《论语》、《孟子》既治,则《六经》可不治而明矣。"[②] 程颐把《孟子》摆在《论语》之后,并非梁启超等人那样把两者并列的意思,它其实就是对《孟子》道统地位的确认。因为在程朱的四书学系统里面,《论语》才是"根本"。至于孟子,"未敢便道他是圣人,然学已到至处"[③]。也就是说,在个人修为的境界看,孟子和孔子相比,还是有一点距离。但为什么读了《论语》《孟子》,六经

---

① 滕复编:《默然不说声如雷——马一浮新儒学论著辑要》,第 148—149 页。
②③ 朱熹注,王浩整理:《四书集注》,第 46、216 页。

便可以"不治而明"？程颐并没有展开分析原因，而马一浮对四书该摄六经的论述正是对此做了阐发，这是他对程朱四书学的一个重要贡献。

二、以《孝经》辅翼《论语》

引入《孝经》辅翼《论语》，这是马一浮对程朱四书学的一个发展，或者说补充。朱熹对《孝经》并不怎么重视，《朱子语类》记载：

> 问："《孝经》一书，文字不多，先生何故不为理会过？"曰："此亦难说。据此书，只是前面一段是当时曾子闻于孔子者，后面皆是后人缀缉而成。"①

显然，朱熹不重视《孝经》的原因是在他看来，《孝经》主要是"后人缀缉而成"，不足以反映孔子的真实思想。

然而，马一浮却十分重视《孝经》，他说："吾人性德本自具足，本无纤毫过患，唯在当人自肯体认。与其广陈名相，不若直抉根原。故博说则有六艺，约说则有《孝经》。《孝经》之义，终于立身；立身之旨，在于继善成性。"②

《孝经》与六艺这种"约"与"博"的关系如何理解呢？马一浮说：

> 六艺皆以明性道陈德行，而《孝经》实为之总会。德性是内征属知，（非闻见之知。）行道是践履属行；知为行之质，行是知之验；德性至博而行之则至约。当其行时全知是行，亦无行相可得。（孟子曰："由仁义行，非行仁义。"是无行仁义之相也。）故可以行摄知，以德摄德，以约摄博。如耳目口体并是心摄，视听言貌并是思摄，制度文为并是礼摄，家国天下并是身摄。明此则知《诗》、《书》之用，《礼》、《乐》之原，《易》、《春秋》之旨，并为《孝经》所摄，义无可疑，故曰孝德之本也。③

马一浮认为，《孝经》是六艺的"总会"，也就是《孝经》对六艺有该

---

① 黎靖德编，杨绳其、周娴君校点：《朱子语类》，第1921页。
②③ 滕复编：《默然不说声如雷——马一浮新儒学论著辑要》，第228、229页。

摄的意义。具体而言，《孝经》与六艺的关系就是三个"摄"："以行摄知""以德摄德""以约摄博"。也可以说《孝经》具备"行""德""约"三个特性，因而"六艺"之"用""原""旨"皆为《孝经》所摄。①

所以，马一浮说：

> 大哉《孝经》之义，三代之英，大道之行，六艺之宗，无有过于此者。故曰："圣人之德，又何以加于孝乎？"自汉以来，皆与《论语》并称，先儒虽有疏释，其于根本大义，似犹有引而未发，郁而未宣者。故今继《论语》之后略说此经，此为向上提持之要，使学者知六艺之教，约归于行，而后于时人诬罔之说，可昭然无惑也。②

因为"无有过于此者"，所以《孝经》"与《论语》并称"。那么这种"并称"的关系如何理解呢？

首先，要注意的是《孝经》"约归于行"。"行"是马一浮推崇《孝经》的重点，这和他阐发《论语》的重点是不一样的。一样是该摄六艺，但《论语》的"该摄"重点是"知"上的"微言大义"，而《孝经》的"该摄"重点在"行"上的"践履属行"，两者的关系是"知为行之质，行是知之验"，那么"质"在"验"前，《论语》是要优先于《孝经》的。

其次，从"六艺之旨散在《论语》而总在《孝经》"③来看，则《论语》义理富赡，而《孝经》义理简约，如果以四书来对比那就更明显。所以《孝经》的特点是"约"，《论语》的特点是"博"，以约摄博的话，则《孝经》该摄《论语》。但是，从"治经必先四书"来看，则四书在学理次第上要优先于《孝经》。因此它们之间不是一种该摄关系。《孝经》之"约"所对应的"博"是六艺之"博"，而非《论语》或者四书之"博"。它们对六艺的该摄主要是分工的不同，如此《论语》不在《孝经》之后。

最后，从《孝经大义》一书与《论语大义》一书的内容上看，《论语》对六艺的该摄更为直接，《孝经》主要起一种"向上提持"的作用。《孝经

---

① 以《孝经》统摄六艺的观念其实由来久远，并非马一浮首创："郑玄《六艺论》曰：'孔子以六艺题目不同，指意殊别，恐道离散，后世莫知根源，故作《孝经》以总会之。'"转引自邢昺《〈孝经正义〉序疏》，阮元刻《十三经注疏》（全二册），北京：中华书局，1980，第2539页。

②③ 滕复编：《默然不说声如雷——马一浮新儒学论著辑要》，第229、19页。

大义》除了"序说"，现缺第三章，就只有"一略辨今古文疑义""二释至德要道""四释三才"三章了。① 从内容上看，主要是从德行上对六艺进行"提持"，论述比较空泛，而且缺乏全面具体的对应关系的分析，所以《孝经》在对六艺的该摄上和四书相比应该处在第二位，六艺微言大义的阐发还是要靠《论语》，要靠四书。

因此，虽然"并称"，但实际上《孝经》是辅翼《论语》的，我们可以把《孝经》当作以《论语》为核心的四书学系统的扩展。这就是我们依然把这个系统称为四书学该摄系统的原因。不过，既然《孝经》高于六艺，那么事实上便形成一个由四书与《孝经》组成的"五书"构造，这显然是马一浮对程朱四书学的重要发展。当然，以对《孝经》、《论语》、六艺的关系的认知而言，马一浮的认识并非独创。钱基博也说："惟朱子特标《四书》以约《五经》之指归；而汉学则揭《孝经》以见《六艺》之总会。"② 因而，新"五书"的构建上，钱基博还要更早。但是，马一浮进一步拓展了新"五书"的学术价值，以新五书该摄六艺，以六艺该摄一切学术，这是钱基博没有做到的。

三、 以六艺该摄国学

确立了四书对六艺的该摄关系之后，马一浮又以六艺该摄国学，这也可以看作关于四书在国学系统中崇高地位的认识。自西方学术强势输入中国之后，中国传统学术抱团取暖，于是相对于"西学"的"国学"自觉被提出来了。梁启超说："使外学之输入者果昌，则其间接之影响，必使吾国学别添活气，吾敢断言也。但今日欲使外学之真精神普及于祖国，则当转输之任者，必邃于国学然后能收其效。"③ 西学转入的成功必然要借助国学，这代表了当时人们在西学东渐语境下对国学重要性的认识。

马一浮虽然不太赞同"国学"这个命名，但是"今为随顺时人语，故暂不改立名目。然即依固有学术为解，所含之义亦太觉广泛笼统，使人闻

---

① 滕复编：《默然不说声如雷——马一浮新儒学论著辑要》，第 227 – 253 页。
② 钱基博：《四书解题及其读法·序》。
③ 梁启超：《论中国学术思想变迁之大势》，上海：上海古籍出版社，2001，第135 – 136 页。

之，不知所指为何种学术"，所以，"现在要讲国学，第一须楷定国学名义"。①"国学"的名义如何界定呢？

> 今先楷定国学名义。举此一名，该摄诸学，唯六艺足以当之。六艺者，即是《诗》、《书》、《礼》、《乐》、《易》、《春秋》也。此是孔子之教，吾国二千余年来普遍承认一切学术之原，皆出于此，其余都是六艺之支流。故六艺可以该摄诸学，诸学不能该摄六艺。今楷定国学者，即是六艺之学，用此代表一切固有学术，广大精微，无所不备。②

由此看来，为什么六艺能够该摄诸学呢？因为六艺为诸学之原，其余都是六艺之支流。而且六艺与诸学之间不是互融的关系，而是六艺对于诸学的单向该摄，也正因此六艺可以为一切固有学术的代表。这正是马一浮"治学要先治经"的理由所在。

马一浮所谓"一切固有学术"其实有一个特定的内涵。他在《论六艺该摄一切学术》中说："何以言六艺该摄一切学术？约为二门：一、六艺统诸子，二、六艺统四部。（诸子依《汉志》，四部依《隋志》。）"③ 这样的内容其实都是国学范围内的。

先看"六艺统诸子"。马一浮认为："墨家统于礼，名、法亦统于礼。道家统于易。"这是他关于墨、名、法、道四家学术根源的辨识。至于其他各家，马一浮认为，纵横家，"其谈王伯皆游辞，实无所得，故不足判"；杂家，"亦是得少失少"；农家与阴阳家"虽出于礼与易，未流益卑陋无足判"。最后马一浮的结论是："观于五家之得失，可知其学皆统于六艺，而诸子学之名可不立也。"④ 这样的结论显然有点霸道了：诸子之学不仅内容源于六艺，现在连形式上的名也得取消了。

再看六艺统四部。四部即经史子集，其中的"经"原来就包括六艺和四书，如此一来，六艺统四部在逻辑上就混乱了。马一浮的处理办法是"今定经部之书为宗经论、释经论二部，皆统于经则秩然矣"。那么何者为"宗经论"，何者为"释经论"？马一浮解释：

> 六艺之旨散在《论语》而总在《孝经》，是为宗经论；《孟子》及

二戴所采曾子、子思子、公孙尼子诸篇，同为宗经论；《仪礼丧服传》子夏所作，是为释经论；三传及尔雅亦同为释经论；《礼记》不尽是传，有宗有释；《说文》附于《尔雅》，本保氏教国子。以六书之遗如是，则经学、小学之名可不立也。①

经部之中，宗经论的地位显然要更为崇高，而有了宗经论和释经论两部，经学、小学的名也可以取消了。从取消诸子学到取消经学，马一浮为它们找到六艺这一总根源，其实间接地提升了诸子学的地位，因为诸子学与传统经学的很大一部分地位平等了。这其实是对晚清民国时期诸子学地位上升的一种适应。

四、 以六艺该摄西来学术

刘梦溪先生说："国学是与'西学'相对应而产生的一个概念。这就如同'中国文化'一词，也是晚清知识分子面对域外文化的冲击，起而检讨自己的文化传统所使用的语词。"② 因此，"国学"如何因应"西学"其实是每一个晚清民国思想家都无法回避的问题。那么马一浮如何认识"国学"与"西学"的关系呢？

首先，马一浮认为不能把国学拿来与西学做简单的比附。龚鹏程先生说："从当代史学界的眼光看，整个国学运动，不过是一场中国学术模仿西学，进而将自身融入西学之过程。……马一浮却是极特别的例子。他本人无疑甚通西学，但他瞧不起西学，论国学更深以比附西学为戒。"③ 这样的论断无疑是贴切的，例如，马一浮在给程泽溥的一封信中曾经说："足下既尝师刘宥斋（笔者按：刘咸炘）先生，备闻师说，其言必有所本。刘先生之书虽未尽见，偶见一二种，亦深叹其博洽。但好以义理之言比傅西洋哲学，似未免贤智之过。"④刘咸炘先前是程泽溥的老师，其人为晚清民国期间四川著名学者，著述颇丰，马一浮叹息刘咸炘以中国的义理比附西洋哲学是有点聪明

---

①④ 滕复编：《默然不说声如雷——马一浮新儒学论著辑要》，第18－19、326－327 页。

② 刘梦溪：《论国学》，《中国文化》2006 年第 2 期，第 13 页。

③ 龚鹏程：《马一浮国学观及其特色》，《杭州师范大学学报：社会科学版》2008年第 6 期，第 17－18 页。

过头了。他提醒程氏要注意"中土先哲本其体验所得以为说",所以要"求己为先,多闻为后",也就是要程氏注意中学与西学的不同,不要简单比附。

马一浮不能以西学比附中学的主张与梁启超是异曲同工的。梁启超在他的《保教非所以尊孔论》一文中说:

> 以孔子之圣智,其所见与今日新学新理相暗合者必多多,此奚待言。若必一一而比附之纳入之,然则非以此新学新理厘然有当于吾心而从之也,不过以其暗合于我孔子而从之耳。是所爱者仍在孔子,非在真理也。万一遍索之于四书、六经,而终无可比附者,则将明知为铁案不易之真理,而亦不敢从矣;万一吾所比附者,有人从而剔之,曰孔子不如是,斯亦不敢不弃之矣。若是乎真理之终不能饷遗我国民也。故吾最恶乎舞文贱儒,动以西学缘附中学者,以其名为开新,实则保守,煽思想界之奴性而滋益之也。我有耳目,我有心思,生今日文明灿烂之世界,罗列中外古今之学术,坐于堂上而判其曲直,可者取之,否者弃之,斯宁非丈夫第一快意事耶!①

梁启超深入批评了"西学缘附中学"的人,批评他们"名为开新,实则保守"。要人们不管对何种学说都必须"可者取之,否者弃之",因为他要人们追求的是"真理"。文章最后,他说:"吾爱孔子,吾尤爱真理!"这其实就是亚里士多德的翻版。对真理的追求正是梁启超、马一浮等人化合中西始终坚持的原则。

其次,不能以西方科学方法来整理国学。当时不少人主张以西方科学的方法来整理国故,马一浮对此不以为然。他在一封信里面说:"今日以科学方法研究儒学,将以建设新文化组成大同文化之新统系,综贯世界一切科学,此在足下之理想则可,若谓遂能建设立求实现,言未可若是其易也。"以西方科学方法为主来统领整理儒学为什么不可以呢?马一浮认为:"今时科学哲学之方法,大致由于经验推想观察事相而加以分析,虽其浅深广狭所就各有短长,其同为比量而知则一。或因苦思力索如鼷鼠之食郊牛,或则影响揣摩如猿狙之求水月,其较胜者理论组织饶有思致可观,然力假安排不由自得。以视中土圣人始条理、终条理之事,虽霄壤未足以为喻。"② 西方科学

---

① 梁启超:《保教非所以尊孔论》,《新民丛报》1902 年第 2 号。
② 滕复编:《默然不说声如雷——马一浮新儒学论著辑要》,第 340–341 页。

方法重在外求，所以其学难免支离破碎；中学重在内求，所以能够始终条理。以支离破碎之科学方法倒过来整理始终条理的中国学术，显然是本末倒置了，马一浮的潜台词是：正确的方法应该是以中学来整理西学。

最后，我们必须以六艺来统摄西学。马一浮说："六艺不唯统摄中土一切学术，亦可统摄现在西来一切学术。举其大概言之，如自然科学可统于《易》，社会科学（或人文科学）可统于《春秋》。因《易》明天道，凡研究自然界一切现象者皆属之；《春秋》明人事，凡研究人类社会一切组织形态者皆属之。"① 不仅六艺之中只要《易》和《春秋》便可以统摄西方自然、社会两大科学系统，甚至在马一浮看来，我们还应该把六艺之道向全人类弘扬，这悬义更高了。他说：

> 学者当知六艺之教固是中国至高特殊之文化，唯其可以推行于全人类，放之四海而皆准，所以至高；唯其为现在人类中尚有多数未能了解，百姓日用而不知，所以特殊，故今日欲弘六艺之道，并不是狭义的保存国粹，单独的发挥自己民族精神，而止是要使此种文化普遍的及于全人类，革新全人类习气上之流失，而复其本然之善，全其性德之真。方是成己成物，尽己之性尽人之性，方是圣人之盛德大业。②

在一个人人皆以西方马首是瞻的年代里，马一浮竟然要以六艺统摄西方学术，甚至认为六艺之道之弘扬不能局限于国内，要把它向全人类弘扬，以此"革新全人类习气上之流失"，不能不说马一浮有着高度的文化自信。

当然，马一浮的文化自信也并非妄自尊大，他有他的理由。他一方面看到西方社会的深层文化矛盾：

> 西洋法律不许虐待动物，此有似于仁政，所谓推恩已及于禽兽，而功不加于百姓者也。登公共车，壮者必让老者，男子必让妇孺，亦有敬老慈幼之心焉。而父子、夫妇异财，恩义至薄，如贾谊讥秦俗好分异，兄借耰锄，虑有德色，母取箕帚，立而诟谇，此真夷狄之道也。③

---

① ② 滕复编：《默然不说声如雷——马一浮新儒学论著辑要》，第 340 – 341、25、26 – 27 页。

③ 虞万里校点：《马一浮集》第一册，杭州：浙江古籍出版社，1996，第 843 页。

这段话揭示西方文化亲于外而疏于内的品性，因此纵然有善，背离正常人情，不过是"夷狄之道"。批评辛辣，而实在切中肯綮！另一方面，马一浮还看到国学的弘扬对民族自强、救己救人的迫切性：

> 从前论治犹知以汉唐为卑，今日论治乃惟以欧美为极；从前犹以管、商、申、韩为浅陋，今日乃以盂梭里尼、希特勒为豪杰，以马格斯、列宁为圣人。今亦不暇加以评判。诸生但取六经所陈之治道，与今之政论比而观之，则知碔砆不可以为玉，螳蜋不可以为龙，其相去何啻霄壤也。中国今方遭夷狄侵陵，举国之人动心忍性，乃是多难兴邦之会。若曰图存之道，期跂及于现代国家而止，则亦是自己菲薄。①

马一浮在墨索里尼、希特勒等人势力嚣张的时候，毫不客气加以贬斥，无疑彰显了他作为思想家、史学家的远见卓识。他把本民族的学术看得如此重要，我们不难体会到他是有一种担荷人类苦难的济世救时情怀的。而此种情怀当中始终支持、念念不忘的是"六经"，而"六经"为四书所统摄，前文已有论述。则我们可以断论：于马一浮看来，四书可以统摄六经，六经统摄一切西来学术，则四书可以统摄西学。

五、 四书学以朱熹为正宗

马一浮有非常鲜明的宗朱立场，并极力保持对程朱道统纯洁性的维护。他多次明确表示"治群经必先求之四书，治四书必先求之朱注"②。这在他的《四书纂疏札记》《四书纂疏跋》两篇文章中表现特别突出。两篇文章同时刊发。虽然论述的重心在赵顺孙的《四书纂疏》上，但是我们依然可以借此看出马一浮在宗朱还是宗陆问题上的选择。

先看《四书纂疏札记》。文章先引用顾炎武《日知录》"《四书五经大全》"条的内容梳理了《四书纂疏》一书在《四书集注》与《四书大全》流变中的地位，然后加"按语"，指出："学者欲详究朱子《章句集注》之义，唯求之赵氏《纂疏》、胡氏《通》（笔者按，胡炳文《四书通》）二家为较备矣。"但赵顺孙与胡炳文的著作又"不可同年而语"，当中，马一浮特别推崇赵顺孙的著作，因为"是书备引朱子之说，以翼《章句集注》"。而且该

---

①② 滕复编：《默然不说声如雷——马一浮新儒学论著辑要》，第10、149页。

书"所旁引者"黄干等"一十二家"，"亦皆为朱子之学者，不旁涉也"。相反，胡炳文的著作所旁引的既有宗朱学者的言论，也有宗陆学者的言论，所以芜杂了。如此，要理解《四书集注》的真意，《四书纂疏》是最好的辅助书籍。最后，为了强调自己的观点，马一浮又引朱彝尊《经义考》称："格庵赵公，始作《纂疏》，汇辑一门师友之言，字字研覆，又为推说其所未备，而后读者涣然怡然，皆得其门而入，朱子有功于四书，格庵又有功于朱子。"① 如此推尊《四书纂疏》，而《四书纂疏》又严守朱子家法，马一浮于朱学、陆学两路的立场和态度已经很清楚了。

其实，明清以来，调和朱、陆的论调渐成主流，明代如王阳明的《朱子晚年定论》，清代则有四库馆臣等人为代表。例如《四库全书总目》中胡炳文《四书通》的提要就是此种论调之明证：

> 是编以赵顺孙《四书纂疏》、吴真子《四书集成》皆阐朱子之绪论，而尚有与朱子相戾者，因重为刊削，附以己说，以成此书。凡朱子以前之说，嫌于补朱子之遗，皆斥不录，故所取于《纂疏》、《集成》者仅十四家。二书之外又增入四十五家，则皆恪守考亭之学者也。大抵《四书》经文非其所论，惟以合于《注》意与否定其是非，虽坚持门户，未免偏主一家。②

四库馆臣批评胡炳文"偏主一家"，马一浮则不以为然。他在《四书纂疏札记》里仔细分析了胡炳文所新引入诸家说："若胡云峰于此外增至七十余家，前乎朱子者，则如陆农师之出于王氏新经，叶少蕴、张子韶之傅会禅学。同时则如叶正则、陈同父之溺于功利。后乎朱子者则如袁业蒙斋、钱融堂之祖述象山。皆灼然与朱子异趣，斯其择之未精。至元代诸家亦不免近杂。"③ 如此辨析入密，严防死守，马一浮对朱子家法恪守之精诚，近世难有其匹。

马一浮对朱子四书学的推崇在《四书纂疏跋》中表现得更为鲜明。文章开篇即说："为学必先治经，治经必先四书，读四书必以朱子《章句集注》为主，而用《论孟精义》《中庸辑略》《或问》《语类》参互寻绎，然后知朱子下语精切，真字字称量而出，确乎其不可易也。"文章结尾又说："经义如日月，朱注如江河。"评价之高实在无以复加。为什么朱子四书学地位如此之高

---

① ③ 马一浮：《四书纂疏札记》，《志学月刊》1942 年第 10 期，第 5－7 页。
② 永瑢等：《四库全书总目》，北京：中华书局，1965，第 299 页。

呢? 因为朱子以前,"康成、仲达持纂土于瞽宗,何晏、皇侃乱淄渑于异学",赵岐虽然"致力《孟子》,远胜何晏,而于道性善之旨,不能有所发挥"。至于"魏晋以下"则"涉入佛老"。所以"至濂洛继兴,始宗孟氏。洙泗之业,因以大明。故谓直接孔孟,信为不诬,特未闻道者难与共喻耳"。而在朱子之后,对四书的诠释,明代的人"好泛滥,务悬解,近二氏之奢";清代的人"矜家法,习专固,成博士之陋";而近世之人"碎义逃难,便辞巧说",所以,"虽其书充栋,何益于学?"① 经这么一批判,朱子之前,诸家不明孔孟大义;朱子之后,明清儒者各有不堪,那么承继朱子之道统俨然就在马一浮身上了。

综上所述,马一浮由朱熹的四书学出发,以四书该摄六艺,再以六艺该摄国学,最后还以六艺该摄一切西来学术,以一个机理严密的该摄系统确立了四书学在一切学术中至高无上的统领地位。此种貌似专断的学术取径一方面树立了终极的信仰;另一方面客观上抹平了儒学与诸子学的壁垒,乃至中学与西学的鸿沟,因为在六经之下,诸学平等。这对我们今天化合中西、贯通古今、追求民族文化的伟大复兴和在文化建设路径取舍上是很有启发的。

本章小结

如果把钱基博、马一浮的四书学与康有为、王国维的四书学做一个比较的话,我们会发现:康、王二人重在开创新的道路,至于道路的平坦或者崎岖并不是他们关注的重点;钱、马二人在中西化合的路上做的主要是平整的功夫,在种种歧见中寻找最大的公约数,以最大的可能实现最大的整合,因此他们的努力还是在路上。在中西化合之后涅槃的新的四书学对于晚清民国来说仍然是一个没有实现的梦想。

---

① 马一浮:《四书纂疏跋》,《志学月刊》1942 年第 10 期,第 7-8 页。

第三章
中西化合的独辟蹊径

在晚清民国四书学的发展历程中，除了像康有为、王国维、钱基博、马一浮那样从正统学术的立场和方法出发来参与四书学建设的人之外，还有一些人从一些貌似非正统的角度参与了四书学的建设，他们也一样苦心孤诣求四书学涅槃新生。不过，不管个人的立场如何，他们也都不得不面临一个传统学术如何因应西学的问题。众人当中，辜鸿铭、林语堂、杨文会、欧阳渐所选择的因应策略很有个性，又能前后相应，对四书学后续的发展颇有启发，故笔者以他们为例来剖析晚清四书学在中西化合中的独辟蹊径。

第一节　从辜鸿铭到林语堂的英译四书学

辜鸿铭（1857—1928），字汤生，祖籍福建厦门市同安县（今同安区），生于南洋英属马来西亚槟榔屿。他精通英文、法文、德文、拉丁文、希腊文、马来文等9种语言，并创造性地翻译了中国"四书"中的三部——《论语》《中庸》和《大学》，他还著有《中国的牛津运动》和《中国人的精

神》等书，为向西方宣传中国的传统文化和精神做出杰出的贡献。① 林语堂
（1895—1976），生于福建漳州市平和县，是辜鸿铭的福建同乡。他成长于一
个贫寒的乡村牧师家庭，后来在美国哈佛大学获得比较文学硕士学位，又在
德国莱比锡大学获得语言学博士学位。林语堂用编译的手法以英译四书为主
体撰写了《孔子的智慧》一书，为西方学者初步了解孔子的学说提供一个基
础性的普及读本。和同时代的康有为、王国维两人相比，如果说康有为、王
国维两人所从事的是"引进来"的工作，那么辜鸿铭所开创的则是"走出
去"的工作；而林语堂接着前辈同乡所开创的道路又别有创新。把辜、林二
人的四书英译工作做一个比较性的研究，我们便可以从中窥探中国学者在晚
清民国中西化合的文化交流中主动出击的心路历程。

一、 辜鸿铭、 林语堂英译四书的历史因缘

晚清民国时期的世界，西方资本主义国家通过武装侵略和扩张成为全球
宗主，在政治、经济、文化诸多领域处于世界绝对主导地位，"西方中心主
义"成了世界性的强势话语。在这种语境下，要使带有"西方中心主义"
思想的西方人接受中国文化，四书的英译就必须迁就西方人的接受习惯和意
识形态，因此无论从内容上还是在价值取向上看，四书在西方汉学家手中都
遭受到不同程度的扭曲和误解。相比之下，辜鸿铭和林语堂的内心都蕴含着
深厚的民族文化情结，这就使得他们的英译工作和此前西方人士的四书英译
工作有了明显的不同。

据赵长江考证②，最早将"四书"译成西文的是罗明坚（Michele Rug-

---

① 依据《新集四书注解群书提要》（第 768 页），辜鸿铭著有《〈论语〉英译》一
书。另据《辜鸿铭著译年表》（此表见于辜鸿铭《辜鸿铭文集》下册，黄兴涛等译，海
口：海南出版社，1996，第 619 - 628 页），辜鸿铭《英译〈论语〉》出版于 1898 年，《英
译〈中庸〉》出版于 1906 年。同年，王国维作《书辜汤生英译〈中庸〉后》。又据《辜
鸿铭著译年表》，1908 年辜鸿铭托人将所译《中庸》《大学》带给托尔斯泰，则辜鸿铭当
时已经完成《大学》的英译。按理，辜鸿铭应该还有英译《孟子》的计划，很遗憾我们
没有看到他这个计划的实现。
② 相关内容可参见赵长江《译儒攻儒，传播福音——"四书"的第一个英译本评
析》，《天津外国语大学学报》2012 年第 5 期，第 57 - 61 页。

gleri，1543—1607），时间是 1579—1588 年之间，使用的是拉丁文。[①] 而"四书"中最早译成英文的是《论语》，1809 年马士曼（Joshua Marshman，1768—1837）将《论语》前 10 章译成了英文 *The Works of Confucius* 出版。马礼逊（Robert Morrison，1782—1834）是第一位来华的新教传教士，他翻译的第一部作品是《中国箴言：译自中国大众读物》（*Horae Sinacae：Translations from the Popular Literature of the Chinese*，1812），其中包括《三字经》（*San－tsi King*）、《大学》（*Ta Hio*）等。严格来讲，柯大卫（David Collie,？—1828）才是第一位将中国的"四书"译成英文的新教传教士，不过他的英译四书著作在当时影响不大。把四书翻译成英文，并且在西方世界产生重要影响的要算理雅各，而辜鸿铭的英译四书工作显然就是冲着理雅各而去的。

1898 年，辜鸿铭《英译〈论语〉》[②] 在上海由别发洋行出版发行，这是中国人主动向西方译介四书学著作的开始。该版《英译〈论语〉》副标题是"引用歌德和其他西方作家的话注释的一种新的特别翻译"。表明该书引入西方思想诠释四书的立场。这又是中国人自主引入西学重构四书学的开始；当然，就重构的力度来看，林语堂又要比辜鸿铭走得更远一些。

二、 辜鸿铭英译四书的具体策略

据《新集四书注解群书提要》说："鸿铭先读理雅各博士所译《论语》，以其既不了解中国文化，又缺乏文学修养，更于中国人心存偏见，故译本令人失望。鸿铭继起译之，尽去其弊，并仍依《论语》对话体裁，避去难懂专

---

① 另据朱雁冰的考证，最早把四书有关内容翻译到西方的是郭纳爵（Inacio da Costa，1606—1666）和殷泽铎（Prosper Intorcetta，1625—1696）合译的《中国哲人孔子》。此书以拉丁文翻译了《大学》《中庸》以及《论语》的前十章。虽然它不是四书的完整译本，但据说此书对后来欧洲的启蒙思想产生了重要的影响。启蒙运动先驱托马修（Christian Thomasius，1655—1728）专为《中国哲人孔子》一书发表书评，他引述了《论语》中的许多段落影射当时欧洲的现实。相关论述参阅朱雁冰《〈中国哲人孔子〉中的孔子形象》一文（《复旦学报：社会科学版》1990 年第 3 期，第 12－17 页）。又据梁启超《中国近三百年学术史》（北京：东方出版社，2012，第 43 页）之附表《明清之际耶稣教士在中国者及其著述》中列有殷泽铎所著书《西文四书直解》，则书名又与朱雁冰的考证不同。今暂以赵长江考证为准。

② 参见辜鸿铭《辜鸿铭文集》下册，黄兴涛等译，第 343 页。

有名词，目的在使西人之读是书者，能正确认识中国人之文化气质与道德形象。"① 诚然如此，辜鸿铭在《序言》中说，对于绝大多数英国读者而言，"理雅各博士在其译著中所展示的中国人之智识和道德的装备，正如同在普通英国人眼中中国人的穿着和外表一样，必定会使其产生稀奇古怪的感觉。有鉴于此，我们决定翻译这本小书"。为了尽量避免产生"稀奇古怪的感觉"的可能，辜鸿铭采取了三种翻译策略：一是"努力按照一个受过教育的英国人表达同样思想的方式，来翻译孔子和他弟子的谈话"；二是"只要可行，我们都尽量去掉所有那些中国的专有名称"；三是"为了使读者能彻底到家地理解文本内容，我们还加了一些注释，引用了非常著名的欧洲作家的话"。② 这样一来，西方读者阅读到的孔夫子就成了他们自己的"邻家大叔"，接受的困难消解了，辜鸿铭的译著自然成为西方人了解中国文化的津梁，结果辜鸿铭成了"一位驰名海外的人物"。③

辜鸿铭对理雅各英译的纠正，我们可以借助下面这个例子来看一看。《论语·先进》记载："颜渊死，颜路请子之车以为之椁。子曰：才不才，亦各言其子也。鲤也死，有棺而无椁。吾不徒行以为之椁，以吾从大夫之后，不可徒行也。"其中"吾不徒行以为之椁，以吾从大夫之后，不可徒行也"，理雅各翻译成：

I would not walk on foot to get a shell for him, because following after the great officers, it was not proper that I should walk on foot. ④

再看辜鸿铭的翻译：

Now I can not go on foot to buy a coffin case for your son. As I have the honour to sit in the State Council of the country I am not permitted to go on foot when I go out. ⑤

理雅各把"从大夫之后"直接翻译成"following after the great officers"，

---

① 《新集四书注解群书提要》，第 768 页。
②③⑤ 辜鸿铭：《辜鸿铭文集》下卷，黄兴涛等译，第 345 – 346、4、422 页。
④ 理雅各原译，刘重德、罗志野校注：《汉英四书》，长沙：湖南出版社，1992，第 157 页。

意即"跟随在大官员后面"，这很容易让人把孔子的角色理解为大官员的仆从，确实容易给读者造成"稀奇古怪"的感觉。其实这里是谦辞，朱熹解释说："孔子时已致仕，尚从大夫之列，言'后'，谦辞。"①"从大夫之列"也就是孔子还跟大夫们一起上朝议政。理雅各不理解中国人的话语表达习惯，所以译错了。再看辜鸿铭的翻译，就很地道了。"从大夫之后"被翻译成"sit in the State Council of the country"，意即"坐在朝堂之上"，"议政"没有翻译出来，但孔子的身份表达出来了，做官议政的意思也已经很明显了；而且，省略了"议政"，谦辞的语气也译出了；尤为重要的是"State Council"符合西方人对政治制度的理解习惯，因此西方读者接受起来也更为亲切。

再进一步看，孔子说"以吾从大夫之后，不可徒行也"的时候，"不可徒行"是由于礼的客观要求，而并非个人的主观意愿。对这一层意义的体会对理雅各来说就实在太难了，但辜鸿铭领悟到了。所以，他们对这段话选择的翻译句式也很不一样。理雅各说："it was not proper that I should walk on foot."意即"我外出走路是不合适的"（合不合适出于主观）。辜鸿铭说："I am not permitted to go on foot when I go out."意即"我外出走路是不被允许的"（理由来自客观的要求）。由此，我们不难看出，辜鸿铭对理雅各的批评并非自我标榜。另外，由这个例子，我们也可以看出辜鸿铭的英译没有拘泥于文本的字面意义，而是努力把文本的内在意涵翻译出来，这其实是相当有创造性的。②

三、　对辜鸿铭英译四书的评价

辜鸿铭的此种英译策略并非没有瑕疵，尤其是去掉了一些"中国的专有名称"替换成西方的事物，虽然便于西方读者理解，但是在他英译语境下的孔夫子等人的中国文化纯度还有多高就难免令人担心了。所以，在1906年辜鸿铭出版了他的第二部四书英译著作《英译〈中庸〉》之后，便遭到了王国维的尖锐批评。他说："辜氏此书，如为解释《中庸》之书，则吾无间然，且必谓我国之能知《中庸》之真意者，殆未有过于辜氏者也。若视为翻

---

① 朱熹注，王浩整理：《四书集注》，第134页。
② 有关辜鸿铭与理雅各英译儒经的比较研究可参见樊培绪《理雅各、辜鸿铭英译儒经的不及与过》，《中国科技翻译》1999年第3期，第50-52页。

译之书，而以辜氏之言即子思之言，则未敢信以为善本也。"① 王国维在肯定辜鸿铭"能知《中庸》之真意"的同时，提醒读者千万别以为辜鸿铭翻译过去的子思的话就真的是子思的话。原因是"'中庸'虽为一种之哲学，虽视'诚'为宇宙人生之根本，然与西洋近世之哲学，固不相同"。在不相同的情况下，勉于求同，是不合适的，所以说"如执近世之哲学，以述古人之说谓之弥缝古人之说则可，谓之忠于古人则恐未也"②。

王国维的批评不可谓不一针见血，但是未免责之过严。因为对于西方读者来说，在普遍弥漫着对中国文化的偏见的环境下，让他们易于接触和了解是中西文化交流的第一阶段任务，完成了之后，深入地理解和接受才是随后要达成的目标。一下子悬义过高、过深是不合适的。所以后来王国维也后悔了。1925 年，《学衡》杂志转载此文，王氏于篇末附识："此文对辜君批评颇酷，少年习气，殊堪自哂。案辜君雄文卓识，世间久有定论，此文所指摘者，不过其一二小疵。读者若以此而抹杀辜君，则不独非鄙人今日之意，亦非二十年前作此文之旨也。"③ 而且，当时也有不少人赞同、理解、支持、钦佩辜鸿铭的工作，甚至也继之而起从事四书的英译工作。代表人物就是林语堂，不过林语堂等人在民国从事四书英译工作所处的境遇已经和辜鸿铭有些不同了。

四、 林语堂英译四书的优化策略

毫无疑问，林语堂对四书的英译工作是在辜鸿铭的影响下进行的④，最显著的证据就是林语堂编译的《孔子的智慧》一书中，《中庸》英译全部采用辜鸿铭的英译，这明显就是对辜鸿铭英译的接纳和肯定。不过，虽然同样处在西方中心主义的语境下，但是 1938 年林语堂在美国出版《孔子的智慧》（*The Wisdom of Confucius*）时，经历了第一次世界大战的洗礼，而且第二次世界大战的阴云也在步步逼近，西方社会对东方文明的态度有所调整。因此，林语堂所处的四书英译环境要比辜鸿铭稍好一些，他也更有可能以更超脱的心态来看待中西文化的交融化合，也因此，林语堂的四书英译并不需要

---

①②③ 干春松、孟彦弘编：《王国维学术经典集》（上），南昌：江西人民出版社，1997，第 126 – 127、126、135 页。

④ 参阅冯羽《林语堂对辜鸿铭的文化认知与借鉴》，《南京晓庄学院学报》2005 年第 1 期，第 110 – 116 页。

刻意去成为"引用歌德和其他西方作家的话注释的一种新的特别翻译"。《孔子的智慧》一书英文版篇幅约为 300 页，体量有限，但是，林语堂却在这样的体量中对辜鸿铭的英译工作做了相当大程度上的优化。从林语堂的优化策略来看，他主要做了两方面的工作。

第一，以人物形象的完整性优先于人物思想的完整性。《孔子的智慧》一书共有十一章，开头的第一章和第二章，约占全书篇幅的近五分之二。第一章是林语堂写的全书导言，向西方读者介绍并阐释孔子的思想、人品、风貌等内容；第二章是司马迁《史记·孔子世家》的英译。这两章加起来让读者对孔子这个人有一个初步的整体认识。尤其是《孔子世家》的加入使得全书的孔子人物形象得以血肉丰满。而林语堂在英译《论语》的时候，对《论语》内容的整理专题也明显突出了人物形象的完整性。林语堂把《论语》中与孔子关系密切的内容整理成十个专题：（一）夫子自述·旁人描写；（二）孔子的感情与艺术生活；（三）谈话的风格；（四）霸气；（五）急智与智慧；（六）人道精神与仁；（七）以己度人；（八）中庸为理想；（九）论为政；（十）论教育、礼与诗。① 这十个专题分别从孔子的举止风貌、为人处世、思想学说等方面较为系统地向西方读者呈现了一个有血有肉、风趣亲切、博学深思的孔子形象。这一点和之前所有人对《论语》英译的方法是不一样的。林语堂说：

> 《论语》这部书，是孔学上的圣经，是一套道德的教训，使西方人对孔子之有所知，主要就是靠这部书。但是《论语》毕竟只是夫子自道的一套精粹语录，而且文句零散，多失其位次，因此若想获得更为充分之阐释，反须要依赖《孟子》、《礼记》等书。孔子总不会天天只说些零星断片的话吧。所以，对孔子的思想之整体系统若没有全盘的了解，欲求充分了解何以孔子有如此的威望及影响，那真是缘木求鱼了。②

因为相信"孔子总不会天天只说些零星断片的话吧"，所以把《论语》的内容系统化，让我们可以比较完整地感受到孔子的情感，感受到孔子的生活，感受到孔子作为伟人同于凡人又异于凡人的喜怒哀乐以及欲望与追求。当孔子成了一个可亲可敬的人，那么他的"威望及影响"的真实性就牢固了。

---

①② 林语堂英文原著，张振玉汉译：《林语堂名著全集》第 22 卷《孔子的智慧》，长春：东北师范大学出版社，1994，第 112 – 128、2 – 3 页。

除了孔子形象的完整之外，林语堂还特别注意其他人物形象的完整性。与辜鸿铭在四书英译过程中把孔子的学生模糊处理不同，林语堂相当具体地翻译出每一个学生的名字。在具体翻译的时候，辜鸿铭把孔子弟子的名字直接翻译成"孔子的弟子""另一个弟子"，或者"一个弟子"等相当模糊的指称。显然，辜鸿铭想把西方读者阅读的兴趣集中在文本的思想上而不是在人物形象上；但林语堂则努力翻译出孔子的每一位弟子，还他们每一个人以真实的血肉。

例如在翻译"子路、曾皙、冉有、公西华侍坐"的时候，辜鸿铭表述为："On one occasion five of his disciples were sitting in attendance on Confucius."① 而林语堂则表述为："Tselu, Tseng His, Jan Chi'iu and Kunghsi Hua were sitting together one day."②

子路、曾皙、冉有、公西华是孔子弟子的名字，辜鸿铭仅仅把他们翻译成"孔子的五个弟子"，而林语堂则分别列举他们的姓名。这表明林语堂对孔子的学生在《论语》中的角色非常重视，在林语堂看来，他们"富有动人之美"。他甚至把孔子和他的学生与耶稣和他的门徒相对照。"子路，等于耶稣的大弟子彼得，他时常对夫子大人的行为也会质疑问难，不稍宽容。"③"一言以蔽之，我们可以把子思和孟子比作耶稣的门徒圣约翰，把荀子比作圣杰姆斯。"④ 这样的比对，很容易让西方读者在心目中树立起孔门众人的光辉形象。

在注意人物形象的完整性之外，林语堂还进而追求形象的美。他说：

除去书中所见孔子的智慧之外，《论语》之美究竟何在？其美便在孔夫子的人品性格以及他对同代人各种不同的评论，那美是传记文学的美，是孔夫子的语言之美，是随意漫谈，意在言外，而夫子的这些如珠的妙语却出之以寥寥数语，自富有弦外之音。《论语》之美正如英国十八世纪包绥艾所写的《约翰森传》(*Life of Samuel Tohnson by Boswell*) 一书之美妙动人一样，而与孔夫子在一起的那批人物，他的弟子，他的朋友，也是与约翰森周围那些人物一样富有动人之美。我们随时都可以翻开《论语》这部书，随便哪一页都会流露出智者的人品之美，纵然有时

① 辜鸿铭：《辜鸿铭文集》下卷，黄兴涛等译，第427页。
② 林语堂：《孔子的智慧》，黄嘉德译，北京：当代世界出版社，2009，第132页。
③④ 林语堂英文原著，张振玉汉译：《林语堂名著全集》第22卷《孔子的智慧》，第109、110页。

极其粗暴，但同时又和蔼可亲。这就是《论语》这部书对中国人所显示的魔力。至于武断偏执也自有其动人的力量，孔夫子与约翰森的武断偏执之论，永远有动人的力量，因为，这两位先哲把自己的见解都表现得那么断然无疑，那么坚定有力，其势堪称咄咄逼人。①

林语堂这种对美的追求显然和他作为文学家的职业偏好是密不可分的，这也是他优胜于辜鸿铭之处。言之无文行而不远，对美的执着自然有助于孔子学说在西方读者中的流传，因此这是需要大力肯定的。

第二，以思想的完整性诉求代替文本的完整性诉求。和辜鸿铭注重文本的完整性不同，林语堂追求的是对孔子思想的完整把握，所以文本的完整性并不是他关注的重点。当然，辜鸿铭对《大学》《中庸》《论语》的英译工作是文本全译，这有利于西方读者了解三部著作文本的真实状况，但仅凭这三部独立的著作，读者却很难对孔子的学说有相对完整的把握，特别是囿于《论语》特殊的文体特征，西方读者对孔子思想的接受和领会难免流于零碎。林语堂采用了编译的形式，以一个严整的文本结构来帮助西方读者对孔子的学说有一个相对整体的认识。他说：

> 在西方读者看来，孔子只是一位智者，开口不是格言，便是警语，这种看法，自然不足以阐释孔子思想其影响之深而且大。若缺乏思想上更为深奥的统一的信念或系统，纯靠一套格言警语，而支配一个国家，像孔子思想之支配中国一样，是办不到的。②

为了突出孔子思想的统一性与系统性，《孔子的智慧》一书除了对四书的英译之外，还选译了《礼记》的部分篇章，这部分篇章约占全书篇幅的近五分之一。包括书中第六章到第十章。所选译的内容分别是《礼记》中《经解》《哀公问》《礼运·大同篇》《学记》《乐记》等篇。这五篇又分别组成论礼、论社会理想、论教育、论音乐四个专题。相对于《论语》只言片语式的论断，这些篇章可以更为完整地呈现孔子对具体问题的论述过程，对缺乏中国传统文化背景知识的西方读者来说，他们可以藉此对《论语》的文本渊源有真切的了解。

---

①②　林语堂英文原著，张振玉汉译：《林语堂名著全集》第 22 卷《孔子的智慧》，第 108－109、2 页。

除了在全书结构上追求完整传递孔子思想之外，在具体的翻译实践中，林语堂也努力追求文本意义的完整呈现。例如，在翻译"知之者不如好之者，好之者不如乐之者"这句话的时候，辜鸿铭的翻译也显得比较模糊，林语堂的翻译则相当完整清晰。

辜鸿铭的翻译是：

Confucius remarked，"The man who know it are not as those who love it; those who love it are not as those who find their joy in it."①

林语堂的翻译则是：

Confucius said，"The man who loves truth (or learning) is better than the man who know it, and the man who finds happiness in it is better than the man who loves it."②

林语堂不仅完整地把"love"的对象指示出来："truth (or learning)"，而且从所采用的句式来看，两个层递式的"better than"句式也显得比辜鸿铭的翻译更加谨严。但是，辜鸿铭的翻译采用了语气较为和缓的"as"来联系上下句，句式比林语堂的翻译更为整齐，也更接近原始文本的句式结构。因此，从具体文本的翻译来看，林语堂的翻译也更倾向于思想的完整性。

林语堂所建构的这个孔子思想系统和以往的四书体系相比较，显然孔子的个人形象更突出了。相较于辜鸿铭的全译《论语》，林语堂的编译显然也更容易为西方读者所接受，而读者在这里所获得的孔子的形象也更为完整、鲜明、生动。所以张振玉先生说：

语堂先生这本书把孔子恢复成有血肉之躯的人，使人觉得他老人家颇可亲近，想到他周游列国，因为坚持理想，不附和流俗，处处坎坷不遇，一生遭人冷落，不由得为他鼻酸，因而觉得孔子是个可爱的智者，也是个极富美感的艺术家。可以说语堂先生把孔子从九天之上接回到了

① 辜鸿铭：《辜鸿铭文集》下卷，黄兴涛等译，第386页。
② 林语堂英文原著，张振玉汉译：《林语堂名著全集》第22卷《孔子的智慧》，第139页。

人间，这是件可喜的事。①

人们常说文如其人，其实译亦如其人。以辜鸿铭的耿介，他翻译的孔子自然要和歌德等人一较高低；而以林语堂的随和超脱，他翻译的孔子自然要有更多的人间气息。

第二节　援佛入儒的思想界伏流
——从杨文会到欧阳渐的四书学

梁启超说："晚清思想家有一伏流，曰佛学。"又说："晚清所谓新学家者，殆无一不与佛学有关系，而凡有真信仰者率皈依文会。"② 他所列举的"新学家"包括康有为、梁启超、谭嗣同、章太炎等人，这样的结论显然是他自己感同身受之后的反思，因此足见杨文会佛学之于晚清学术影响之深刻。杨文会弟子欧阳渐（欧阳竟无）又于 1922 年创办支那内学院，自任院长，梁漱溟、熊十力、汤用彤、吕澂等皆出其门下。③ 所以我们可以接着梁启超说：晚清民国思想家有一伏流，曰佛学。这一伏流之起，始于杨文会，继其衣钵者，则为欧阳渐。因为他们是伏流，所以容易被忽视。据中国知网的信息，截止到 2014 年 3 月，题名包含"杨文会"的论文仅有 24 篇；题名包含"欧阳渐"的仅有 13 篇。这样的研究现状与受其影响的康、梁等人相比自然有天壤之别，故而，笔者拟以四书学为切入口，就杨文会、欧阳渐师徒对晚清民国儒学发展的贡献做一探讨。

一、　杨氏师徒援佛入儒的时代因缘

杨氏师徒二人学术思想系统中皆有对四书学的深入研究，其特点便是引佛解儒。杨文会著有《论语发隐》《孟子发隐》④ 等；欧阳竟无著有《中庸

---

① 林语堂英文原著，张振玉汉译：《林语堂名著全集》第 22 卷《孔子的智慧》，《译者序》第 2 页。

② 梁启超：《清代学术概论》，第 99、100 页。

③ 参见《欧阳渐大德生平》，欧阳渐《欧阳渐大德文汇》，第 7 - 8 页。

④ 参见杨文会撰，周继旨校点《杨仁山全集》，合肥：黄山书社，2000，第 191 - 214 页。

读》《大学王注读》《论语课》《孟子课》等①。

杨文会曾赞襄曾国藩、曾纪泽父子多年，多建功业，却不以之邀名钓誉，故梁启超赞其"学问博而道行高"。而其弟子谭嗣同亦以积极之精神救世。梁启超说：

> 社会既屡更衰乱，厌世思想，不期而自发生，对于此恶浊世界，生种种烦懑悲哀，欲求一安心立命之所；稍有根器者，则必遁逃而入于佛。佛教本非厌世，本非消极，然真学佛而真能赴以积极精神者，谭嗣同外，殆未易一二见焉。②

梁启超说这段话的时间在 1920 年，他一方面指出佛教在晚清民国对思想界发生影响的社会原因，另一方面赞赏谭嗣同以佛教积极精神砥柱中流的难能可贵，同时他还感慨像谭嗣同一样学佛而能积极入世者的难得。其实在杨文会、谭嗣同之后，欧阳渐便是一个崇信佛学而以积极精神入世者。有学者认为："欧阳渐的佛学成就主要体现在他对时代社会需要的积极回应上。基于新的时代特点，欧阳渐自觉地把晚清时期佛教救国救世的社会功能转换成民国时期身心安顿的个人关怀，而这也正是在当时价值危机时期他重建中华民族主体信仰的忧患意识的强烈体现，对后来人间佛教的发展做出了积极的理论贡献。"③ 一般学佛者多少有厌世退避的思想，但佛教精髓其实在普度众生，所以像杨文会、欧阳渐这样的人才可谓真信佛者。当这样的真信佛者带着积极入世的精神进入儒学的核心地带四书学领域的时候，会激发出怎样的思想火花呢？下面分而论之。

二、 对佛学与儒学的关系认识

佛学与儒学的关系大致上有一种此消彼长的现象，有清一代儒学繁盛，佛学衰落，社会精英几乎全在儒林。延至晚清，儒学没落，佛学兴起，杨文会正是晚清佛学兴起的领军人物，他对儒佛关系的认识之于儒学与佛学的会

---

① 参见欧阳渐《欧阳渐大德文汇》。
② 梁启超：《清代学术概论》，第 100 页。
③ 刘成有：《论欧阳渐佛学思想的时代特征》，《南昌大学学报：人社版》2002 年第 1 期，第 91 页。

通便有关键的意义。杨文会的观点概括起来是两句话：三教并存并兴，以出世法该括世间法。欧阳渐继承其师的观念但又有所调整。

杨文会曾跟随曾纪泽考察欧洲，在对比当时国内外现实之后，他说："中国之有儒、释、道三教，犹西洋之有天主、耶稣、回回等教，东洋之有神道及儒、佛二教。东西各国，虽变法维新，而教务仍旧不改，且从而振兴之，务使人人皆知教道之宜遵，以期造乎至善之地。我中国何独不然？"① 当时洋务运动只是取法西方的坚船利炮，杨文会却看到西方社会高度发达背后的文化因素，他希望以三教并兴来引领民族"造乎至善之地"，这是积极意义上的动因。此外，当时提出三教并兴还有解决佛教生存问题的消极意义上的动因。当时，科举消歇，学堂日盛，于是便有人提议剥夺寺院产业办学堂。对此，杨文会认为："今日者，百事更新矣。议之者，每欲取寺院之产业以充学堂经费，于通国民情，恐亦有所未惬也。"但他也知道学堂的开办对于当时中国的重要性，所以他建议了一个折中的办法："为今之计，莫若请政务处立一新章，令通国僧道之有财产者，以其半开设学堂，分教内教外二班，外班以普通学为主，兼读佛书半时，讲论教义半时，如西人堂内兼习耶稣教之例；内班以学佛为本，兼习普通学，如印度古时学五明之例。"② 一堂之内，佛儒共融，新旧共进，杨文会的用心是良苦的。

可惜，辛亥革命以后，儒学教育戛然中断，传统学术在新文化运动的冲击下风雨飘摇，此时的儒学更是矛头所在，千夫所指。此时，欧阳渐以兴佛学来兴儒学，以支那内学院为平台，为儒学的发展培植元气。在他看来：

> 佛学有结集，有毗昙，三藏浩瀚，循其统绪而可读。孔学无是，既扼秦火，又复年埋，于是老师宿儒，曾不能答具体之求，而世无真孔。世既不得真孔，尊亦何益于尊，谤亦乌乎云谤？苟可取而利用，崇之如天，或不利于其私，坠之如渊，于孔何与哉！东海有圣人焉，此心同，此理同也；西海有圣人焉，此心同，此理同也。而愚者不然，曰此禅也、非圣也，死于门户之拘，一任众芳芜秽，天下不知务者又如此也。呜呼！孔学亡矣。若能精内典，娴般若，兴晋以秦者，文武之道犹不尽坠于地欤？③

---

① ② 杨文会撰，周继旨校点：《杨仁山全集》，第 331－332、332 页。
③ 欧阳渐：《欧阳渐大德文汇》，第 469 页。

以精内典来兴文武之道，这样的思路不能不说石破天惊。但他有他的道理：不管是东海还是西海，圣人"此心同，此理同"，所以通了佛教的内典就可以认得儒家的真孔。虽然欧阳渐的观点在佛教内部被认为离经叛道，在儒学这边也不能大行其道，但"此心同，此理同"无疑为儒佛的深度融通扫清了障碍。和杨文会并存并兴相比，欧阳渐更有一以贯之的魄力与自信。而师徒策略的差异背后其实是时势的差异：杨文会之时，佛教初兴，儒学尚盛；欧阳渐之时，佛教颇兴，儒学则元气大伤。

三、 欧阳渐对佛学与西学关系的认识

欧阳渐学术思想的基本立场是佛法非宗教非哲学，剑指三大学术思想——佛法、宗教、哲学。只有理解了他这种思想，才能更好地把握他的四书学诠释立场。而他的老师杨文会在《佛法大旨》中说："如来设教，义有多门，……但旨趣玄奥，非深心研究，不能畅达。何则？出世妙道，与世俗知见，大相悬殊。西洋哲学家数千年来精思妙想，不能入其堂奥，盖因所用之思想，是生灭妄心，与不生不灭常住真心，全不相应。"西洋哲学家花了几千年来精思妙想都不能入佛学"堂奥"的提法很尖锐，其实就是直接把西洋哲学划入佛法之外，这无疑对启发欧阳渐"佛法非宗教非哲学"的观念有重要作用。

欧阳渐1922年春在南京高等师范学校哲学研究会上讲演《佛法非宗教非哲学而为今时所必需》，同年4月整理为单行本《佛法非宗教非哲学》发行。① 欧阳渐在演讲中开宗明义指出："宗教、哲学二字，原系西洋名词，译过中国来，勉强比附在佛法上面。但彼二者，意义既各殊，范围又极隘，如何能包含得此最广大的佛法？正名定辞，所以宗教、哲学二名都用不着，佛法就是佛法，佛法就称佛法。"② 这里先从概念的来源指出宗教与哲学是后起的外来概念，皆不可以倒过来涵摄佛法，然后斩钉截铁指出："佛法就是佛法，佛法就称佛法。"接着，欧阳渐还从不同的角度分析了佛法与宗教、佛法与哲学不同的诸种原因。欧阳渐的这些主张其实是佛学系统内部在基督文

---

① 参见欧阳渐《欧阳渐大德文汇》，第 80 – 102 页。当时因为时间关系只能讲"佛法非宗教非哲学"这个主题，"佛法为今时所必需"部分由其弟子王恩洋续补。同年 4 月这两个部分在广州惠爱中路壬癸坊即庐印行合为单行本，即《佛法非宗教非哲学》。

② 欧阳渐：《欧阳渐大德文汇》，第 80 页。

明、科学理性浪潮冲击下产生的一种协调策略。我们看看他所罗列的佛法与宗教、与哲学的不同就比较清楚了。

首先，欧阳渐论佛法与宗教的不同："一者，崇卑而不平；一者，平等无二致。一者，思想极其锢陋；一者，理性极其自由。一者，拘苦而昧原；一者，宏阔而真证。一者，屈己以从人；一者，勇往以从己。二者之辨，皎若白黑，而乌可以区区之宗教与佛法相提并论哉！"① 这里"平等""自由""真证""从己"是否真的是佛法的真谛我们姑且勿论，但显然都是人们所熟知的晚清民国民主科学运动话语体系下的关键词，从佛法中提炼并且突出这些关键词，自然包含对时代风潮的因应。

其次，欧阳渐论佛法与哲学的不同："所谓佛法非哲学者，按哲学之内容，大约有三，而佛法一一与之相反。故佛法非哲学。何者为三？"

"第一，哲学家唯一之要求在求真理。所谓真理者，执定必有一个什么东西为一切事物之究竟本质，及一切事物之所从来者是也。"那么，追求真理的问题在哪里？答曰："西方一切哲学家对于世间一切事物，你猜过去我猜过来，纷纭扰攘，相非相谤，皆是执定实有一理。"佛法的解决办法是什么？答曰："佛法但是破执，一无所执便是佛也。"②

"二者，哲学之所探讨即知识问题，所谓知识之起源、知识之效力、知识本质、认识论中种种主张，皆不出计度分别。"因此"计度分别"，最终哲学成了"无结果之学"。佛法不然。为什么呢？佛法"依智不依识。所谓识者，即吾人虚妄分别是也。所谓智者，智有二种：一者，根本智；二者，后得智。根本智者，亲缘真如，和合一昧，平等平等，都无分别是也。后得智者，证真如已，复变依他与识相应，而缘俗谛以度群生是也。此后得智既缘一切，是故真妄虚实、五法三自性、八识二无我、世间出世间，尽无不知，尽无不了。由斯建立法相学，由斯建立唯识学，由斯建立一切方便学"③。由此，如果哲学是"爱智慧"，那么佛法就是超越哲学的一种智慧。

"三者，哲学家之所探讨为对于宇宙之说明。"但是，"总而言之，彼诸哲学家者所见所知，于地不过此世界，于时不过数十年间，不求多闻，故隘其量，故扃其慧。若夫佛法，则异乎此。彼诸佛普萨，自发起无上菩提心、广大心、无边心以来，其时则以一阿僧祇劫明决此事，二劫见之，三劫修满而证之，然后随身现化，普度有情，以彼真知。觉诸后起。其说为三世诸佛所共证而莫或异，其地则自一世界至无量无边世界而不可离。舍此不信，徒

---

① ② ③　欧阳渐：《欧阳渐大德文汇》，第 83 - 84、87 - 89 页。

自暴绝，以萤火之光当日月之明，高下之辨不待言矣"。①

以上三者便是欧阳竟无所论述的佛法与哲学的不同，甚而言之，是佛法补救哲学的高明之处。不过，与以往的佛学思想相比较，欧阳渐的"佛法"思想在当时却响应者寥寥："别调孤弹，宗教则屏为世学，世学又屏为宗教，春粮且不能宿，盖垂青者寡矣。"② 个中原因，潘桂明先生认为：

> 所谓"佛法非宗教非哲学"，是在当时社会背景下的独特观点……面对当时提倡科学、反对宗教和迷信的思潮，他以近代文化居士的身份，以"佛法非宗教非哲学"之说保护佛教……这种观点虽与事实不尽相符（尤其是对哲学的批评），但也指出了佛法的某些特征。但为了维护佛法的地位，欧阳渐将宗教与迷信并提、哲学与妄见共论，这显然属于源自信仰的偏见。③

带着这种源自信仰的偏见进入四书学，欧阳渐等人会读解出什么呢？

四、 杨文会、 欧阳渐的四书诠释理路

既然是从佛学的立场进入四书学的，那么他们的四书学一定会留有佛学的痕迹，只是深浅宽狭会有些不同。相比之下，杨文会引佛学进入四书学其实就是直接借用四书文本来阐发佛法义理，因此难免显得生硬。

例如，《论语·公冶长》有一章：

> 子谓子贡曰："女与回也孰愈？"对曰："赐也何敢望回？回也闻一以知十，赐也闻一以知二。"子曰："弗如也！吾与女弗如也。"

这明显是孔子师徒一场关于学习能力与学习方法的探讨，至于学习的内容，此处并没有揭示。而杨文会解读为：

---

① 欧阳渐：《欧阳渐大德文汇》，第 92 页。

② 欧阳竟无：《欧阳竟无集》，北京：中国社会科学出版社，1995，第 183 页。

③ 潘桂明：《中国居士佛教史》（下册），北京：中国社会科学出版社，2000，第847 页。

《维摩经》中，三十二菩萨，皆以对以法显不二法门。六祖《坛经》，以三十六对，显禅宗妙义。子贡闻一知二者，即从对法上知一贯之旨也。若颜子闻一知十者，乃证华严法门也。经中凡举一法，即具十门，重重无尽，名为圆融法界。子贡能知颜子造诣之深，复能自知修道分齐，故孔子印其弗如而与之也。①

直接把孔门师徒的对话读解成对佛法妙义的探讨，尤其是把颜回闻一知十，直接当成是"乃证华严法门"，这样的读解实在匪夷所思。

当然，杨文会从佛教立场出发的读解也并非全无是处。例如，《论语·乡党》有一章："厩焚。子退朝，曰：'伤人乎？'不问马。"一般的理解是孔子重视人而轻视财物，所以只询问人的伤亡，没有询问马。杨文会却认为：

当知厩中本自无马，马从朝中驾车而归。孔子见厩已焚，只问伤人一语，绝无诘责之辞。门人见其不动声色，异而记之。后人妄添"不问马"三字，遂使意味索然也。②

佛教以为众生平等，人和马本不应该生分别，所以不管是不问马，还是先问人后问马都是不妥的。杨文会干脆把这个问题取消，然后要大家注意在此种情况下孔子的从容淡定，他认为这才是值得人们去记取和师法的地方，这种读解无疑迥异前人，但也不无启发，可惜这样的内容在他读解《论语》和《孟子》中并不多见，他的心心念念还是在佛法。

相比之下，欧阳渐秉持佛法非宗教非哲学的理念，这种理念如果反过来讲便是：佛法是宗教是哲学。对比欧阳渐开列的特征，我们也可以说：儒道非宗教非哲学。儒与佛明显同质化了。佛法不自觉中进一步的人间化，从精神上讲是儒学化了。所以我们看欧阳渐解儒典不再强引佛学了。

具体到四书诠释上，欧阳渐以佛化儒，但他许多的精神理路却是来自朱熹。例如，诠释《中庸》"自诚明"章。

欧阳渐说：

自成之诚，握全善之明，为率性之性。自中得一善之明，执之不

---

①② 杨文会撰，周继旨校点：《杨仁山全集》，第 191－192、195 页。

已，至自成之诚，为修道之教。及其成功，诚明不二，天人无差。结也。①

朱熹则说：

> 自，由也。德无不实而明无不照者，圣人之德，所性而有者也，天道也。先明乎善，而后能实其善者，贤人之学，由教而入者也，人道也。诚则无不明矣，明则可以至于诚矣。②

两者诠释都强调"明"的对象是"善"，而且最终都是诚明不二。但朱熹把诚明的境界分成两层——圣人的与贤人的，天道的与人道的；欧阳渐则认为"天人无差"。差别的产生在于欧阳渐坚持的是圣凡平等的佛法观。

另外，四书之中，欧阳渐特别重视《中庸》，这也应该和他从佛法出发偏向形而上的立场有关。他说：

> 夫学有区径，有方术，有效果也。《中庸》之书，三者具备，孔学之概论也。费而隐、微之显者，道也，区径也。诚者，行也，方术也。赞圣者，极也，效果也。③

把《中庸》当成具备区径、方术、效果之学，当成"孔学之概论"，这和康有为认为《中庸》是孔子学说"大道之所系"，王国维认为《中庸》是"儒教哲学之渊源"④ 等无疑有异曲同工之处。当然，康有为、王国维的儒学立场是始终明确的，而欧阳渐读解《中庸》最终的路向却还在佛学。他在给学生的信中说："人日大会，去年谈《心经》，今年谈《中庸》。渐自认识佛义在无余涅槃，转读孔书，始粲然矣。此作系七十之年乃能，毋轻视。"⑤ 在欧阳渐心目中，《中庸》虽然有类似《心经》的地位，但是《中庸》只是他理解《心经》的重要凭借，终究在转读孔书之后，要认识的是佛义的"无余涅槃"。此种读解目的的异向也正是晚清民国佛学虽然于思想界、于四书学有所助益，但也始终只是"伏流"的原因吧。

---

①③⑤　欧阳渐：《欧阳渐大德文汇》，第499、481、461页。

②　朱熹注，王浩整理：《四书集注》，第33页。

④　王国维原著，佛雏校辑：《王国维哲学美学论文辑佚》，第74页。

本章小结

　　辜鸿铭、林语堂和杨文会、欧阳渐的四书学分别从英译和佛学的角度切入，他们的努力对四书学思想系统的重新构建有许多的启迪。英译四书在辜鸿铭之后，林语堂也做了继续的努力，这种努力的过程其实就是一个中学与西学贴身对弈的过程，其纠结、冲突、再造的种种困难与希望，没有躬身践行是很难体会到的。杨文会、欧阳渐等延引佛学进入四书学，虽然和宋代佛学对四书学新生的参与有类似的地方，但有了西学的加入，情况变得更加复杂了。

余　论
康德与晚清民国四书学
——以王国维、钱基博为考察中心

　　1903 年，流亡日本的梁启超写了一篇论文《近世第一大哲康德之学说》。此文比王国维 1904 年以后在《教育学报》上陆续发表的几篇关于康德学说的评介文字时间上尚早一些，他说："康德者，非德国人，而世界之人也；非十八世纪之人，而百世之人也。"① 这个评价是很高的。但是梁启超对康德哲学的接受却是带着佛学的倾向进入的，他说："案康氏哲学，大近佛学。此论即与佛教唯识之义相印证者也。"② 应该说，梁启超敏感地注意到康德学说的唯心主义倾向，因此他把康德的哲学与佛学对接起来。其实，康德学说高扬的理性主义旗帜令其与一般的宗教学说划清了界限，康德学说与中国传统的儒释道三家思想相比，最接近的其实是儒家。牟宗三说："康德学原始要终之全部系统惟在基督教传统制约下完成，然而其最后之总归向却近于儒家，扩大言之，近于中国儒释道三教传统所昭显之格范。故吾可谓内在于康德学本身予以重新消化与重铸而得成为善绍者将在中国出现。"③ 因此，探讨康德学说之于晚清民国四书学中西化合的意义便成为一个十分重要的议题。

---

　　①② 梁启超：《近世第一大哲康德之学说》，《新民丛报》第 25 期，1903 年。
　　③ 牟宗三：《康德"纯粹理性之批判"》（上），台北：联经出版事业股份有限公司，2003，第 17 页。

本篇拟以王国维与钱基博为例来探讨晚清民国四书学对康德学说的接受。① 王国维是晚清时期系统介绍并深入研究康德学说的第一人②，他把康德的学说主要与孔子的思想联系起来；钱基博则是民国时期较为深入地延引康德学说进入四书学系统的人，他把康德的学说主要与孟子思想联系起来。而从实践效果来看，王国维对康德学说的理解比较深入，康德与孔子思想的比较研究也比较成功；钱基博对康德学说的理解比较轻浅，康德与孟子思想的比较研究也基本失败。一成一败，真实展现了晚清民国四书学中西化合的艰难与曲折，其实也是中国思想界走向世界、拥抱西学的真实处境。

一、 从爱比克泰德到康德： 中西化合的介质演进

严格来讲，儒家思想，尤其是四书与西方文化的化合是由耶稣会士开始的。早在明末清初，来华传教的耶稣会士为了帮助更多的人了解中国，以方便他们来中国传教，出版了《中国哲人孔子》一书。此书其实是《大学》《中庸》《论语》前十章的拉丁文译本，主译者为传教士殷泽铎。在此书中，译者把孔子和古罗马斯多葛学派著名的哲学家爱比克泰德（Epictetus，约55—约135）相比附。序言中写道： "在欧洲，当苏格拉底、柏拉图、塞内加和普鲁塔克几乎已经尽人皆知的时候，难道我们不可以希望我们的中国爱比克泰德受到重视，至少听到赞赏声么？"③ 这是以爱比克泰德为介质向西方介绍孔子的学说的开始。

反过来，西方传教士开始向中国人宣讲基督教义的介质也是爱比克泰德，其中便有利玛窦。在利玛窦看来， "《四书》是很好的道德文献"④。他体察到斯多葛主义与以孔子为代表的原始儒家存在学理上的诸多相似性，因此，利玛窦从爱比克泰德的《手册》中取材，转译并事实上重写了《二

---

① 有关中国对康德学说的接受可参阅马丁·穆勒（Martin Müller）著，孙磊译，潘兆云校《中国接受康德的诸方面》；中国人民大学国际中国哲学与比较哲学研究中心编译《康德与中国哲学智慧》，北京：中国人民大学出版社，2009，第140–157页。

② 有关王国维对康德学说的引入可参阅李明辉《王国维与康德哲学》，《中山大学学报：社会科学版》2009年第6期，第115–126页。

③ 转引自朱雁冰《〈中国哲人孔子〉中的孔子形象》，《复旦学报：社会科学版》1990年第3期，第13页。

④ 柯毅霖：《晚明基督论》，王志成等译，成都：四川人民出版社，2003，第74页。

十五言》一书①，借此面向中国受众宣讲基督教义，并且大获成功。有学者指出："《二十五言》的思想素材都是爱比克泰德的，该书向中国人介绍了斯多葛主义如何成就德性的学说。中国士人的反应证实了利玛窦'适应'策略的成功，爱比克泰德的学说充当了基督教和儒家成功交流的桥梁。"②

为什么爱比克泰德能够成为早期中西文化化合的桥梁呢？为什么要把孔子比作斯多葛学派哲人爱比克泰德呢？对此，朱雁冰有深入的分析。

首先，这两人都是道德高尚的人，而且他们在晚年都专心授业解惑。和孔子一样，爱比克泰德的言论也是由自己的学生辑录成书的。其次，孔子的《论语》和爱比克泰德的《谈话录》两部书讨论的都是道德问题，而且在某些方面也有相同点。如爱比克泰德主张人人都是兄弟，这近乎《论语》中说的"四海之内皆兄弟也"（《颜渊》）。耶稣会译者们用这样一个人与孔子相提并论，除了便于使欧洲读者理解他们所介绍的孔子的思想以外，还有更深一层含义。西方哲学史上一个不容忽视的事实是斯多葛学派的许多观念为基督教神学所接受，如它所宣传的人类一体、人类平等、人类受制于同一主宰的观念，它所提倡的恬淡寡欲、节制有度的生活原则以及关于逻各斯（宇宙理性）的理论等，都先后经过基督教神学家的改造，变成了基督教的东西。就爱比克泰德而言，他的学说更带有基督教伦理学色彩，所以，他的《谈话录》经常为神学家引用。传教士们把孔子比附为中国的爱比克泰德，这实际上就是说，他的学说接近基督教伦理学，从而给孔子涂上了一层基督教色彩。③

但是，爱比克泰德在西方文化中的地位和孔子在中国文化中的地位相比毕竟是很不相称的。更不要说，爱比克泰德从神出发建构道德伦理的思想和孔子从人出发建构道德伦理的思想根本是不同性质的。所以，把爱比克泰德作为中西文化化合的桥梁其实是脆弱的、暂时的。近代以来，随着中国人对西方文化学习领悟的深入，从梁启超、王国维到钱基博、牟宗三等人，我们

① 关于利玛窦《二十五言》与爱比克泰德《手册》之间的关系，可参考符金宇《"重写"利玛窦——〈二十五言〉重写手段与策略分析》，《解放军外国语学院学报》2011年第1期，第74－96页。

② 朱锋刚：《利玛窦〈二十五言〉的爱比克泰德思想——兼谈中西哲学比较何以可能》，《中山大学学报：社会科学版》2010年第6期，第144－152页。

③ 参阅朱雁冰《〈中国哲人孔子〉中的孔子形象》，《复旦学报：社会科学版》1990年第3期，第13－14页。

主动选择的结果都是康德。以康德作为中西化合的津梁，这便成了晚清以来四书学中西化合的主轴。为什么康德能够取代爱比克泰德，成为近现代以来中西文化交流的桥梁呢？

学理上的原因在于康德的思想深受斯多葛学派的影响，例如，他从斯多葛学派那里接受了把哲学分成逻辑学、自然哲学和伦理学的划分方式，他说："古代希腊哲学分为三个部分：物理学、伦理学和逻辑学。这种分类与其主题的本性完全一致，人们只能对有关学科所根据的原则加以补充，以便保证对它们的充分的理解，同时进一步正确地规定其必然的划分，除此之外就不能作更多的改进了。"[1] 这是他建构伦理学体系的出发点。因此，中西文化的化合从以斯多葛学派的爱比克泰德为介质到以康德为介质就有充分的学理依据了。

当然，晚清民国对康德的接受也有时代思潮的因素。对此，贺麟有过一段重要的论述，他认为五四运动推动了中国对康德哲学的接受，他说："这情况大概是和'五四'运动开创的民主和科学精神相联系的，因为康德的知识论是和科学有关的，要讲科学的认识论，就要涉及康德的知识论。另外康德讲意志自由，讲实践理论，这就必然同民主自由相关联，因此，这时期传播和介绍康德哲学是学术理论界的中心内容。"[2] 显然，出于"科学"与"民主"两大时代思潮的需要，康德理所当然地被引进来了。

把康德的知识论和实践论与晚清民国的科学民主思想潮流结合起来认识，那么康德思想之于近现代中国的重要性已经不言而喻了。

二、 悦纳与疏离： 王国维四书学对康德的接受

虽然梁启超是晚清民国引入康德学说的第一人，但是从对康德学说引进的全面系统、对康德学说理解的深入透彻等方面来看，王国维的成就远在梁启超之上。特别是把康德的学说与中国传统学术的核心孔孟的学说结合起来研究，他比梁启超走得更远，其中，四书学又是一个重要的化合领域。王国维论康德与四书的连接点在孔子，钱基博则在孟子。在王国维看来，康德的学说和孔子的学说最少有三个方面是相通的。

---

[1]　康德：《道德形而上学原理》，苗力田译，上海：上海人民出版社，2005，第1页。

[2]　贺麟：《康德、黑格尔哲学在中国的传播——兼论我对介绍康德、黑格尔哲学的回顾》，《五十年来的中国哲学》，北京：商务印书馆，2002，第103页。

第一，追求合乎情、入乎理的圆满。王国维以西方哲学为借镜，深刻指出孔孟的不同，同时又梳理了孔子学说与西方各派学说的关系。他在《孔子之学说》一文中指出：

> 或人以孔子之仁爱，似英国之"爱他"说，是语吾人尚不可全以为然。如彼英人阿当斯密斯氏（按，亚当·斯密，1723—1790，英国经济学家、伦理学家）之"同情"，哈提孙氏（按，哈奇生，1694—1746，英国哲学家）之"情操"，巴特拉氏（按，巴特勒，1692—1752，英国伦理学家）之"良心"说等，均视为"爱他"之根原出于天性，遂以此为行为之标准，与孟子之"良心"说稍相类似。然孔子不明言人性之善恶，其仁之观念则从高大之天之观念出，其爱又复如前章所述，因普遍而生差别。故其根柢上已大相异。惟孔子重感情之处稍与彼说相似。今若必欲论孔子，则孔子为唱理性之直觉论者，自其克己严肃处观之，实与希腊斯特亚学派（按，斯多葛派）及德之康德之说有所符合。盖孔子之说为合乎情、入乎理之圆满说也，其伦理之价值即在于此。①

王国维把孟子与亚当·斯密、哈奇生、巴特勒等人的学说联系在一起；而孔子的学说不仅在重感情上与前述诸人相似，而且还在"克己"的践行上与斯多葛学派、康德相符合，由此，可以看出孔孟之间在仁爱问题上"根柢上已大相异"。这和程朱以来一直对孔孟学说的关系的认识颇为不同。程颐说："孟子有功于圣门，不可胜言，仲尼只说一个'仁'字，孟子开口便说'仁义'。仲尼只说一个'志'，孟子便说许多'养气'出来。只此二字，其功甚多。"又曰："孟子有大功于世，以其言性善也。"② 程朱等人注意到孟子对孔子的继承性，但未能意识到孔孟之间在仁爱说上的区别。孔子主张"性相近也，习相远也"，并没有明确指出性属善属恶，王国维指出这是"言谓人性本无善恶，唯因其习惯之如何，而为善为恶至相隔绝耳"③。而孟子则主张人性之善"犹水之就下"，是自然形成的，因此仁爱源于天性。源于天性与源于天是有区别的，天性来自于人的自然属性，"天"则外在于人，不可抗拒，其实质是人的社会属性，是人为自己立法。王国维说："伦理学

---

① ③ 王国维原著，佛雏校辑：《王国维哲学美学论文辑佚》，第43、46页。
② 朱熹注，王浩整理：《四书集注》，第216页。

者，就人之行为以研究道德之观念、道德之判断等之一学科也。为人间立标准，定价值，命令之，禁止之，以求意志之轨范，以知人间究竟之目的，即如何而可至最善之域是也。"① "为人间立标准"即人的自我立法。孔子一生修养，最终的境界是"从心所欲，不逾矩"。"从心所欲"是"合乎情"，"不逾矩"是"入乎理"，即人借助自我立法，又自我轨范，从而达致圆满。

康德说："人们是为了另外的更高的理想而生存，理性所固有的使命就是实现这一理想，而不是幸福，它作为最高的条件，当然远在个人意图之上。"② "更高的理想"是一种"自在的善"，康德称之为"善良意志"。此种"善良意志""远在个人意图之上"其实便是人的自我立法，而理性的使命是实现这一理想，那就是导人"入乎理"，也即"不逾矩"。康德又说："幸福只有在与理性存在者的德性严格成比例，因而使理性存在者配得幸福时，才构成一个世界的至善！"③ 也就是说，在康德看来，最好的人生就是幸福与德性按比例构成，两者不要偏废：善良意志高于幸福，但又不要偏离幸福。如此，"入乎理"与"合乎情"就圆满结合了。从这个角度看，王国维把孔子的仁爱思想与康德的思想在根柢上联系在一起是切中肯綮的。

第二，以"克己"为仁爱的实践要求。王国维指出"克己"是孔子与康德思想在实践上的联系。孔子认为"克己复礼为仁"，并且相信"一日克己复礼，天下归仁焉"。他甚至还为"克己复礼"开列具体的实践要求："非礼勿视，非礼勿听，非礼勿言，非礼勿动。"④ 因此，我们可以说"克己"是孔子仁爱思想在实践上的具体要求。王国维也意识到"克己"的重要性，他说："克己、修德、博学、明理，若不实行，往往陷极端之弊害。"在西方哲学家中，"于希腊有西尼克派，即（犬）儒派之极端克己说，及斯特亚学派之克己说，德国有康德之严肃主义等，皆此说也。而其中如斯特亚学派，为重自然，安天命、贵理性，以实践励行为目的，最似儒教。然孔子之克己说，非若他说尽绝诸情，不过从实践励行上立此说。故其归着为中

---

① 王国维原著，佛雏校辑：《王国维哲学美学论文辑佚》，第 23 页。
② 康德：《道德形而上学原理》，苗力田译，上海：上海人民出版社，2012，第 8 页。
③ 康德：《纯粹理性批判》，邓晓芒译，第 617 页。
④ 朱熹注，王浩整理：《四书集注》，第 141 页。

庸，为复礼"。① 这里，王国维指出，克己是孔子和斯多葛学派、康德在实践上的相似点。不过，斯多葛学派"尽绝诸情"，所以他们其实远不如孔子的圆满。而康德主张幸福与德性按比例构成，这是他超越斯多葛学派的地方，也由此他与孔子的思想更为接近。

第三，以动机而不是结果判断善恶。孔子说："志士仁人，无求生以害仁，有杀身以成仁。"② 生与死、存与亡这样的极端标准都不足以衡量"仁"的实践。因此，王国维说："故孔子恰如康德为动机论者，动机纯正则其结果之善恶如何可不顾。"③ 的确，康德曾经饱含感情地讴歌"善良意志"，在他看来，"善良意志，并不因它所促成的事物而善，并不因它期望的事物而善，也不因它善于达到预定的目标而善，而仅是由于意愿而善，它是自在的善。并且，就它自身来看，它自为地就是无比高贵"。④ 就是说，善良意志之所以高贵在于其动机，而不在于其结果，而对一个献身善良意志的人，"如果他竭尽自己最大的力量，仍然还是一无所得，所剩下的只是善良意志（当然不是个单纯的愿望，而是用尽了一切力所能及的办法），它仍然如一颗宝石一样，自身就发射着耀目的光芒，自身之内就具有价值"。⑤ 这样一段话直接拿来做孔子一生的写照和赞歌再合适不过了！

然而，王国维同时注意到康德思想上的矛盾之处，他说："夫一切之生灭变化恍惚无常者，皆吾人经验之客观现象界所在之状态也。因果律之继起存在，虽前已详言之，然而因果律虽为行于现象界之法则，然应用此律之原理究如何乎？康德氏之说曰：吾人之知识，惟存于现象界中，不能入本体界也。彼于《纯理二律相背论》中云：宇宙不可无第一原因，又第一原因非实在。盖一论现象界，而一预想现象界以外之物者也。"⑥ 也就是说，康德把世界分成"现象界"与"本体界"，而且认为人的知识只能存在于现象界，如此就把本体推向彼岸。这其实和康德根深蒂固的基督教信仰是有关的。

对康德这种两分法的问题，王国维做了深入的论述，他在《释理》一文中批评说："汗德以理性之批评为其哲学上之最大事业，而其对理性之概念，则有甚暧昧者。"康德对"理性"的理解有问题，而理性之批评却是康德毕生最大的事业——没有比王国维这样的论断更尖锐的批评了。为什么康德会有这样的问题呢？因为"彼首分理性为纯粹及实践二种"。"而其所谓纯粹

---

①③⑥　王国维原著，佛雏校辑：《王国维哲学美学论文辑佚》，第52、47、29页。
②　朱熹注，王浩整理：《四书集注》，第176页。
④⑤　康德：《道德形而上学原理》，苗力田译，第7页。

理性中，又有狭义之理性。其下狭义理性之定义也，亦互相矛盾。彼于理性与悟性之别，实不能深知。"① 对康德学说中这些自相矛盾的地方，王国维回顾自己的研习历程，深有感触。他说："至今年从事第四次之研究，则窒碍更少，而觉其窒碍之处大抵其说之不可持处而已。此则当日志学之初所不及料，而在今日亦得以自慰藉者也。"② 由此可见，对康德的学说，王国维的感情是复杂的：一方面因为窒碍而长期困惑，一方面因为逐渐理解而感到慰藉。可以说，这种复杂的感情困扰了他相当长的时间，这在王国维的另一篇文章中又有流露，他说："余疲于哲学有日矣。哲学上之说，大都可爱者不可信，可信者不可爱。余知真理，而余又爱其谬误。伟大之形而上学，高严之伦理学，与纯粹之美学，此吾人所酷嗜也。然求其可信者，则宁在知识论上之实证论，伦理学上之快乐论，与美学上之经验论。知其可信而不能爱，觉其可爱而不能信，此近二三年中最大之烦闷，而近日之嗜好所以渐由哲学而移于文学，而欲于其中求直接之慰藉者也。"③ 显然，此种可爱与可信的难以协调最终造成了王国维对哲学的告别而将学术重心转移至文学等其他领域。

从早年赞颂康德"丹凤在霄，百鸟皆喑"④，到最终告别康德，乃至告别整个哲学领域，王国维对康德的接受走过了一个从悦纳到疏离的历程，四书学与康德学说的化合之路没有走完，这其实是整个晚清民国四书学中西化合的集体状态的缩影。

三、 误读和误解： 钱基博四书学对康德的错纳

以康德为津梁的化合并非坦途，这在王国维那里如此，在钱基博这边情况亦然，甚至更为曲折。如果说王国维就康德与孔子思想所做的化合还取得一定成绩的话，钱基博的《四书解题及其读法》以孟子与康德的思想互释就没有成功。

钱基博说：

> 德之哲家康德曰："世界无制限纯粹之善，惟具'善意志'而已。'何谓善意志?'曰:'为理性之故而从理性之意志，是已。为义务之故而行义务之意志，是已。此乃不为感情所驱使，而率由理性之命令之意

---

① ② ③ ④　干春松、孟彦弘编：《王国维学术经典集》（上），第23、4、5、136页。

志也，非可由感情欲望而决定者也。傥以悲悯之情，而为施予之慈，是
则情感之驱迫而然，不得为道德之行为也！必绝情祛欲而后可以言道
德。'"则是谓情感与理性不相容也。①

这一段话原文出自杨昌济《西洋伦理学史》，虽然也多处节略，但仍然能够
与原文的思想保持一致。笔者把原文照录在下面，黑体字部分为钱基博所节略：

照康德之思想，则无论在此世界或在此世界以外，可呼为无制限纯
粹之善者，唯有善意志而已。**虽吾人寻常视为善行为者，若其行为自不
善之意志而来，则不得为真善。得为真善者，惟有善意而已。**然则何为善意
志乎？为理性之故，而从理性之意志是已，为义务之故而行义务之意志
是已。此乃不从感性之指挥而求与理性之命令一致之意志也。**此善意志
决不可为自然之倾向所左右。**非可由感情欲望而决定者也。**若为是等倾向
之所左右，是既非自理性所命之道德法而来矣，如斯之行为不足谓为道
德。**例如人生怜悯之情，而行慈善之乎，是既为感情之所左右矣，不得
为道德之行为也。必能反对感情及欲望始有道德之价值，**情欲不可不全
亡之，康德盖倡极端之禁欲主义者也。**②

由于《西洋伦理学史》一书是日本人吉田静致原著，杨昌济再翻译过来
的，吉田在介绍康德思想的时候采用的是概述的方法，而此种概述在再三转
译之后难免有些啰唆，所以对比之下，我们不难发现，虽然钱基博节略了不
少句子，但是，行文反倒简明了许多。但问题出在钱基博没有机会阅读康德
的原著③，所以无法深入领会康德与孟子思想的异同，因此，这里所做的比
对就难免出错。进而，吉田原文对康德思想的概述也是偏颇的，借此来论述
康德与孟子的异同难免就错上加错了。

因为吉田使用的是概述的方法，所以我们有必要先看看他的概述是否
正确。

---

① 钱基博：《四书解题及其读法》，第46页。
② 杨昌济著，杨佩昌整理：《杨昌济：西洋伦理学史》，第110页。
③ 康德《道德形而上学原理》一书最早的汉译本由唐钺在20世纪30年代根据
T. K. 阿博特1911年的英文译本译出来，此时，钱基博《四书解题及其读法》一书已
经完成。

　　康德的道德哲学最重要的论著先后有两部：首先是《道德形而上学原理》，出版于 1785 年；12 年后，他才写出《道德形而上学》一书。吉田对康德伦理思想的概述是基于他的《道德形而上学原理》① 一书来展开的。无论是从观点还是材料都可以明显看出来。

　　先从观点来看，吉田的第一句话："照康德之思想，则无论在此世界或在此世界以外，可呼为无制限纯粹之善者，唯有善意志而已。"这句话出自康德《道德形而上学原理》的第一章开篇："在世界之中，一般地，甚至在世界之外，除了善良意志，不可能设想一个无条件善的东西。"② 此处，吉田几乎是照录来的，文字表述的差别可以理解为翻译的用词表述不同而已。而且，这句话也提示我们，吉田此处的论述是基于对康德《道德形而上学原理》一书的理解展开的。

　　在这段概述中，吉田所举的例子明显也是康德论述事例的概述。吉田说："例如人生怜悯之情，而行慈善之乎？是既为感情之所左右矣，不得为道德之行为也。"而康德则说："许多人很富于同情之心，他们全无虚荣和利己的动机，对在周围播撒快乐感到愉快，对别人因他们的工作而满足感到欣慰。我认为在这种情况下，这样的行为不论怎样合乎责任，不论多么值得称赞，都不具有真正的道德价值。"③

　　又比如，吉田概述的第二句话："虽吾人寻常视为善行为者，若其行为自不善之意志而来，则不得为真善。得为真善者，惟有善意而已。"这一句是概述康德的意思，吉田的表述貌似正确。因为对这个观点，康德有一个经典的例子来加以说明：

　　　　例如，卖主不向无经验的买主索取过高的价钱，这是合乎责任的。在交易场上，明智的商人不索取过高的价钱，而是对每个人都保持价格

---

　　① 康德的《道德形而上学原理》汉译目前有三个版本：一是《道德形上学探本》，上海商务印书馆，1957 年 10 月初版。这个版本由唐钺在 20 世纪 30 年代根据 T. K. 阿博特 1911 年的英文译本译出来，定名为"道德形而上学探本"，1957 年经修改，仍以原名再版。二是《道德底形上学之基本原则》，收入牟宗三《康德的道德哲学》一书中，由台湾学生书店 1982 年出版。此版本系牟宗三根据 T. K. 阿博特的多个英文译本综合译出来。三是《道德形而上学原理》，上海人民出版社 2005 年出版。此版本系苗力田根据普鲁士皇家科学院所编的 9 卷本《康德文集》直接由德文翻译过来，翻译的时候也参考了前面的汉译本，应该说信度比较高，所以我们的考察以此为依据。
　　②③ 康德：《道德形而上学原理》，苗力田译，第 8、14 页。

的一致，所以一个小孩子也和别人一样，从他那里买得东西。买卖确乎是诚实的，这却远远不能使人相信，商人之所以这样做是出于责任和诚实原则。他之所以这样做，因为这有利于他。此外，人们也不会有一种直接爱好，对买主一视同仁，而不让任何人在价钱上占便宜。所以，这种行为既不是出于责任，也不是出于直接爱好，而单纯是自利的意图。①

童叟无欺向来被我们视为道德的行为，在康德的剖析之下，我们发现了它"单纯是自利的意图"。那么，"其行为自不善之意志而来，则不得为真善"，吉田对康德的理解也是对的。② 总之，我们几乎可以把吉田概述的每一句话在康德《道德形而上学原理》中找到相对应的近似的句子。

而且，难能可贵的是吉田把握住了康德"理性—善良意志"与"感性—感情欲望"这两组相对独立的关系。但是，康德对这两组关系的分析并没有到此为止，吉田却匆忙下结论："情欲不可不全亡之，康德盖倡极端之禁欲主义者也。"这个结论下偏了。

首先，从立场来看，康德是深受卢梭影响的自由主义者。康德虽然终身未婚，但这并不足以表明他就是一个"禁欲主义者"；相反，他是一个深受卢梭影响的自由主义者。广为人知的掌故是康德是一位生活习惯十分有规律的人，人们可以根据他散步的时间来校正钟表，但是，有几天却因为阅读卢梭《爱弥儿》的缘故，他的作息时间表打乱了。由此可见他对卢梭的钟爱。罗素评价康德说："他的哲学容许诉诸于感情，反抗理论理性的冷酷指令"，"他所提的应当把人人看成本身即是目的这条原则，是人权说的一种；从他讲的以下一句（关于成人又关于儿童的）话里流露出他酷爱自由：'再没有任何事情会比人的行为要服从他人的意志更可怕了。'"③ 从一个自由主义者那里导向禁欲主义是很困难的。

其次，康德虽然认为感性与理性、善良意志与感情欲望是相互独立的，但是相互独立并不表明它们之间就不可以发生关系。在康德看来，一切行为只有出自善良意志才具有道德价值，也就是德性的。但同时，康德也说：

---

① 康德：《道德形而上学原理》，苗力田译，第13页。

② 康德的这个例子和孟子所说的"今人乍见孺子将入于井，皆有怵惕恻隐之心，非所以内交于孺子之父母也，非所以要誉于乡党朋友也，非恶其声而然也"，一反一正，都说明了纯粹善良意志不为外物所动。

③ 罗素：《西方哲学史》（下卷），马元德译，北京：商务印书馆，1976，第247页。

"保证个人自己的幸福是责任，至少是间接责任。"① 因为"幸福，亦即对自己的状态的满足，只要人们确信幸福的持存，期望幸福和寻求幸福就是人的本性不可避免的"。② 他甚至说："一切希望都是指向幸福的。"③ 这时，感性和理性的冲突已经上升到德性与幸福的矛盾上来了。

那么，在康德看来，什么是"幸福"呢？康德说："一个有理性的存在者对于不断地伴随着他的整个存在的那种生活惬意的意识，就是幸福。"④ 显然，这种"生活惬意的意识"不可能是禁欲主义的。当然也不可能是纵欲的。在康德的设想里面"德性"要与"幸福""成比例地结合"，他说："现在，在一个理智的、即道德的世界里，在这个我们从其概念中抽掉了德性的一切障碍（性好），这样一个与德性成比例地结合的幸福的体系也可以被设想为必然的，因为那一边为道德法则所推动，一边又为它所约束的自由，本身就会成为普遍幸福的原因，而有理性的存在者在这些原则指导下，本身也就会成为他们自己的、同时也是别人的持久福利的创造者！"⑤ 他又说："幸福只有在与理性存在者的德性严格成比例，因而使理性存在者配得幸福时，才构成一个世界的至善！"⑥

古希腊亚里士多德认为："幸福就是合乎德性的实现活动。"⑦ 这里，德性和幸福虽然是统一的，但是德性明显居于支配性的地位。康德的主张和亚里士多德是有所区别的，他的"成比例结合"为幸福，虽然也是主张德性与幸福的统一，但是两者的地位相对均衡，这就为人的自然欲望的自由预留了空间。

美国当代著名思想家约翰·罗尔斯在仔细研究了康德的《道德形而上学原理》一书后下了一个结论：在康德看来，"幸福，或者我们自然欲望合理地有序的满足，可以其本身是善的（当所欲求和实现了的目的可允许时）"⑧。因此，康德并不是一位"禁欲主义者"。他虽然推崇善良意志，但

---

① 康德：《道德形而上学原理》，苗力田译，第 15 页。

② 李秋零主编：《康德著作全集》第 6 卷，北京：中国人民大学出版社，2007，第 400 页。

③⑤⑥ 康德：《纯粹理性批判》，邓晓芒译，第 612、615、617 页。

④ 李秋零主编：《康德著作全集》第 5 卷，北京：中国人民大学出版社，2007，第 23 页。

⑦ 苗力田主编：《尼各马科伦理学》，《亚里士多德全集》第 8 卷，北京：中国人民大学出版社，1992，第 18 页。

⑧ 罗尔斯：《道德哲学史讲义》，顾肃、刘雪梅译，北京：中国社会科学出版社，2012，第 137 页。

是并没有反向要求"情欲全亡""极端禁欲",只要欲望符合善良意志的要求,那它就是善的。

当然,康德这种"成比例结合"在现实中实践起来是很有难度的,所以马克思毫不客气地指出:"康德只谈善良意志,哪怕这个善良意志毫无效果他也心安理得,他把这个善良意志的实现以及它与个人的需要和欲望之间的协调都推到彼岸世界,康德的这个善良意志完全符合德国市民的软弱受压迫和贫乏的情况。"① 不过,即使"推到彼岸世界",康德的善良意志也显然不是指向禁欲的。

吉田注意到康德对感性与理性的冲突、感情欲望与善良意志的矛盾的论述,但是他没有注意到康德在幸福与德性的层面上对矛盾的协调。钱基博跟随而上,他说:"情之善,征于情之发;而康德则以情为不善,非绝情祛欲,不足以言道德。"② 并由此推论康德与孟子的大相径庭,这更是大错特错了。

类似钱基博这样在中西化合中出现的错误在晚清民国时期是比较普遍的。个中原因,桑兵先生有一段很精辟的分析:

> 在西学的冲击之下,中体动摇,作为中学纲领的经学解体,取而代之以史学为中轴的国学又继而分崩离析,中学已是无本可据。至于西学方面,也是急功近利,各取所需,不求本源,形成有本不依。学术的既有途辙已失,而新的规矩待立,失范现象比比皆是。③

这样的论述无疑是相当悲观的。因此,不管是从晚清民国以来学者对康德的选择来看,还是从王国维、钱基博这些个案的分析来看,四书学领域的中西化合道路并不平坦。但对比过去佛教进入中国的历史,我们可以说,四书学的中西化合在晚清民国的路演是一个开始,也是一个开始的结束。种种不尽如人意之处都因为这是开始,而一切电光火石的灵感闪烁也因为是开始。既然是开始,就让我们接着去做吧。

---

① 陈刚:《马克思的自由观》,郑州:河南人民出版社,1996,第43页。
② 钱基博:《四书解题及其读法》,第46页。
③ 桑兵:《晚清民国的国学研究》,北京:北京师范大学出版社,2014,绪论第5页。

小　　结

牟宗三说："古今哲人，辨力之强，建构力之大，莫过于康德。此则有真感、真明，与真智者也。彼若无周至之学知，焉能取一切有关之概念而辨明之乎？彼若无透彻之思辨，焉能取一切辩证（佛所不答者）而批判之乎？彼若无真感、真明，与真智，又焉能切言实践理性之优越性乎？"[①] 的确，康德以其强大之辨力和建构力完成了对西方古典哲学的集大成，晚清民国四书学选择了他的学说作为中西化合的一个重要介质应该说是十分正确的，倘若今后真的能够在康德的学说与四书学的化合之上产生类似宋明理学一样之于那个时代的思想成果，那不仅有功于中华民族伟大的民族复兴，同时也必定是全人类思想进程璀璨壮丽的伟大成就。

[①]　牟宗三：《圆善论·序言》，台北：台湾学生书局，1985。

结　　论

　　四书学在晚清民国时期，以中国千年显学身份遭逢中国三千年未有之大变局，内在的冲突、动荡、化合、突变、崛起、新生，种种因缘际会叠化成一曲恢宏壮丽的交响乐。

　　上编从历时性的维度，以四书题名文献为考察中心，梳理晚清民国四书学的发展历程：从官学生态解体开始，历经大批判的冲击，转向民间化的沉潜；并以白话文运动为契机，借助现代话语重构四书学语体系统；进而在外敌入侵、民族本位觉醒的潮流之下迅速担纲民族意识形态建构的重任。另外，笔者还就 20 世纪下半叶及 21 世纪初四书学的发展做了一个概要性的描述，如此，一个以晚清民国为重点的百年四书学发展历程的宏大貌相得到大致的勾画。这一个百来年的历程，特别是晚清民国对四书学的疏离与再认识告诉我们：民无信不立。没有信仰，没有足以凝聚全民的共识，这个国家是不会有幸福与康宁的。而在全民共识的构建中，四书、四书学所承载的孔孟之道仍然可以成为我们这个古老民族精神脊梁的重要组成。

　　下编从共时性的维度，以中西化合问题为讨论的中心，考察晚清民国四书学在西学汹涌的年代所展开的种种因应策略。先就中西化合的领域来看，康有为是典章制度方面的代表，王国维则是形而上学方面的代表。从学理上看，王国维比康有为要深刻；从现实需求上看，康有为比王国维更真切。笔者选择钱基博和马一浮则是从中西化合的方法论上来研讨的。钱基博重在会通，汉学、宋学、中学、西学一律平等；马一浮则重在该摄，以四书和《孝经》该摄六艺，以六艺该摄中外一切学术。另外，笔者又补充论述了辜鸿铭、林语堂与杨文会、欧阳渐的四书学，他们所涉及的领域在晚清民国四书学中算是另类。如此，晚清民国四书学阔大丰富的学术层面有了一个基础性的交代。众多学者前赴后继，都是在中西文明交汇碰撞之中，为本民族的文化寻找安身立命的空间。他们的努力说明拥抱西学，吸收西学，转化西学，再造中学，弘扬中学是未来中华民族文化复兴的必由之路。

　　当然，以笔者现有的识力、笔力，要精准清晰地把晚清民国四书学发展的复杂面相和跌宕历程勾画出来是很困难的。虽不能至，心向往之，本书的写作已经为笔者打开了晚清民国四书学研究领域的大门。未来的路，笔者将谨记夫子教导："譬如为山，未成一篑，止，吾止也。譬如平地，虽覆一篑，进，吾往也。"

参 考 文 献

（一）专著

[1] 梁启超. 读书指南 [M]. 北京：中华书局，2010.

[2] 熊禾. 勿轩集 [M]. 长洲顾氏香野草堂，1694（清康熙三十三年）.

[3] 朱彝尊. 曝书亭集 [M]. 上海：世界书局，1937.

[4] 朱汉民，肖永明. 宋代《四书》学与理学 [M]. 北京：中华书局，2009.

[5] 黎靖德. 朱子语类 [M]. 杨绳其，周娴君，校点. 长沙：岳麓书社，1997.

[6] 永瑢等. 四库全书总目 [M]. 北京：中华书局，1965.

[7] 姜义华，张荣华. 康有为文选 [M]. 天津：百花文艺出版社，2006.

[8] 蔡元培. 蔡元培文集 [M]. 北京：线装书局，2009.

[9] 张锡勤. 儒学在中国近代的命运 [M]. 北京：人民出版社，2011.

[10] 姜涛，卞修跃. 中国近代通史 [M]. 南京：江苏人民出版社，2007.

[11] 康有为. 康南海自编年谱 [M]. 北京：中华书局，1992.

[12] 王士濂. 四书集释就正稿 [M]. 高邮王氏，1898.

[13] 朱熹. 四书集注 [M]. 王浩，整理. 南京：凤凰出版社，2005.

[14] 康有为. 孟子微·中庸注·礼运注 [M]. 北京：中华书局，1987.

[15] 江希张. 四书新编 [M]. 北平：万国道德总会印刷，四书新编发行所发行，1935.

[16] 陈确. 陈确集 [M]. 北京：中华书局，1979.

[17] 徐凌霄，徐一士. 凌霄一士随笔 [M]. 太原：山西古籍出版社，1997.

[18] 印永清. 顾颉刚书话 [M]. 魏得良，校. 杭州：浙江人民出版社，1998.

[19] 康有为. 康有为全集 [M]. 北京：中国人民大学出版社，2007.

［20］康有为. 论语注［M］. 楼宇烈，整理. 北京：中华书局，1984.

［21］钱基博. 四书解题及其读法［M］. 长沙：岳麓书社，2013.

［22］李凤鸣. 空想社会主义思想史［M］. 上海：上海人民出版社，1980.

［23］中国孔子基金会. 孔子诞辰 2540 周年纪念与学术讨论会论文集［M］. 上海：上海三联书店，1992.

［24］王国维. 王国维哲学美学论文辑佚［M］. 佛雏，校辑. 上海：华东师范大学出版社，1993.

［25］辜鸿铭. 辜鸿铭文集［M］. 黄兴涛，等译. 海口：海南出版社，1996.

［26］干春松，孟彦弘. 王国维学术经典集［M］. 南昌：江西人民出版社，1997.

［27］汤志钧. 章太炎政论选集［M］. 北京：中华书局，1977.

［28］章太炎. 章太炎经典文存［M］. 上海：上海大学出版社，2003.

［29］章太炎. 章太炎全集［M］. 上海：上海人民出版社，1984.

［30］庞朴. 20 世纪儒学通志［M］. 杭州：浙江大学出版社，2012.

［31］樊树志. 晚明史：1573—1644 年［M］. 上海：复旦大学出版社，2003.

［32］张铁任. 四书白话旁训［M］. 广州：时雅书局，1933.

［33］江希张. 新注四书白话解说［M］. 郑州：中州古籍出版社，1991.

［34］钱基博. 古籍举要［M］. 长沙：岳麓书社，2010.

［35］傅宏星. 钱基博年谱［M］. 武汉：华中师范大学出版社，2007.

［36］曾国藩. 曾国藩全集［M］. 长沙：岳麓书社，1986.

［37］梁启超. 中国近三百年学术史［M］. 北京：东方出版社，2012.

［38］汪中. 述学［M］. 戴庆钰，涂小马，校点. 沈阳：辽宁教育出版社，2000.

［39］滕复. 默然不说声如雷：马一浮新儒学论著辑要［M］. 北京：中国广播电视出版社，1995.

［40］崔高维. 周礼［M］. 沈阳：辽宁教育出版社，1997.

［41］章炳麟. 訄书［M］. 刘治立，评注. 北京：华夏出版社，2002.

［42］钱穆. 朱子学提纲［M］. 北京：生活·读书·新知三联书店，2002.

［43］余英时. 朱熹的历史世界：宋代士大夫政治文化研究［M］. 北京：生活·读书·新知三联书店，2004.

［44］吴泽顺. 郑板桥集［M］. 长沙：岳麓书社，2002.

［45］智旭. 周易·四书禅解［M］. 施维，周建雄，整理. 成都：巴蜀书社，2004.

［46］班固. 白虎通义［M］//王云五. 万有文库第二集七百种. 上海：商务印书馆，1937.

［47］欧阳渐. 欧阳渐大德文汇［M］. 北京：华夏出版社，2012.

［48］钱基博. 读《庄子·天下篇》疏记［M］. 上海：商务印书馆，1930.

［49］杨昌济. 杨昌济：西洋伦理学史［M］. 杨佩昌，整理. 北京：中国画报出版社，2010.

［50］杨昌济. 西洋伦理学史［M］. 长春：时代文艺出版社，2009.

［51］康德. 纯粹理性批判［M］. 邓晓芒，译. 北京：人民大学出版社，2004.

［52］黄英哲，许雪姬，杨彦杰. 台湾省编译馆档案［M］. 福州：福建教育出版社，2010.

［53］黄承燊. 四书浅说［M］. 台北：台湾书店，1947.

［54］杨文会. 杨仁山全集［M］. 周继旨，校点. 合肥：黄山书社，2000.

［55］欧阳竟无. 欧阳竟无集［M］. 北京：中国社会科学出版社，1995.

［56］潘桂明. 中国居士佛教史［M］. 北京：中国社会科学出版社，2000.

［57］钱穆. 四书释义［M］. 台北：中华文化出版事业委员会，1953.

［58］邱汉生. 四书集注简论［M］. 北京：中国社会科学出版社，1980.

［59］夏宗陶. 四书中"者"字探讨［M］. 台北：广文书局，1980.

［60］李炳杰. 四书成语谜语联语及趣闻［M］. 台北：正文书局，1984.

［61］朱荣智. 孔孟伦理思想与四书教学［M］. 台北：师大书苑公司，1986.

［62］国语四书编辑委员会. 四书批注存目及存书目录［M］. 台北，编者自印，1986.

［63］叶梦麟. 分类四书精华［M］. 永和市金马出版社，1984.

［64］许景重. 四书读本译注［M］. 台南：成大书局，1985.

［65］左文举. 四书归纳［M］. 台北：晓园出版社，1987.

［66］韩秀丽. 四书与现代文化［M］. 北京：中国广播电视出版社，1998.

［67］李思敬. 五经四书说略［M］. 北京：商务印书馆，1991.

［68］蓝光中. 四书新裁［M］. 广州：华南理工大学出版社，1996.

［69］杨鹤鸣．首母音序四书引得［M］．石家庄：河北教育出版社，1996．

［70］吴量恺．四书辞典［M］．武汉：湖北人民出版社，1998．

［71］牟宗三．康德"纯粹理性之批判"：上［M］．台北：联经出版事业股份有限公司，2003．

［72］牟宗三．圆善论［M］．台北：台湾学生书局，1985．

［73］康德．道德形而上学原理［M］．苗力田，译．上海：上海人民出版社，2005．

［74］罗素．西方哲学史［M］．马元德，译．北京：商务印书馆，1976．

［75］李秋零．康德著作全集：第6卷［M］．北京：中国人民大学出版社，2007．

［76］苗力田．亚里士多德全集［M］．北京：中国人民大学出版社，1992．

［77］罗尔斯．道德哲学史讲义［M］．顾肃，刘雪梅，译．北京：中国社会科学出版社，2012．

［78］陈刚．马克思的自由观［M］．郑州：河南人民出版社，1996．

［79］桑兵．晚清民国的国学研究［M］．北京：北京师范大学出版社，2014．

［80］黄俊杰．中日《四书》诠释传统初探［M］．台北：台湾大学出版中心，2004．

［81］黄俊杰．东亚儒者的四书诠释［M］．台北：台湾大学出版中心，2005．

［82］蔡振丰．朝鲜儒者丁若镛的四书学：以东亚为视野的讨论［M］．台北：台湾大学出版中心，2010．

［83］台湾"国立"编译馆．新集四书注解群书提要附古今四书总目［M］．台北：华泰文化事业公司，2000．

［84］傅武光．四书总义论著目录［M］．台北：洪叶文化事业有限公司，2000．

［85］傅武光．四书总义著述考［M］．台北："国立"编译馆，2003．

［86］黄锦鈜．四书注者考［M］．台北：学海出版社，2004．

［87］周春健．宋元明清四书学编年［M］．台北：万卷楼，2012．

［88］钟肇鹏．四书传注会要［M］．北京：国家图书馆出版社，2008．

［89］顾宏义，戴扬本，等．历代四书序跋题记资料汇编［M］．上海：上海古籍出版社，2010．

［90］陆建猷. 四书集注与南宋四书学［M］. 西安：陕西人民出版社，2002.

［91］陈逢源. 朱熹与四书章句集注［M］. 台北：里仁书局，2006.

［92］朱汉民，肖永明. 宋代《四书》学与理学，北京：中华书局，2009.

［93］王淙德. 朱熹《四书章句集注》成书研究［M］. 台北：花木兰文化出版社，2012.

［94］周春健. 元代四书学研究［M］. 上海：华东师范大学出版社，2008.

［95］吴伯曜. 林兆恩《四书正义》研究［M］. 台北：花木兰文化出版社，2007.

［96］罗永吉，简瑞铨.《四书薀益解》研究［M］. 台北：花木兰文化出版社，2007.

［97］简瑞铨. 张岱《四书遇》研究［M］. 台北：花木兰文化出版社，2008.

［98］季蒙. 主思的理学：王夫之的四书学思想［M］. 广州：广东高等教育出版社，2005.

［99］周兵. 天人之际的理学新诠释：王夫之《读四书大全说》思想研究［M］. 成都：巴蜀书社，2006.

［100］庄凯雯. 王船山《读四书大全说》研究：由心性论到知人之学［M］. 台北：花木兰文化出版社，2009.

［101］周天庆. 明代闽南四书学研究［M］. 北京：东方出版社，2010.

［102］陈逢源. 毛西河四书学之研究［M］. 台北：花木兰文化出版社，2010.

［103］高青莲. 解释的转向与儒学重建：颜李学派对四书的解读［M］. 广州：广东人民出版社，2011.

［104］袁宗道. 白苏斋类集［M］. 钱伯城，标点. 上海：上海古籍出版社，2007.

［105］江婉玲. 新译四书读本综合评鉴［M］. 台北：三民书局，2007.

［106］郭湘龄. 儿童学四书［M］. 台北：瑞升文化，2000.

［107］朱高正. 四书精华阶梯［M］. 台北：台湾商务印书馆，2012.

［108］陈立夫. 四书道贯［M］. 台北：世界书局，1966.

［109］陈立夫. 四书的常理及故事［M］. 台北：史艺杂志社，1983.

（二）论文

［1］俞祖华，赵慧峰. 戊戌思潮：中国三大现代性思潮的共同源头［J］. 学术月刊，2009（11）.

［2］光绪皇帝. 上谕［N］. 湘报，1898（102）.

［3］辞馆文集四书句［J］. 瀛寰琐纪，1874（27）.

［4］集四书句纪事［J］. 庄谐杂志·附刊，1909，1（1–10）.

［5］官吏篇（仿八股集四书句）［N］. 广益丛报：附编：丛录门：杂录，1909（217）.

［6］徐天璋. 在江都尊孔崇道会会员演说［J］. 宗圣汇志，1913，1（4）.

［7］徐天璋. 七十述怀［J］. 黄山钟，1927（6/7）.

［8］马祖毅. 《四书》、《五经》的英译者理雅各［J］. 中国翻译，1983（6）.

［9］安徽省教育厅. 令禁小学课本采用四书五经及女儿经等书［J］. 安徽教育行政周刊，1929，2（40）.

［10］北平特别市市政府. 训令：令城郊各私塾为奉部令禁止各私塾教授四书五经令仰遵照由［J］. 北平特别市市政公报，1929（20）.

［11］云南省政府教育厅. 训令：云南省政府教育厅训令第一六四号（中华民国十八年十二月）：令各县县长、各行政委员、各对滇督办等：重申禁令各小学校不得以四书五经为教材由［J］. 云南教育，1930，1（7）.

［12］甡. 武人祭孔［J］. 玉田季刊，1924，1（2）.

［13］潜. 祭孔声中［J］. 骨鲠，1934（40）.

［14］何途，菁斋. 通信：读经祭孔及其他［J］. 是非公论，1936（16）.

［15］吴贯因. 尊孔与读经［J］. 大中华，1915，1（2）.

［16］竹庄. 论读经非幼稚所宜［J］. 东方杂志，1905，2（10）.

［17］顾实. 论小学堂读经之谬［J］. 教育杂志，1909，1（5）.

［18］读经问题专号［J］. 教育杂志，1935，25（5）.

［19］武维春. 文士王天恨的著述生涯（上、下）［N］. 泰州晚报，2012–09–09、2012–09–16（A20）.

［20］黄承燊. 论诗经语译［J］. 勷大师范学院月刊，1935（15）（16）.

［21］李学勤. 朱熹《四书集注》反动思想体系的批判［J］. 文物，1974（4）.

［22］闻录. 评《四书集注》［J］. 延边大学学报：哲学社会科学版，1974（10）.

［23］邱椿. 王夫之论学习法和教学法［J］. 北京师范大学学报：社会科学版，1961（4）.

［24］金鑫. 撕破朱熹在湖南的反动嘴脸［J］. 湖南师院学报：社会科学版，1975（6）.

［25］崔文印.《四书评》不是李贽著作的考证［J］. 哲学研究，1980（4）.

［26］刘建国. 也谈李贽《四书评》的真伪问题［J］. 贵州社会科学，1983（3）.

［27］钱穆. 四书义理之展演［J］. 孔孟学报，1969（4）.

［28］钱穆. 朱子之四书学［J］. 复兴岗学报，1969（6）.

［29］傅武光. 四书学考［J］. "国立"台湾师范大学国文研究所集刊，1974（6）.

［30］程元敏. 从四书集编谈到一部理想的四书集注疏［J］. 孔孟月刊，1967（12）.

［31］卢元骏. 四书整理之过去与现在［J］. 中华文化复兴月刊，1968（4）.

［32］陈万鼐. 四书中的"此"字问题［J］. 孔孟月刊，1970（7）.

［33］许汉章. 推行小学生缮写四书文句之意义和看法［J］. 师友月刊，1979（8）.

［34］廖信吉. 小学六年级学生缮写四书文句之意义及改进意见［J］. 孔孟月刊，1979（9）.

［35］邓国明. 小学六年级学生缮写四书文句之意义及改进意见［J］. 孔孟月刊，1979（11）.

［36］林佛国. 中学以上教四书合于德教论［J］. 学粹，1965（10）.

［37］胡玉竹. 我对现行小学教材"生活与伦理"一科类选四书菁华增加孔孟学说之实地做法［J］. 孔孟月刊，1977（3）.

［38］谢扶雅. 重译英文四书的一些管见［J］. 东方杂志，1977（6）.

［39］严家淦.《英译四书》序［J］. 中华文化复兴月刊，1979（8）.

［40］刘启分. 比较唐吉诃德与四书之箴言［J］. 现代学苑，1969（11）.

［41］陈长房.《湖滨散记》（*Walden*）中的〈四书〉引句研究［J］. 思与言，1978（11）.

［42］罗锦堂. 四书五经的文学价值［J］. 华学月刊，1978（3）.

〔43〕李丹郎. 四书与文学〔J〕. 孔孟月刊, 1979（3）.

〔44〕薛光前. 英译《四书道贯》的杰作：评介陈立夫著刘琴五译《四书道贯》〔J〕. 国魂, 1972（12）.

〔45〕陈知青. 四书之学术与教育之研究〔J〕. 马公高中学报, 1983（9）.

〔46〕张成秋. 新制师院的四书教学〔J〕. 国教世纪, 1988（2）（4）（6）.

〔47〕戴琏璋. 儒学教育困境下的省思：以台湾中等学校的"四书"教育为例〔J〕. 国文天地, 1988（11）.

〔48〕大槻信良. 从四书集注章句论朱子为学的态度〔J〕. 黄俊杰, 译. 大陆杂志, 1980（6）.

〔49〕陈光政. 朱子《四书集注》称引人名及所见篇章索引〔J〕. 孔孟月刊, 1981（5）.

〔50〕邵诗谭. 四书假借字汇（上、下)〔J〕. 孔孟月刊, 1987（5）（6）.

〔51〕钱穆. 朱子《四书集义》精要随札〔J〕. 故宫季刊, 1981（秋－冬）.

〔52〕钟锡瑛. 《四书章句》义理浅释〔J〕. 孔孟月刊, 1982（2）.

〔53〕张起钧. 四书新讲：发扬儒学的现代精神〔J〕. 鹅湖, 1980（2）.

〔54〕王苏. 四书忧患意识探源〔J〕. 孔孟学报, 1981（4）.

〔55〕王苏. 四书中的忧患意识（上、下）〔J〕. 训育研究, 1984（6）（9）.

〔56〕陈长房. 梭罗与"四书"英译〔J〕. 世界华学季刊, 1982（9）.

〔57〕胡楚生. 《吕留良四书讲义》与《驳吕留良四书讲义》〔J〕. 文史学报, 1983（6）.

〔58〕胡楚生. 吕晚村《四书讲义》阐微〔J〕. 孔孟学报, 1983（9）.

〔59〕庄吉发. 清高宗敕译《四书》的探讨〔J〕. 满族文化, 1986（5）.

〔60〕徐远和. 简论安藤昌益的《四书》批判〔J〕. 中国哲学史, 1993（1）.

〔61〕钱满素. 埃默森（Ralph Waldo Emerson）与四书〔J〕. 二十一世纪, 1994（10）.

〔62〕蔡根祥. 日人内野台岭《四书通论》析评：以《论语》"温故而知新"为例〔J〕. 中国学术年刊, 1996（3）.

〔63〕郑梁生. 佚存日本的"四书"与其相关论著〔J〕. "国家"图书

馆馆刊，1997（6）.

　　[64] 山青.《汉英四书》读后 [J]. 上海科技翻译，1993（1）.

　　[65] 杨正典. 英文版《四书》译误浅析 [J]. 孔子研究，1992（3）.

　　[66] 龚杰. 张载的"四书学" [J]. 西北大学学报：哲学社会科学版，1994（3）

　　[67] 关会民.《四书集注》中的"四声别义"类析：兼论所谓的"词类活用" [J] 唐都学刊，1993（2）.

　　[68] 董金裕. 朱熹与《四书集注》[J]. "国立"政治大学学报，1995（6）.

　　[69] 杨昶. 元代"四书"类典籍述略 [J]. 文献，1996（1）.

　　[70] 吴哲夫. 刘因及其《四书集义精要》[J]. 故宫文物月刊，1990（10）.

　　[71] 廖云仙. 试析朱子《四书集注》于元代兴盛的原因 [J]. 勤益学报，1998（11）.

　　[72] 任冠文.《四书评》辨析 [J]. 文献，1999（1）.

　　[73] 龚维英.《四书人物演义》选评 [J]. 合肥教育学院学报，1999（3）.

　　[74] 林明宜. 王船山人性论之结构：以《读四书大全说》为主要范围 [J]. 思与言，1995（12）.

　　[75] 刘家驹. 经筵日讲：康熙皇帝所受四书五经的教育 [J]. 故宫文物月刊，1993（3）.

　　[76] 李贵荣. 李塨之四书学研究 [J]. 高雄餐旅学报，1999（10）.

　　[77] 张清泉. 四库全书经部四书类图书著录浅析 [J]. "国立"彰化师范大学国文系集刊，1996（6）.

　　[78] 苏子敬. 文化变迁中的现代大学四书教学研议 [J]. 鹅湖，1998（6）.

　　[79] 林月惠. 在解构中走向重建：师院"四书"教学的省思、建构与分享 [J]. 通识教育，1999（3）.

　　[80] 任振镐.《诗经》见引于《四书》所产生的文化意蕴 [J]. 南京师大学报：社会科学版，1999（1）.

　　[81] 王宪明.《红楼梦》中的朱子学 [J]. 昌潍师专学报，1997（6）.

　　[82] 周晓立.《瓦尔登湖》中的东方思想辨析 [J]. 华侨大学学报：哲学社会科学版，1998（1）.

　　[83] 唐明贵. 康有为对《论语》和《孟子》的创造性解释 [J]. 阴山学刊，2004（1）.

［84］姜广辉，李有梁. 康有为的经学近代化改革及其失败［J］. 中国哲学史，2013（2）.

［85］吴忠匡. 吾师钱基博先生传略［J］. 中国文化，1991（4）.

［86］涂耀威. 钱基博经典要籍解题著述发微［J］. 华中师范大学研究生学报，2008（2）.

［87］马一浮. 四书纂疏跋［J］. 志学月刊，1942（10）.

［88］成中英. 马一浮的"六艺心统说"与儒家经学的哲学意涵：从"经典诠释"到"本体诠释"［J］. 杭州师范大学学报：社会科学版，2009（2）.

［89］刘梦溪. 论国学［J］. 中国文化，2006（2）.

［90］龚鹏程. 马一浮国学观及其特色［J］. 杭州师范大学学报：社会科学版，2008（6）.

［91］朱雁冰.《中国哲人孔子》中的孔子形象［J］. 复旦学报：社会科学版，1990（3）.

［92］刘成有. 论欧阳渐佛学思想的时代特征［J］. 南昌大学学报：人社版，2002（1）.

后　记

本书是我的博士学位论文。我于 2011 年 9 月至 2015 年 6 月在广西师范大学攻读中国古代文学博士学位。回首这四年，首先要感谢我的导师杜海军教授。老师在我困顿彷徨之时，把我招至门下，给了我在学术上继续前行的机会。入学之后，老师和师母不仅关心我的学术，也关心我的生活，给了我许多的鼓励与支持。更重要的是，老师以自己对学术孜孜不倦的追求教育了我，让我看到一位真正的学者应该有的生活和精神。老师还指示我要遵循从文学到史学，再到经学的路径来形成自己的四书学研究特色。在具体的学术方法上，老师对文献的特别重视已经深深地影响了我，我的论文如果说有那么一点优点的话，也正是建立在对相关文献尽可能充分掌握的基础上的。

其次要感谢导师组的其他导师。胡大雷老师做学问气度恢宏，每次聆听他的教诲，总是可以感觉到一股巨大的学术自信感召着我。我的毕业论文从选题到论述结构乃至观点的提炼，胡老师都给了很多具体的指导，一次次指引我破开迷雾，奋勇前行。王德明老师在我们入学的时候就提醒我们要"三管齐下"：管住自己的嘴，管住自己的腿，管住自己心中的魔鬼。四年来，这已经成了我的座右铭。对我的毕业论文，王老师则再三提醒我要注意理清晚清民国四书学向下转、向西转、向文学转的发展规律，这对我从纷繁芜杂的材料中理出头绪来至关重要。莫道才老师才情洋溢，甘为人梯，其磊落洒脱的风范令人感佩。在我的毕业论文撰写最艰难的阶段，莫老师不断鼓励我，而且提醒我要注意经学解体对四书学的冲击，"解体"一词最终成了我描述晚清民国四书学发展状态的关键词。除此之外，覃德清老师、力之老师、李乃龙老师等都为我的论文写作提出了宝贵的意见。在此一并致谢！

最后，我要感谢我的亲友们。读博士四年间，家里经历了不少困难，但是我的父母亲、我的妻子、我的兄弟姐妹们始终团结一心，克服了一个又一个困难。家和万事兴，博士学位论文撰写的过程让我更深地懂得家人的重要，让我更爱我的家。当然，我还爱我的朋友们。这些年，每当我遇到困难的时候，朋友们总是坚定地支持我，让我深信："道不孤，必有邻。"

谢谢大家！